Gerald Eberlein/Norbert Dietrich
Die Finalisierung der Wissenschaften

Gerald Eberlein/Norbert Dietrich

Die Finalisierung der Wissenschaften

Analyse und Kritik
einer forschungspolitischen Theorie

Verlag Karl Alber Freiburg/München

CIP-Kurztitelaufnahme der Deutschen Bibliothek

Eberlein, Gerald:
Die Finalisierung der Wissenschaften: Analyse
u. Kritik e. forschungspolit. Theorie / Gerald
Eberlein; Norbert Dietrich. – Freiburg [Breisgau]; München: Alber, 1983.
 (Alber-Broschur Rechts- und Sozialwissenschaften)
 ISBN 3-495-47530-3

NE: Dietrich, Norbert:

Alle Rechte vorbehalten – Printed in Germany
© Verlag Karl Alber GmbH Freiburg/München 1983
Satz und Druck: Presse-Druck Augsburg
ISBN 3-495-47530-3

Inhalt

Vorwort 7

1. *Einleitung* 11

2. *Böhmes transzendentalphilosophische Konstitutionstheorie* 14
2.1 Darstellung der Konstitutionstheorie 15
2.2 Kritik der Konstitutionstheorie 21

3. *Darstellung der Finalisierungstheorie* 55
3.1 Wissenschaftsalternativen 55
3.2 Die These vom faktischen Darwinismus der Wissenschaftsgeschichte 57
3.21 Die Dichotomie interner und externer Regulative 57
3.22 Faktischer Darwinismus und Ansätze zu seiner Überwindung 59
3.3 Die Finalisierung der Wissenschaft 61
3.31 Finalisierung als Folge theoretischen Abschlusses 64
3.32 Finalisierung als Funktionalisierung 65
3.32 Finalisierung durch Entgeneralisierung 66

4.	*Kritik der Finalisierungsthesen* 70	
4.1	Kritik der Darwinismusthese 70	
4.11	Kritik der Dichotomie externer und interner Regulative 70	
4.12	Kritik der These vom faktischen Darwinismus 87	
4.2	Kritik des Finalisierungsbegriffs 102	
4.3	Kritik des Finalisierungsmodells 128	
4.31	Kritik des ursprünglichen Finalisierungsmodells 128	
4.32	Kritik des modifizierten Finalisierungsmodells 140	
4.321	Kritik des modifizierten Abgeschlossenheitsbegriffs 140	
4.322	Abgeschlossenheit einer Theorie: Exkurs in die Hydrodynamik 152	
4.323	Kritik der Motive des modifizierten Finalisierungsmodells 177	
4.324	Kritik des Begriffs ‚Theoretische Reife' 192	
4.33	Weitere Rückzugsgefechte 199	
4.4	Die Identitätsthese Wissenschaft – Technologie 212	
4.5	Postskript: Nochmals Autonomie und Steuerung der Wissenschaft 222	
5.	*Zusammenfassung* 226	

Bibliographie 231

Vorwort

Als die Thesen zur „Finalisierung der Wissenschaft" von G. Böhme, W. van den Daele und W. Krohn als Mitarbeitern der von C. F. Weizsäcker geleiteten Abteilung des Max-Planck-Instituts für Erforschung der Lebensbedingungen der wissenschaftlich-technischen Welt in Starnberg 1972/1973 in einer neubegründeten soziologischen Fachzeitschrift veröffentlicht wurden, erregten sie nicht nur schlagartig die Aufmerksamkeit soziologischer, philosophischer und wissenschaftshistorischer Fachkreise, sondern wurden bald auch durch Presse und Fernsehen einer viel weiteren, nichtwissenschaftlichen Öffentlichkeit bekannt. Lag doch erstmalig ein theoretischer Ansatz deutscher Wissenschaftsforscher vor, die sich gleichermaßen über die gesellschaftliche und politische Funktion heutiger wie auch grundsätzlich bedenkenswerter Möglichkeiten und Perspektiven von Wissenschaftspolitik, genauer: wissenschaftspolitischer Steuerung, Gedanken machten, die – keinem geläufigen Ansatz verpflichtet – wissenschaftspolitischen wie wissenschaftskritischen Diskussionen Nahrung zu geben versprachen.
Daher konnte es nicht verwundern, daß sich in der fachlichen und „medienöffentlichen" Auseinandersetzung mit den Finalisierungsthesen alsbald besorgte, warnende, ja scharf ablehnende Stimmen zu Wort meldeten. Sie sahen in dem Forschungskonzept der Starnberger Gruppe die Gefahr einer ideologischen, ja „revolutionären" Fremdbestimmung von Wissenschaft, wie sie uns aus rechten und

linken totalitären Regimen in Vergangenheit und Gegenwart leidvoll vertraut ist. Der Großteil dieser in Zeitschriften und einer interessierten Öffentlichkeit ausgetragenen Debatte bezog sich auf die beiden genannten programmatischen Veröffentlichungen, kaum jedoch auf die nicht geringe Zahl anschließender Publikationen des Starnberger Forscherteams. Anhänger und Widersacher ereiferten sich also über Wert und Gültigkeit eines Forschungsprogramms, das soeben erst skizziert worden war.
In dieser Situation erschien eine systematische, wissenschaftstheoretisch-soziologische Untersuchung der in den Thesen geäußerten Ansprüche zur rationalen Entscheidung der Diskussion als unabdingbar. Während der Projektleiter als „senior author" sich mit der Finalisierungsthematik im Zusammenhang seiner positionsmäßig definierten Forschungspflicht auseinandersetzte, konnte innerhalb des DFG-Schwerpunkts „Wissenschaftstheorie" ein Forschungsprojekt „Gültigkeit und Konsequenzen der Finalisierungsthese für die Sozialwissenschaften" finanziert werden, das dem sozialwissenschaftlich und wissenschaftstheoretisch qualifizierten „junior author" Dr. Norbert Dietrich ermöglichte, die Finalisierungsthesen zwei Jahre lang systematisch und historisch zu untersuchen. Der Deutschen Forschungsgemeinschaft sei an dieser Stelle für ihre materielle, den im Schwerpunkt zusammengetroffenen Kollegen für ihre intellektuelle Förderung besonderer Dank ausgesprochen; ebenso der Technischen Universität München für ihren Druckkostenzuschuß.
Unser Ergebnis zeigt, daß der „finalisierungstheoretische" Ansatz weder wissenschaftstheoretisch noch soziologisch haltbar ist, daher weder eine wissenschaftspolitische Chance noch eine Gefahr darstellt. Für die wissenschaftsgeschichtliche Beratung und kritische Überprü-

fung des physikhistorischen Exkurses haben wir Herrn Kollegen W. Saltzer, Universität Frankfurt a. M., zu danken. Unser Dank gilt auch Miss K. Eberlein und Frau M. Schober, ohne deren Unermüdlichkeit das Manuskript niemals das Licht des Tages als „Reinschrift" erblickt hätte. Wieweit wir unserer selbstgestellten Aufgabe gerecht geworden sind, hat der Leser zu entscheiden.

München und Saarbrücken   Die Verfasser

1. Einleitung

In einer Reihe von Arbeiten hat eine Autorengruppe,[1] die Wachstumsdeterminanten und Entwicklungsperspektiven von Naturwissenschaft analysiert, wissenschaftliche Entwicklung unter dem Aspekt der Wissenschaftssteuerung untersucht. Mit dem Schlüsselbegriff Finalisierung will die Gruppe klären, „welche Eigenschaften der gegenwärtigen Wissenschaftsstruktur die Voraussetzung dafür schaffen, daß eine von wissenschaftlichen Interessen und sozialen Bedürfnissen gleichermaßen getragene Forschungsplanung möglich ist"[2]. Mit der Aufdeckung der internen Mechanismen wissenschaftlicher Entwicklung werde deren strategischer Einsatz möglich: Theorien entwickelten sich nicht mehr nach gleichsam naturwüchsigen wissenschaftlichen Gesichtspunkten (normal science), sondern in Form von Strategien auf politisch gesetzte Zielpunkte hin, kurz, durch externe Steuerung.
Finalisierung resultiere aus einer Selbstreflexion von Wissenschaft hinsichtlich ihres überschnellen Wachstums, unzureichender theoretischer Fundierung der Wissenschaftspolitik und problematischer Folgen von Wissenschaftsverwendung. Diese Selbstreflexion löst einen Para-

---

[1] Als grundlegende Arbeiten: G. Böhme, W. van den Daele und W. Krohn, Alternativen in der Wissenschaft, in: Zs. f. Soziol. 1 (1972) S. 302–316 sowie dies., Die Finalisierung der Wissenschaft, in: Zs. f. Soziol. 2 (1973) S. 128–144. Die erste Arbeit wird durch I, die zweite durch II gekennzeichnet.
[2] II, S. 133.

digmenwechsel der Wissenschaft aus: Finalisierung ist ein Pozeß, „in dem externe Zwecksetzungen gegenüber der Wissenschaft zum Entwicklungsleitfaden der Theorie werden"[3]. Entsprechend unterscheidet die Finalisierungstheorie (FT) – so seien die Überlegungen der Gruppe abkürzend bezeichnet – eine präfinalisierte und eine finalisierte Phase wissenschaftlicher Entwicklung, die sie durch folgende Kernhypothesen beleuchtet:

H_1: Wissenschaftliche Entwicklung ist nicht prädeterminiert; in gewissen Phasen stehen Wahlmöglichkeiten der Entwicklungsrichtung von Wissenschaft zur Verfügung.[4]

H_2: Bisherige, präfinalisierte Wissenschaft ist durch einen faktischen Darwinismus gekennzeichnet: Entscheidungen über die Entwicklungsrichtung theoretischen Fortschritts erfolgten weder „aus zwingenden Maßstäben wissenschaftlicher Rationalität (Wahrheit), noch aus bewußten Strategien der Wissenschaftler, sondern nur als Resultante der Einflüsse der Umwelt der Wissenschaft..."[5]. Die Entscheidungen orientierten sich nicht an wissenschaftsimmanenten, sondern an externen und irrationalen Kriterien.

H_3: Bisheriger Darwinismus ist ablösbar durch eine sich an externen Kriterien wie Nützlichkeit, Relevanz und Legitimität von Forschung ausrichtende Wissenschaftsentwicklung. Mit ihnen lassen sich die Inhalte von Wissenschaft bestimmen und mit den Mitteln expliziter Wissenschaftspolitik eine rationale Steuerung wissenschaftlicher Entwicklung betreiben.[6]

---

[3] II, S. 129.
[4] I, S. 303.
[5] II, S. 132f.
[6] I, S. 313.

Im folgenden wird die FT einer kritischen Analyse unterzogen. Dazu stellen wir in einem ersten Schritt systematisch Begründungszusammenhänge der Theorie her. Daran schließt sich eine kritische Auseinandersetzung mit den Aussagen der Theorie, die eine Analyse zentraler, der Theorie zugrunde liegender Begriffe wie ihres Theorie- und Wissenschaftsbegriffs und desjenigen der „Finalisierung" beinhaltet.

2. Böhmes transzendentalphilosophische Konstitutionstheorie

Böhme hält seinen Gegnern vor,[7] sie richteten ihre Diskussion zu stark auf die Projektskizzen der Finalisierungsthese und zu wenig auf die Sache selbst. In seiner Veröffentlichung „Alternativen in der Wissenschaft – Alternativen zur Wissenschaft?" betont er, das Konzept einer Konstitutionstheorie behandle „den gesellschaftlichen Bezug von Wissenschaft am Ursprung disziplinärer Entwicklung, das Konzept der Finalisierung den gesellschaftlichen Bezug bereits entwickelter Wissenschaft"[8]. Erweist sich in diesem Zusammenhang eine Auseinandersetzung mit seiner Konstitutionstheorie aus genetisch-historischer Motivation als sinnvoll, so gilt dies um so mehr aus erkenntnistheoretischer Sicht. Einerseits ist vermutet worden,[9] dem Unternehmen liege ein naiver Realismus zugrunde; andererseits bringt eine Konstitutionstheorie eben jene erkenntnis- und wissenschaftstheoretischen Voraussetzungen ins Spiel, die sowohl zur Fundierung der FT wie auch zur Identifizierung jener Grundlagen relevant sind.

---

[7] Wie kann es abgeschlossene Theorien geben? in: Zs. f. allgemeine Wissenschaftstheorie 10 (1979) S. 343.
[8] In: Konsequenzen kritischer Wissenschaftstheorie, hg. von Ch. Hubig, W. v. Rahden, Berlin 1978, S. 48.
[9] G. Andersson, Freiheit oder Finalisierung der Forschung? in: Die politische Herausforderung der Wissenschaft, hg. von K. Hübner u. a., Hamburg 1976, S. 70.

2.1 Darstellung der Konstitutionstheorie

Vom obengenannten Beitrag über Alternativen in der Wissenschaft abgesehen, führt der „senior author" des Starnberger Forschungsteams, G. Böhme, diese Konstitutionstheorie in verschiedenen Beiträgen aus.[10]
Böhme geht von einer subjektiven Konstitution des Erkenntnisgegenstandes aus; ferner von der These, diese habe sich „wissenschaftlich, und das heißt in der Anlage der Argumentation und den Bedingungen der Lösung, an Kant zu orientieren"[11]. Trotz erheblicher, in prägnanter Kürze resümierter Kritik an Kants Transzendentalphilosophie behauptet er, diese gebe „noch die maßgebliche Orientierung" für jede Theorie der Gegenstandskonstitution. Seine – mit der allgemeinen wissenschaftlichen Meinung übereinstimmende – Kant-Kritik verbietet „praktisch jede inhaltliche Aussage über Wissenschaft"[12]. Nach seinen eigenen Worten muß die Aufzählung einiger Essentials ohne hinreichende Begründung geschehen.
Sie bestehen zuvörderst eben in der subjektiven Gegenstandskonstitution, ferner in der Beibehaltung von Kants Unterscheidung zweier Erkenntnisstämme, deren Charakterisierung durch Rezeptivität und Spontaneität unüberholbar sei. Anstelle Kants logischer Unterscheidung von Vorstellungsarten nimmt Böhme als sicherste Begründung des Gegenstandsbezugs eine anthropologische an, nämlich „Handeln und Reden, Umgang mit den Gegen-

---

[10] Die Konstitution des wissenschaftlichen Gegenstandes, in: Logik, Ethik, Theorie der Geisteswissenschaften, hg. von G. Patzig u. a., Hamburg 1977, S. 318–323; Quantifizierung als Kategorie der Gegenstandskonstitution, in: Kant-Studien 70 (1979) S. 1–16; Kants Theorie der Gegenstandskonstitution, in: Kant-Studien 73 (1982) S. 130–156.
[11] Konstitution, S. 318.
[12] Ebd. S. 222.

ständen und Diskurs über sie"¹³. Drittes Essential ist die These der Leistungen, die vom Erkennenden am Erkenntnisgegenstand erbracht werden: bei Kant die Einheit des Gegenstandes, der heute insbesondere Reproduzierbarkeit und Vergleichbarkeit hinzuzufügen seien. Sein viertes Essential betrachtet Böhme bereits als problematisch: nämlich die Frage, ob eine Theorie subjektiver Gegenstandskonstitution einen rationalen Teil isolieren könne, mit anderen Worten, die Dichotomie analytisch – synthetisch bzw. die systematische Trennung und Begründung apriorischer und aposteriorischer Urteile. Aus Böhmes hier und im folgenden zitierten Ausführungen geht zweifelsfrei hervor, daß er „Sätze über die formalen Eigenschaften der Gegenstände einer Wissenschaft, die selbst analytisch aus gewissen Handlungsanweisungen (im Prozeß der Erkenntnisgewinnung) folgen"¹⁴ für möglich und notwendig hält. Im übrigen entspreche die Fragerichtung der Wissenssoziologie derjenigen der Transzendentalphilosophie insofern, als subjektive Erfahrungsbedingungen aufzusuchen seien.

Böhme sieht Transzendentalphilosophie und Wissenssoziologie als „ständige Kontrahenten" und fordert zusammenfassend: „Eine Konstitutionstheorie, meine ich, müßte heute empirisch und doch transzendental sein, sie müßte kognitivistisch und doch externalistisch sein, sie müßte historisch verfahren und doch Wahrheitsrelativismus vermeiden."¹⁵ Grundthese seiner neuen Konstitutionstheorie: Die Bildung wissenschaftlicher Gegenstände vollzieht sich durch Spezifizierung und Normierung des Umgangs mit und des Redens über Gegenstände.¹⁶

---

[13] Ebd. S. 319.
[14] Ebd.
[15] Ebd. S. 320.
[16] Ebd.

Eine ein Jahr später erschienene Publikation spricht nur noch von „Normierung wissenschaftlicher Erfahrung" und von „Herausbildung bestimmter Formen wissenschaftlicher Diskurse und wissenschaftlicher Sprache".[17] Einer Gegenüberstellung von Verhaltenstherapie und Psychoanalyse im gleichen Beitrag ist übrigens zu entnehmen, daß erstere „auf effektive Restitution von Arbeitskraft" ausgerichtet sei,[18] während analytische Therapie „versuche, auf der Basis des Gesprächs die gestörte Triebökonomie wieder ins reine zu bringen"[19]. Seine zweite Publikation vom gleichen Jahr bezeichnet Wissenschaftssprachen als „Spezifikationen der Umgangssprache"[20] oder als „ausdifferenzierte Umgangssprache"[21], wobei Wissenschafts- und Umgangssprache nie scharf zu trennen seien.

Die beiden wichtigsten Beiträge von Böhme zur Rekonstruktion einer Theorie der Gegenstandskonstitution behandeln das Thema im Hinblick auf Kant eingehend und suchen damit das 1977 skizzierte Forschungsprogramm einzulösen. Für unsere erkenntnis- und wissenschaftstheoretische Fragestellung ist Böhmes Feststellung wesentlich: „die Dreiheit von Empfindung, Anschauung und Begriff... kehrt in der Rekonstruktion in der Dreiheit von lebensweltlicher Erfahrung, wissenschaftlicher Datenerzeugung und Theoriebildung wieder"[22]. Während eine Äußerung auf der gleichen Seite über „die Struktur der

---

[17] Alternativen, S. 48.
[18] Ebd. S. 50.
[19] Ebd. S. 51.
[20] Wissenschaftssprachen und die Verwissenschaftlichung der Erfahrung, in: Sprache und Welterfahrung, hg. von J. Zimmermann, München 1978, S. 95.
[21] Ebd. S. 96.
[22] Quantifizierung, S. 6.

Dinge, wie sie an sich sein mögen" als Argumentation im Dienste der Kant-Rekonstruktion oder aber als eigene Meinungsäußerung gedeutet werden kann, gibt der folgende Absatz zumindest auch die Position des Autors selbst wieder; er sagt dort, zur Erklärung der unmittelbaren Erfahrung des Menschen sei „keine Konstitutionstheorie, sondern sind empirische Wissenschaften wie Gestaltpsychologie, Phylogenese, genetische Psychologie, Neurophysiologie zuständig"[23]. Eine Konstitutionstheorie habe mit der Relation Erfahrungsweisen – formale Eigenschaften wissenschaftlicher Gegenstände nur so weit zu tun, als der Zusammenhang normativ bestimmt sei; eben dies treffe auf wissenschaftliche Erfahrung als „Normierung und Ausdifferenzierung der Erfahrungsweisen und des Redens über Gegenstände (Theoriebildung)" zu. Sowohl für die kantische Transzendentalphilosophie wie für Böhmes subjektive Konstitutionstheorie wird behauptet, dem Erfahrungsgegenstand kämen seitens der Erkenntnis „gewisse formale Eigenschaften zu..., die man also vor jeder einzelnen Erfahrung wissen kann"[24]. Eine wesentliche Distanzierung von Kants Erkenntnistheorie ist bei Böhme darin zu finden, daß er die lebensweltliche Erfahrung ausdrücklich aus einer philosophischen Erkenntnistheorie ausklammert, da sonst Gestaltwahrnehmung und Organisation des Wahrnehmungsfeldes miterklärt werden müßten – ein für eine derartige Erkenntnistheorie, wie Böhme meint, „unmögliches Unterfangen"[25], eine kantische Intention, die er ausdrücklich als „Schwäche" bezeichnet.[26]

---

[23] Ebd.
[24] Ebd. S. 11.
[25] Ebd.
[26] Kants Theorie, S. 151.

In der genannten jüngsten Arbeit zu diesem Thema identifiziert Böhme seine Position explizit mit metaphysischem Realismus, wenn er fordert, für eine Konstitutionstheorie sei sowohl die Möglichkeit von Erfahrung überhaupt, als auch „Ordnung und Regelmäßigkeit in der Natur vorauszusetzen"[27]. Seine frühere Trennung vorwissenschaftliche – wissenschaftliche Erfahrung führt ihn konsequent zu einer „Dichotomisierung des Erkenntnisgegenstandes", wobei er allerdings nicht mit Kant den Schnitt zwischen eine phänomenale und eine Welt an sich legt, sondern eben „zwischen den im lebensweltlichen und technischen Umgang gegebenen Gegenstand und den Gegenstand der Wissenschaft"[28]. Die empirische Begründung dieses Schnitts versucht der Autor wiederum evolutionistisch, indem er argumentiert, der Umgang mit dem Gegenstand sei „gewissermaßen selbst Natur, ein Produkt natürlicher Evolution, in der der Mensch als Lebewesen so entstanden ist, daß er in seinem Umgang dem wirklichen Verhältnis in der Natur entspricht"[29]; der lebensweltliche Umgang mit den Dingen sichere jeder Konstitutionstheorie die Basis, da eben darin der Bezug zur „erkenntnisunabhängigen Wirklichkeit" garantiert sei. Während die lebensweltliche Einheit des Gegenstandes durch die obengenannte Dreiheit von Empfindung, Anschauung und Begriff gegeben sei, präsentiere die wissenschaftliche Analyse „durch spezifizierte Datenerzeugung ein ‚zerstreutes' Mannigfaltiges"[30]. Die in den Normen einer Forschergemeinschaft verankerte Objektivität sei dann davon abhängig, über welche Bedingungen von Theoriebildung Konsens er-

---

[27] Ebd. S. 131.
[28] Ebd. S. 145.
[29] Ebd.
[30] Ebd. S. 147.

reichbar werde: „Wahrheit qua Objektivität ist etwas, was wesentlich auf der diskursiven Ebene ausgehandelt werden muß."[31]

Mit anderen Worten: was als Erfahrungsgegenstand gilt, wird im Diskurs ausgehandelt, d. h. aber, wird durch Setzungen einer Forschergemeinschaft dialogisch entschieden. Die zentrale Aussage dieser jüngsten Untersuchung stimmt mit der bereits genannten von 1979 überein, welche besagt, Kants konstitutionstheoretischer „Dreierkonstellation" Empfindung, Anschauung und Begriff entspreche heute die Trias lebensweltliche Erfahrung, Datenerzeugung und „Funktion der Begriffe"[32]. Auch hier erscheint konsequenterweise das Argument, auf der Ebene lebensweltlicher Erfahrung sei eine Konstitutionstheorie nicht ansetzbar, da man es mit empirischen Tatsachen von Angepaßtheit zu tun habe, „von denen etwa historische (!) Anthropologie, Evolutionstheorie, genetische Psychologie Rechenschaft geben müssen"[33].

Zusammenfassend kann gesagt werden: Seine Konstitutionstheorie beruht „auf einer Dichotomisierung der Erfahrung und damit des Gegenstandes der Erfahrung"[34]. Vorwissenschaftliche Erfahrung stimmt evolutionsgeschichtlich mit ihrem Gegenstand überein und kann deswegen nicht konstitutionstheoretisch begründet werden. Wissenschaftliche Erfahrung hingegen hat als „primäre Aufgabe… die vorwissenschaftliche zu rekonstruieren"[35]. Ihre Hauptkennzeichen: Ausdifferenzierung der Instanzen Anschauung und Begriff oder Datenerhebung

---

[31] Ebd. S. 149.
[32] Ebd. S. 150.
[33] Ebd. S. 151.
[34] Ebd. S. 156.
[35] Ebd.

und Theoriebildung sowie Normierung der Erfahrungsgewinnung und definitorische Festlegung des Erfahrungsgegenstands, der als gegenstandslose Datenmenge erscheint und erst begrifflich organisiert werden muß: „Die Aussagen der Konstitutionstheorie bestehen nun allgemein in der Behauptung, daß die Normen der Erfahrungsgewinnung zu solchen Datenmengen führen, die sich zu bestimmten Gegenstandstypen organisieren lassen."[36]
Zu den konstitutionstheoretischen Begriffen ‚Wahrheit' und ‚Objektivität' merkt Böhme an: was ein Objekt sei, sei nicht durch unmittelbare Erfahrung, sondern durch begriffliche Forderungen fixiert, während Wahrheit nicht „die Adäquation der Erkenntnis an einen außerhalb der Erkenntnis existierenden Gegenstand" sei, sondern die an „bestimmten Gegenstandsbegriffen gemessene Adäquatheit der erzeugten Daten".[37]

2.2 Kritik der Konstitutionstheorie

Eine kritische Auseinandersetzung mit Böhmes Konstitutionstheorie kann naturgemäß weder voraussetzungslos noch wertfrei sein; sie erfolgt hier von der Position einer neopragmatistisch analytischen Erkenntnis- und Wissenschaftsphilosophie her, die sich an keiner Orthodoxie orientiert, also weder Neopositivismus noch kritischem Rationalismus verpflichtet ist.[38]

---

[36] Ebd.
[37] Ebd.
[38] Vgl. dazu A. Rapoport, Philosophie heute und morgen, Darmstadt o. J. (1970, O: 1953); A. Kaplan, The Conduct of Inquiry, San Francisco 1964; G. Sjoberg, R. Nett, Methodology for Social Research, New York 1968; N. Rescher, Methodological Pragmatism, London 1977; von deutschsprachigen Autoren gehören hierher H. Stachowiak, Allgemeine

Ohne Begründung eine subjektive Konstitutionstheorie wissenschaftlicher Gegenstände anzustreben, muß ebenso Widerspruch wecken wie Böhmes Gleichsetzung von „wissenschaftlich" mit kantischer Argumentation. Warum selbst nach Böhmes mit zahlreichen vorliegenden Kantkritiken übereinstimmender, tendenziell destruktiver Kritik dennoch Kants Transzendentalphilosophie die maßgebliche Orientierung abgeben soll, ist schlechthin unverständlich – zumal „naturalistische" erkenntnistheoretische Grundlagenforschung seit Jahrzehnten betrieben wird, womit sich Böhme jedoch nicht auseinandersetzt.

Man kann mit guten Gründen den „Standardversionen" neopositivistischer wie neorationalistischer Wissenschaftstheorie widersprechen, wie dies die Diskussion innerhalb der analytischen Wissenschaftsphilosophie seit Jahrzehnten ebenso intensiv wie fruchtbar tut, und wird dann sagen müssen, daß logischer Positivismus ebenso wie Poppers Neorationalismus sich seit den dreißiger Jahren erheblich gewandelt haben.[39] Man kann auch die Lücken und Mängel des „main stream" analytischer Wissenschaftstheorie als Außenstehender aufzeigen, wie dies jüngst Bernstein getan hat.[40] Schließlich kann man generell die analytische Sozialwissenschaftstheorie als Ansatz kri-

---

Modelltheorie, Wien 1973; R. Mattessich, Instrumental Reasoning and Systems Methodology, Dordrecht 1978; zur metapragmatistischen Position vgl. G. Eberlein, Theoretische Soziologie heute, Suttgart 1971, S. 7ff.; in gewisser Hinsicht auch H. Lenk, Pragmatische Philosophie, Hamburg 1975.

[39] Als Beispiele seien genannt P. Achinstein, S. Barker (eds.), The Legacy of Logical Positivism, Baltimore 1969 und die „neorationalistischen" Autoren in: Theorie und Erfahrung, hg. von H. Albert, K. Stapf, Stuttgart 1979.

[40] R. J. Bernstein, Die Restrukturierung der Gesellschaftstheorie, Frankfurt a. M. 1979.

tisieren, der zu kurz greift, wie dies besonders J. Habermas in zahlreichen Arbeiten getan hat.[41] Der analytische Gegner kann sich dann mit diesen Argumenten auseinandersetzen.[42] Einen traditionellen Ansatz als eigenen ohne Begründung gegenüber einem international dominanten zeitgenössischen Metaparadigma wiederaufzunehmen, ist jedoch höchst unbefriedigend.[43]
Die implizite Trennung „inhaltlicher" (was immer damit gemeint sein möge) von formalen Aussagen über Wissenschaft läßt – ebenso wie die Forderung einer *subjektiven* Konstitutionstheorie samt ihren vier Essentials – zweifelsfrei erkennen, daß Böhme durchaus eine *philosophia prima* für möglich und notwendig hält, die nach Meinung wohl der meisten, nicht nur analytischer, Wissenschaftsphilosophen weder möglich noch notwendig ist. Dieser Konsens besagt, daß autonome Erkenntnisphilosophie heute durch eine Folge von Arbeitsschritten zu substituieren ist, die von grundlagentheoretischen über objekttheoretische bis hin zu empirischen Untersuchungen verlaufen.
Da auch die Aufzählung der vier Essentials ohne hinreichende Begründung geschieht, müssen sie näher behandelt werden. Von der Problematik einer subjektiven Konstitutionstheorie war bereits die Rede. Die Unterschei-

---

[41] Namentlich in dem Diskussionsband: Der Positivismusstreit in der deutschen Soziologie, hg. von Th. W. Adorno u. a., Neuwied 1969, ³1971.
[42] Etwa G. Eberlein, Dialektische Wissenschaftstheorie aus analytischer Sicht, in: Wissenschaftstheorie und Betriebswirtschaftslehre, hg. von G. Dlugos u. a., Düsseldorf 1972, S. 99–118.
[43] Einen guten Überblick gegenwärtiger Fragestellungen und Ergebnisse analytischer Wissenschaftstheorie bietet das Handbuch wissenschaftstheoretischer Begriffe, hg. von J. Speck, Göttingen 1980, 3 Bände; Böhme steuerte dazu „Finalisierung" bei, ohne eine einzige einschlägige kritische Publikation zu nennen.

dung eines rezeptiven und eines spontanen Erkenntnisstamms ist weder unüberholbar noch plausibel, sondern durchaus überholt, daher unplausibel. Während Kant epistemologisch konsistent argumentierte, ist Böhmes Begründung des Gegenstandsbezugs, nämlich „Handeln und Reden", zwar anthropologisch stimmig, doch keineswegs wissenschaftsspezifisch. Die Trennung Rezeptivität – Spontaneität ist eine rein analytische Differenzierung, deren Zutreffen von empirischen wie theoretischen Feststellungen sowohl der Persönlichkeitspsychologie wie auch spezieller Psychologien – so Wahrnehmungs-, kognitive Psychologie – nur als „Phasenwechsel" bestätigt, als strukturell relevantes Unterscheidungsmerkmal jedoch schlicht falsifiziert ist. Böhmes drittes Essential, die Leistungen der Erkennenden am Gegenstand, vermag den analytischen Kritiker ebensowenig zu überzeugen. Die Einheit des Gegenstandes, weiter dessen Reproduzierbarkeit und Vergleichbarkeit, hat mit einer modernen Transzendentaltheorie deswegen nichts zu tun, weil Kants dichotomisierte Trennung zwischen Erkennendem und Erkenntnisgegenstand ohne die Voraussetzung des metaphysischen Realismus nicht zwingend ist, die der moderne Erkenntnis- oder Wissenschaftstheoretiker keineswegs zu machen hat, wenn er sich mit Objektivierungskriterien wie den genannten auseinandersetzt.[44] Davon wird noch eingehender die Rede sein.

Böhme bezeichnet sein viertes Essential selber als „problematisch", nämlich Aussagen über formale Eigenschaften von Wissenschaftsgegenständen zu machen, die analytisch abgeleitet sind. An dieser Stelle muß eben die analytisch-

---

[44] Eine umfassende Darstellung methodologischer Objektivierungs- und Theoriebildungskriterien gibt M. Bunge, Scientific Research, New York 1967, Vol. II, S. 352–354.

synthetische Dichotomie unterstellt werden, die spätestens seit Quine in der Erkenntnis- und Wissenschaftsphilosophie als ebenso unnötig wie unhaltbar aufgewiesen ist.[45] Wenn Böhme im übrigen die Fragestellung von Transzendentalphilosophie und Wissenssoziologie einerseits als einander entsprechend bewertet, die Disziplinen andererseits als ständige Kontrahenten bezeichnet, so erscheint hier das gemeinsame Prädikat „subjektiv" als undefiniertes eher willkürlich und führt zu jenen widerspruchsvollen Postulaten seiner Konstitutionstheorie, auf die der Autor leider im einzelnen allzuwenig eingeht. Eine Theorie, die zugleich empirisch und transzendental sein soll, müßte ständig auf zwei verschiedenen Ebenen gleichzeitig oder abwechselnd argumentieren. Die Zusammenstellung kognitivistisch – externalistisch erscheint wenig problematisch, solange auch hierzu nichts Näheres gesagt wird; aus der finalisierungstheoretischen Argumentation der Starnberger Autoren läßt sich allerdings schließen, daß hier von internen und externen Kontexten und Wirkungen die Rede ist. Wie weit diese Unterscheidung sich in der Argumentation der Autoren als konsistent und fündig erweist, wird in unserem Hauptkapitel 4 zu fragen sein.

Die letzte Forderung, seine Konstitutionstheorie müsse zugleich historisch, jedoch nicht wahrheitsrelativistisch verfahren, muß zunächst dunkel bleiben. Sicher könnte eine empirische Konstitutionstheorie auch historisch arbeiten, jedoch niemals zu wahrheitsabsoluten Aussagen gelangen, während andererseits absolute Aussagen niemals empirischen Charakter haben können. Hier wird der

---

[45] Dazu W. Stegmüller, Holistischer Naturalismus: Willard Van Orman Quine, in: ders., Hauptströmungen der Gegenwartsphilosophie, Stuttgart [6]1979, Bd. II, S. 221–311.

Wissenschaftstheoretiker wohl eine Konfundierung des Entdeckungs- mit dem Begründungszusammenhang vermuten.

Böhmes konstitutionstheoretische Grundthese von der Bildung wissenschaftlicher Gegenstände durch Spezifizierung/Normierung des Umgangs mit und des Redens über sie erscheint für den lebensweltlichen Bereich zutreffend, jedoch für den wissenschaftlichen wenig charakteristisch. Umgang mit Gegenständen und Reden über sie findet sich ja nicht nur in der „wissenschaftlichen Zivilisation", sondern auch bei Naturvölkern, Anhängern abergläubischer und organisierter Glaubenssysteme (Astrologie, Religionen), ferner bei Vertretern ideologischer Orthodoxien, in welch letzterer Gestalt auch Psychoanalyse und Marxismus auftreten können: Entsprechen derartige Systeme aufgrund gemeinsamen Umgangs und Sprachregelungen deswegen den Standards progressiver Problemstellungs- und Problemlösungsverfahren, wie man moderne Erfahrungswissenschaften bezeichnen könnte?

Wenn Böhme betont, an die Stelle des transzendentalen Subjekts sei die Forschergemeinschaft getreten[46] und Erkenntnispsychologie ausdrücklich ablehnt, da eben diese Gemeinschaft heute erkenntnisrelevant sei, so spricht dies doch gerade nicht für eine subjektive, transzendentale Konstitutionstheorie, sondern eher für die Objektivierung von Erkenntnisprozessen und Strukturen in „relationaler" Hinsicht, also auf wohlabgegrenzte Raumzeiteinheiten gezielt. Ein derartiges Unternehmen ist sicherlich empirisch-historisch, soweit es als Wissenschaftssoziologie, Forschungspsychologie und Geschichte der Disziplinen auftritt; es hat aber andererseits theoretischen Cha-

---

[46] Konstitution, S. 321.

rakter, insoweit es logische, kategoriale, wahrheitsmodellierende Fragestellungen behandelt, die für grundlegende theoretische Untersuchungen relationaler Aussagen und Aussagensysteme kennzeichnend sind. Insofern lassen sich Böhmes scheinbar widersprüchliche Postulate zwar einlösen – jedoch nicht durch eine subjektiv-transzendentale Konstitutionstheorie, sondern allein mit Hilfe eines Verbunds objektivierender meta- und objekt-theoretischer Arbeitsschritte, wie sie sich im „gradualistischen" Vorgehen der analytischen Wissenschaftsphilosophie aufweisen lassen. Allerdings ist dabei die Trennung der Kontexte zu berücksichtigen, denn die genetische Begründung – wozu anthropologische ebenso gehört wie historische[47] –, kann die systematische niemals ersetzen. Konsensbildung bei Umgang und Sprachregelung hinsichtlich bestimmter Gegenstände kann kein Ersatz für systematische Begründung der Gültigkeit derartiger Normen sein, die innerhalb eines logisch-theoretischen Zusammenhangs zu erfolgen hat, beispielsweise einer Methodologie der Aussagenprüfung oder Bewährung experimenteller Handlungen. Auch davon wird noch näher die Rede sein.

Die Tatsache, daß Böhme schon ein Jahr später relativ unbestimmt von Normierung wissenschaftlicher Erfahrung spricht, ferner von der Ausbildung wissenschaftlicher Diskurse und Sprache, läßt den zentralen Realitätsbezug erfahrungswissenschaftlicher Forschungstechniken und Aussagen nicht mehr erkennen. Spielt denn die Bewährung von Forschungstechniken, die Überprüfung und

---

[47] Da die historische Perspektive der Anthropologie die Paläanthropologie ist, bleibt die Bedeutung von Böhmes Begriff „Historische Anthropologie" dunkel – sollte es sich dabei um historisch-philosophische Anthropologie handeln?

Bestätigung einzelwissenschaftlicher Aussagen keine nennenswerte Rolle? Für den empirischen Sozialwissenschaftler zeigt sich ebenso wie für den Sozialwissenschaftstheoretiker die Gefahr jenes „transzendentalen Lingualismus" (Stenius), der das Kennzeichen zumindest der ersten zwei Drittel unseres Jahrhunderts sein dürfte. Diese Überbetonung der Sprache und des Sprechens im Erkenntnisprozeß führt Böhme auch zu einer Fehlinterpretation der analytischen Therapie, die wenig Vertrautheit mit Originalliteratur wie auch therapeutischen Techniken der „drei feindlichen Brüder" annehmen läßt. Während Gesprächstherapie sich namensgemäß allein im Medium des Dialogs vollzieht, beschäftigt sich analytische Psychotherapie mit der Be- und Verarbeitung unbewußten Materials, die durchaus nicht nur sprachlich erfolgen muß. Verhaltenstherapien hingegen allein als arbeitskraftrestituierend zu verstehen, verrät eine Argumentation aus der Frühzeit polemischer Auseinandersetzung zwischen den Schulen, die heute unter Experten längst überwunden ist.[48]

Böhmes Auffassung, Wissenschaftssprachen seien Spezifikationen der Umgangssprache oder Ausdifferenzierungen jener, wobei Wissenschafts- und Umgangssprache nicht scharf zu trennen seien, läßt wiederum jene bereits festgestellte Allein- oder Überbetonung des genetischen Kontextes erkennen. Daß Fachsprachen aus differenzierender Spezifikation von Umgangssprachen entstanden

---

[48] Ein wesentlich der Tiefenpsychologie verpflichteter Psychiater wie A. Görres bewertet die Verhaltenstherapien dahingehend, „daß nämlich der Abbau freiheitsbeschränkender Konditionierungen zu einem Gewinn von Freiheit geführt hat" – in: Psychoanalyse und Verhaltenstherapie, hg. von C. Bachmann, Frankfurt a. M. 1972, S. 82 –, dies mag beispielhaft für die versachlichte Diskussion zwischen den Schulen stehen.

sind und weiter entstehen, wird niemand bestreiten wollen. Fachsprachen werden jedoch mit zunehmender Ausdifferenzierung – eindeutigen Definitionen, die operational, kontextual usw. sein können und mit zunehmender Spezifizierung dem Laien unverständlich sein werden – von der Umgangssprache als konstruierte und konstruktive Episprachen sehr scharf zu trennen sein. Böhme führt damit Sprache als Kontinuum ein, dem weiter unten eine implizit zentrale Brückenfunktion zukommen wird.
Auch Böhmes Neuinterpretation von Kants Dreiheit Empfindung – Anschauung – Begriff wirft mehr Probleme auf, als sie lösen könnte. Während Kant, wovon ebenfalls noch eingehender zu sprechen sein wird, mit dieser Trias den Anspruch erhebt, vorwissenschaftliche und wissenschaftliche Kognitionen zu erfassen, ist dies nicht Böhmes Absicht, und Kants Dreiheit entspricht auch keineswegs modernen psychologischen Einsichten. ‚Empfindung' tritt praktisch nur im Labor und in vorbewußten Zuständlichkeiten auf; ‚Anschauung' würde man heute wohl mit ‚bewußter Wahrnehmung' wiedergeben, während ‚Begriff' mehr als bloße Begriffsbildung umfaßt. Berücksichtigt man weiterhin den konstanten Irrtum der klassischen Philosophie, Erkenntnis als bloße Begrifflichkeit mißzuverstehen, die doch erst in Aussagenform realisiert werden kann, so müßte man, um einigermaßen mit dem Stand kognitiver Psychologie Schritt zu halten, wohl von einem Kontinuum Wahrnehmung – Aussage ausgehen. Wissenschaftstheoretisch ist deshalb vom „empirisch-theoretischen Kontinuum"[49] die Rede, um der „theory-ladenness"

---

[49] Der Begriff stammt von A. Kaplan, Conduct, S. 57ff., der wohl wichtigsten verhaltenswissenschaftlichen Methodologie der nordamerikanischen neopragmatistischen Orientierung. Der Glaube, der neopragmatistische Ansatz bedeute eine „partiell oder sogar gänzlich atheore-

von Beobachtung und Beobachtungsbegriffen gerecht zu werden. Böhmes Überzeugung jedoch, Kants Trias durch die Dreiheit lebensweltliche Erfahrung – wissenschaftliche Datenerzeugung – Theoriebildung rekonstruieren zu müssen, geht fehl. Da er Kants integrierende Erkenntnistheorie als „Schwäche" bewertet, müßte er konsequentermaßen zwei Triaden bilden. Die erste, lebensweltliche könnte Wahrnehmung – Konstatierung (Anschauung wird ja bei Kant mittels des Verstandes realisiert) – Stereotyp als Form lebensweltlicher Begrifflichkeit umfassen; die zweite, wissenschaftsrelevante Dreiheit könnte dann lauten: Empirische Daten – Aussage – Theorie.

Böhmes wie auch unsere Rekonstruktionen sind keinesfalls geeignet, über Kants zitierte Feststellung hinwegzutäuschen, daß rezeptive und spontane Phasen oder Prozesse durch eine spezifisch menschliche Leistung zu aktivieren und zu koordinieren sind, die als Verstand, Einbildungskraft oder wie immer bezeichnet worden ist und „eine verborgene Kunst in den Tiefen der menschlichen Seele ausübt, deren wahre Handgriffe wir der Natur schwerlich jemals abraten, und sie unverdeckt vor Augen legen werden"[50]. Um nicht mißverstanden zu werden: Auch der analytischen Erkenntnis- und Wissenschaftsphilosophie ist die Entschleierung der komplexen Kognitionsmechanik nicht gelungen, noch ist zu erwarten, daß sie ihr sobald gelingen wird. Wie Böhme richtig konstatiert, ist zur Erklärung dieser unmittelbaren Erfahrung des

---

tisch" konzipierte Wissenschaftspraxis, beruht auf einem erstaunlichen Mißverständnis – bei G. Schanz, Funktionalisierung der Wissenschaft? Marginalien zum Systemdenken in der Betriebswirtschaftslehre, in: Zs. f. betriebsw. Forschung 26 (1974) S. 554.
[50] I. Kant, Kritik der reinen Vernunft, Darmstadt 1956, S. 190 (A 141/B 180f.).

Menschen keine Konstitutionstheorie zuständig, sondern empirische Wissenschaften wie Gestalt-, genetische Psychologie, Phylogenese, Neurophysiologie. Wir würden dem Piagets genetische Epistemologie hinzufügen, weiter kognitive Psychologie, Informationstheorie und Kybernetik, um zwei Grunddisziplinen des neuen Forschungsgebiets „Artificial Intelligence" zu nennen; denn wir sind der Meinung, daß die Konstruktion intelligente Leistungen vollbringender Automaten zur notwendigen Konvergenz und Konkurrenz mit den genannten Natur- und Sozialwissenschaften geführt hat – eine aktuelle Situation, der analytische Philosophen wie S. Kripke, H. Putnam und W. Stegmüller[51] ebenso Rechnung tragen wie der Reflexionslogiker G. Günther[52] oder selbst der Science Fiction-Philosoph St. Lem.[53]

Nimmt aber Böhme für die kantische Transzendentalphilosophie wie für seine eigene subjektive Konstitutionstheorie in Anspruch, Erfahrungsgegenstände hätten erkenntnisbedingt formale Eigenschaften, die man vor der Einzelerfahrung wissen könne, so behauptet er die Möglichkeit echter analytischer Aussagen und fällt damit erkenntnisphilosophisch in einen Apriorismus zurück, der aus der Sicht der analytischen Wissenschaftsphilosophie heute weder möglich noch überhaupt notwendig ist. Gleichzeitig ist Böhme gezwungen, sich zu einem metaphysischen Realismus zu bekennen, denn er muß ja fordern, für eine Konstitutionstheorie sei Ordnung und Re-

---

[51] Stegmüller, Hauptströmungen, Kap. III.
[52] G. Günther, Das Bewußtsein der Maschinen, Krefeld/Baden-Baden 1957; Die zweite Maschine (O: 1952) sowie Cybernetic Ontology and Transjunctional Operations (O: 1962), beide in ders., Beiträge zur Grundlegung einer operationsfähigen Dialektik, Hamburg 1976, Bd. I.
[53] St. Lem, Summa technologiae, Frankfurt a. M. 1976 (O: 1964).

gelmäßigkeit *in der Natur* (unsere Hervorhebung) vorauszusetzen, mit anderen Worten Dinge oder eine Welt an sich anzunehmen.

Nun lädt sich Böhme mit seiner Dichotomisierung des Erkenntnisgegenstandes, der scharfen Trennung zwischen lebensweltlicher und wissenschaftlicher Erfahrung, eine Bürde auf, die Kant aufgrund seiner vermeintlichen „Schwäche" erspart geblieben war. Böhmes Verzicht auf Kants „unmögliches Unterfangen" stellt ihn nämlich vor die Aufgabe, den Schnitt zwischen lebensweltlichem und wissenschaftlichem Gegenstand zu überbrücken. Kant hatte den Schnitt bekanntlich zwischen die erscheinende und die postulierte Welt an sich gelegt und war daher nicht gezwungen, ihn im empirisch erfaßbaren Bereich zu überbrücken, was nun bei Böhme der Fall ist. Böhme sucht dies dadurch zu leisten, daß er die Aufgabe der Erklärung gelingender Wirklichkeitserkenntnis/-erfassung aus dem lebensweltlichen in den wissenschaftlichen Bereich verschiebt. Der lebensweltliche Umgang mit der Welt soll ihm ein Produkt natürlicher Evolution sein, die eine „Einstimmung" zwischen Mensch und Welt gewissermaßen biotisch-historisch besorgt habe. Eine erkenntniserklärende Konstitutionstheorie ist dann nur für die Welt der Wissenschaft zuständig, da ja jene evolutorische Übereinstimmung Mensch–Umwelt von vornherein den Bezug zur „erkenntnisunabhängigen Wirklichkeit" (wiederum metaphysischer Realismus) garantiert. An dieser Stelle ist dann folgerichtig eben nur Böhmes Trias: lebensweltliche Erfahrung – Datenerzeugung – Begriff erforderlich, nicht aber die von uns angenommene zweifache, denn die evolutorische „Einstimmung" (Böhme) nimmt dem Konstitutionstheoretiker ja den ersten Teil der Erklärung ab.

Da Böhme eine subjektive Konstitutionstheorie anzielt, ist für ihn Objektivität nicht von irgendeinem Bezug zur empirischen Realität abhängig, sondern davon, über welche Bedingungen von Gegenständlichkeit, Methoden- und Theoriebildung in einer Forschergemeinschaft Konsens zu erreichen ist, und zwar „wesentlich auf der diskursiven Ebene ausgehandelt". Was als Erfahrungsgegenstand gilt, wird also diskursiv (vermutlich in „herrschaftsfreiem Dialog" oder „vernünftiger Rede") einer Forschergemeinschaft durch Setzungen bestimmt. Hier erscheint nicht nur das Wahrheitsmodell der Erlanger und Habermasschen „Intersubjektivitätstheorie"[54] durch die transzendentale Hintertür, sondern zugleich eine Einstellung, die – häufig zu recht – von linken Kritikern ihren scheinbar oder anscheinend positivistischen Widersachern als Dezisionismus vorgehalten worden ist. Eine objektivierende Grundlagen- oder Wissenschaftstheorie hat demgegenüber zu zeigen, aufgrund welcher Kriterien sich welche Forschungstechniken dadurch bewähren, daß mit ihrer Hilfe Experimente gelingen, die als Fragen an die Natur- oder Sozialwelt gerichtet und von dieser beantwortet werden; mit anderen Worten, warum bestimmte Hypothesen mittels bestimmter Versuchsanordnungen empirisch bestätigt werden können, andere jedoch nicht.

Das konsenstheoretische Modell erklärt gut die Existenz differierender „Wissenschaften" („akademische Schulwissenschaft", anthroposophische „Geisteswissenschaft", eklektizistisch-ideologische „Scientology", „Christian Science" usw.). Nimmt man dies Modell ernst, so produziert jede kognitive Gemeinschaft Wahrheit oder gar Wissenschaft. Das trifft historisch-soziologisch sicher zu;

---

[54] L. Puntel, Wahrheitstheorien in der neueren Philosophie, Darmstadt 1978, 4. Kap.

dem Wissenschaftstheoretiker/Methodologen freilich bleibt die Aufgabe der Erklärung, besser Begründung, ob und warum sich „schul"-wissenschaftliche Methoden bewähren – denn sie allein sind gesamtgesellschaftlich relevant. Oder würde Böhme so weit gehen, anzunehmen, daß sich auch „subkulturelle" kognitive Paradigmata ebenso gut bewähren würden, sofern sie ihre Konsensbasis verbreitern (und man sie ernstlich testet)?
Betrachten wir als Testfall für Böhmes Konzeption die Parapsychologie. Aus zweitausend Jahren – wenngleich anekdotischer – Fallgeschichten, einhundert Jahren qualitativer, meist „mediumistischer" Laborexperimente und aus fünfzig Jahren streng quantitativer experimenteller Forschung stehen hier „Datenmengen" zur Verfügung. Eine überwiegend der westlich-abendländischen Kultur zugehörige, wenige Dutzend einander persönlich bekannter Gelehrter umfassende Forschergemeinschaft hatte sich in den Jahrzehnten zwischen den beiden Weltkriegen auf eine „Begrifflichkeit" geeinigt, die nach Böhme genügen soll, die Datenmengen zu organisieren. Wie ist es dann zu erklären, daß die Parapsychologie nach wie vor nicht nur von anderen Disziplinen nicht akzeptiert wird, sondern heute Uneinigkeit über Forschungsansätze und -methoden, ja selbst über paradigmatisch gültige Ergebnisse sogar innerhalb der parapsychologischen Forschergemeinschaft Platz zu greifen beginnt, obgleich deren Konsens hinsichtlich „Begrifflichkeit" wie „Datenmengen" weiterhin besteht? Ohne Berücksichtigung der pragmatischen Bewährungsdimension dürfte eine Erklärung kaum gelingen.
Damit weist der analytische Kritiker Böhmes Begründung des Schnitts zwischen vorwissenschaftlicher und wissenschaftlicher Erfahrung zurück. Bevor eine Alternative dazu, das heißt aber auch eine andere Konzeption der konstitutionstheoretischen Problematik aufgezeigt werden

kann, ist zu fragen, wie Böhme seinen Schnitt tatsächlich überbrücken, also die Einheit menschlicher Erfahrung, besser: Kognition, garantieren kann. Die Antwort ergibt sich rekonstruktiv aus seinen Intentionen. Als einziges Kontinuum menschlicher Aktivitäten bleibt die Sprache übrig, um diesen Dienst zu leisten. Wie erinnerlich, hatte Böhme ja behauptet, Wissenschaftssprachen seien nichts anderes als ausdifferenzierte oder spezifizierte Umgangssprachen.

Diese Lösung erscheint plausibel, weist aber schwerwiegende Nachteile auf. Nimmt man Sprache als anthropologisches Universal, so wäre dies eine genetische Erklärung, wofür die gleichen Bedenken gelten, die wir bereits geäußert haben und die für jede Substitution systematischer durch genetisch-historische Begründungen gilt. Statt bei einer – zu Recht von Böhme abgelehnten – Vermögenspsychologie landet man dann unvermeidlich bei einer Anthropologie als Begründung von Erfahrung und Erkenntnis, was dem heutigen Standard kognitiv systematischer Aussagen keinesfalls entspricht. Faßt man andererseits Sprache als dialogisches Konsensmedium auf, so landet man bei jener Priorität historisch-dezisionistischer Konsensbildung, die bei Habermas als Wahrheitsmodell zu finden ist, jedoch ebensowenig befriedigen kann wie herkömmliche Wahrheitsmodelle der traditionellen Philosophie. Zwar hat man sich dann für „transzendentalen Lingualismus" entschieden, ist indessen einer Begründung oder Garantierung der kognitiven Ganzheit des Menschen so fern wie zuvor.

Bewertet man aber Sprache als keine taugliche Überbrückung der Dichotomie: vorwissenschaftliche Erfahrung (Lebenswelt) – wissenschaftliche Erfahrung (Empirie), so bietet sich eine interessante Alternative an. Man könnte nämlich zum einen an die Stelle von ‚Sprache' – was ja auch

Böhme nur implizit tut – ‚Fürwahrhalten' in die Brückenfunktion einsetzen. Zum anderen wäre es denkbar, seine Dichotomie durch ein mindestens dreigegliedertes Kontinuum in ‚Zielkontext' zu ersetzen.[55] Belief als Bindeglied böte nicht nur disziplinar, sondern auch thematisch manche Vorteile. Es dürfte beispielsweise recht schwer fallen, ‚belief systems' oder Ideologien dichotomisch befriedigend zuzuordnen. Schlägt man etwa institutionalisierten Thomismus, Marxismus, aber auch akademisierte Astrologie und Psychoanalyse, schließlich weltweit organisierte Theosophie oder Scientology der Lebenswelt zu, so verlieren diese Glaubenssysteme ihre wesentlichen rationalen Merkmale. Ordnet man sie andererseits der Welt wissenschaftlicher Erfahrung zu, so ergeben sich eben jene schwerwiegenden Legitimierungs-, Homogenisierungs- und Abgrenzungsprobleme oder -zwänge, die der Wissenssoziologe, -psychologe und Ideologiekritiker vermeiden kann, da sich für ihn die Wahrheitsfrage, im Gegensatz zum Wissenschaftstheoretiker, gerade nicht stellt.

Die Einführung eines gegliederten Kontinuums im Zielkontext – z. B. ideativer, kognitiver und realisatorischer Zusammenhang – könnte dann sowohl anstelle von Böhmes „Zwei-Welten"-Dichotomie wie auch anstelle seiner solitären Kriterien-Doublette „Umgang mit und Reden über" treten. Während ein ‚ideativer' Zielkontext etwa utopische Intentionen bezeichnen würde, träfe ‚Kogni-

---

[55] Zum Vorschlag von fünf sozialwissenschaftlichen Forschungskontexten G. Eberlein, Wissenschaftstheorie oder Wissenschaftsforschung? in: Soziale Welt 27 (1976) S. 488–503. Die Unterscheidung kognitive-realisatorische Theoriefunktion stammt von W. Leinfellner, Wissenschaftstheorie und Begründung der Wissenschaft, in: Forschungslogik der Sozialwissenschaften, hg. von H. Albert, R. Carnap u. a., Düsseldorf 1974, passim, S. 11–35.

tion' sowohl auf Alltagswissen wie wissenschaftliche Erkenntnis zu, wohingegen realisatorische Zusammenhänge sich auf Alltagspraxis wie auf Wissenschaftsanwendungen beziehen würden. Worum es im Einzelfall ginge, würde sich dann aus dem thematischen Kontext, also demjenigen Zusammenhang ergeben, der traditionell ‚Objekt', zeitgenössisch ‚Forschungseinheit' benannt wird.
Sieht man „sprachliches Kontinuum" einmal als taugliche Überbrückung des dichotomen Schnitts an, so ergeben sich gleichwohl weitere unplausible Konsequenzen. Ist Sprache dialogisch-diskursives Kontinuum, das vorwissenschaftliche und wissenschaftliche Erfahrung ineinander überführt – oder, wie Dialektiker gern sagen, vermittelt –, dann ist nicht einzusehen, warum nicht auch die vorwissenschaftliche Erfahrung der Lebenswelt mittels einer Konsenstheorie zu erklären sein sollte, die Böhme allein der wissenschaftlichen Welt vorbehalten will. Nimmt man aber den von ihm aufgeführten Komplex empirischer Disziplinen im Sinne des sprachlichen Kontinuums ernst, dann ist nicht einzusehen, warum nicht wissenschaftliche Erfahrung und Erkenntnis ebenso mittels Evolutionstheorie, genetischer Psychologie usw. erklärt werden sollte wie die vorwissenschaftliche Lebenswelt.
Daß in der Beschreibung und Erklärung des Gebrauchs und Wandels von Umgangssprachen eine empirische Konsenstheorie impliziert wird, ist dem Sprachhistoriker und Linguisten nichts Neues. Daß andererseits evolutionistische Vorstellungen auf fachsprachliche Entwicklungen wissenschaftshistorisch angewandt werden, ist eine vielleicht nicht allzu unerwartete Feststellung, die wir bei der Kuhn-Interpretation der frühesten Veröffentlichung der Starnberger Autoren antreffen werden. Daß dies in den konstitutionstheoretischen Veröffentlichungen Böhmes nicht mehr vertreten wird, verdankt sich seiner heute

besseren Einsicht. Die Umsetzung psychologischer und neurophysiologischer Fragestellungen auf die Entwicklung von Fachsprachen ist ebenfalls keine Unmöglichkeit, sondern wird seit Jahrzehnten ebenso als Sprach- und kognitive Psychologie untersucht wie auch als neurokybernetische Analyse, neuerdings insbesondere im Problembereich dessen, was als „Artificial Intelligence" (AI) zur Konstruktion intelligenter Maschinen betrieben wird.[56] Dabei sind traditionellere Bemühungen wie Begriffsgeschichte einerseits, jüngere wie interdisziplinäre Wissenschaftsforschung andererseits noch nicht berücksichtigt. Die Ironie dieses Sachverhalts ist nur, daß der Einsatz von Wissenschaftssoziologie[57] (von Böhme erwähnt, aber nicht ausgeführt), von Forschungs- und kognitiver Psychologie[58] (von Böhme als „Erkenntnispsychologie" abgelehnt) von Erkenntnisökonomie[59] und deskriptiver Wissenschaftstheorie (von Böhme ignoriert) eine subjektive Konstitutionstheorie überflüssig macht und jene objektivierend-grundlagentheoretische Alternative bedeutet, die wir in Aussicht gestellt hatten.

Kurz gefaßt sieht sie – durchaus übereinstimmend mit der

---

[56] Dazu insbesondere: The Modelling of Mind: Computers and Intelligence, ed. by K. Sayre, Notre Dame 1963; ders., Cybernetics and the Philosophy of Mind, London 1976.

[57] Als Beispiel sei genannt P. Weingart, Wissenschaftsforschung und wissenschaftssoziologische Analyse, in: ders. (Hg.), Wissenschaftssoziologie I, Frankfurt a. M. 1972, S. 11–42.

[58] Thinking: Readings in Cognitive Science, ed. by P. Johnson-Laird e. a., London etc. 1977; Kognitive Theorien in der Sozialpsychologie, hg. von D. Frey, Bern u. a. 1978; R. Fisch, Psychologie of Science, in: Science, Technology and Society, ed. by I. Spiegel-Rösing, D. de Solla Price, London 1977, S. 277–318.

[59] R. Mattessich, Informations- und Erkenntnisökonomik: Treffpunkt von Philosophie und Wirtschaftswissenschaft, in: Zs. f. betriebsw. Forschung 26 (1974) S. 777–784 sowie ders., Episto-Economics, in: Instrumental Reasoning, S. 124–233.

communis opinio analytischer Philosophie und empirisch-analytischer Wissenschaftsforschung – folgendermaßen aus: Nimmt man die Einsichten besonders von Quine und Putnam[60] über die Unhaltbarkeit der analytisch-synthetischen Dichotomie wie auch einer generalisierten analytischen Theorie ernst, dann entfällt das Forschungsprogramm einer autonomen Erkenntnistheorie ebenso wie dasjenige einer Begründung der Wissenschaft und Wissenschaftstheorie, sofern beides mehr als Wissenschaft, nämlich eigenständige Philosphie, sein will. Dann bleibt nur die Alternative übrig, nicht allein die lebensweltliche Erfahrung interdisziplinär aufzuhellen, wie von Böhme verlangt, sondern als weiteres Forschungsprogramm eben die Durchdringung der Welt wissenschaftlicher Kognitionen – was selbstverständlich die Fachsprachen umfaßt – mittels interdisziplinärer Wissenschaftsforschung,[61] wozu außer den von ihm genannten empirischen Disziplinen selbstverständlich auch Wissenschaftsgeschichte und beschreibende Wissenschaftstheorie gehören. Aus der Sicht des empirisch-analytischen Wissenschaftsforschers, der kein Philosoph sein will, bedeutet Wissenschaftsgeschichte nicht die Absicht einer generalisierten Theorie wie bei Kuhn, sondern lediglich empirisch-kasuistische Forschung. Deskriptive Wissenschaftstheorie ist als Forschungsprogramm, zumal im europäischen Raum, noch recht wenig bekannt.[62] Auch sie geht nicht generalisierend

---

[60] Stegmüller, Hauptströmungen, bes. Abschn. IV/V.
[61] Das umfangreiche Programm einer neopragmatistisch orientierten, deskripitiv-rekonstruierenden Sozialwissenschaftstheorie skizziert G. Eberlein, Zum epitheoretischen Programm der Sozialwissenschaft, in: Forschungslogik der Sozialwissenschaften, S. 111–130, die Erweiterung durch interdisziplinäre Wissenschaftsforschung in: Wissenschaftstheorie oder Wissenschaftsforschung?, s. Anm. 55.
[62] Als systematische Darstellung vgl. P. Diesing, Patterns of Discovery in the Social Sciences, Chicago/New York 1971; als angewandte Fallstu-

vor, sondern beschränkt sich darauf, an konkreten Beispielen der Begriffs-, Theorien-, Methodenbildung und Anwendung durch die empirischen Wissenschaften zu untersuchen, wie tatsächlich dort jeweils gearbeitet wird. An dieser Stelle ist ein Einwand zu berücksichtigen, der schon seit geraumer Zeit gegen unsere Argumentation angeführt werden kann – nämlich die Frage, wo denn die normative Wissenschaftstheorie ins Spiel komme? Normative oder wie manche Sozialwissenschaftler bescheidener sagen, optimierende[63] Wissenschaftstheorie ist das Produkt jenes von Böhme hervorgehobenen Konsens von Forschergemeinschaften, der nicht etwa aufgrund bloßen „Umgangs" und bloßer Sprachkonventionen im Kollegenkreis zustande kommt, sondern sich aus der Rückkopplung zwischen Begriffs-, Hypothesen-, Methodenbildung, -anwendung und Bewährung ergibt. Normative oder optimierende Wissenschaftstheorie ist dann entweder der raum-zeitliche Querschnitt bewährter Kriterien und Instrumente, der deswegen Bestand hat. Oder aber normative Wissenschaftstheorie beinhaltet eine „disziplinäre Matrix", die – konstruktiv oder rekonstruktiv erarbeitet – zum Paradigma einer Disziplin oder eines Forscherkreises geworden ist, obgleich sie sich (bisher) bei Problemlösungen nicht bewährt (hat). In jedem Fall dient erst normative oder optimierende Wissenschaftstheorie als Begründung und Rechtfertigung wissenschaftlichen

---

die N. Dietrich, Der duale Sprachansatz. Anwendungsbezogene Darstellung, Kritik und Weiterentwicklung eines wissenschaftstheoretischen Ansatzes anhand ausgewählter absatzwirtschaftlicher Aussagensysteme, Diss. Saarbrücken 1976.

[63] So jüngst Th. Herrmann, Die Psychologie und ihre Forschungsprogramme, Göttingen 1976, S. 13–69 und ders., Zur Tauglichkeit psychologischer Theorien, in: Theorie und Erfahrung, passim.

Handelns. Zu Rekonstruktion[64] und Erklärung ist aber keine eigene – zumal subjektive oder transzendentale – Konstitutionstheorie erforderlich: Wissenschaft untersucht und erklärt sich selbst genauso wie ihre sonstigen Gegenstände, und es scheint nur eine Paradoxie, daß sie selbst als empirische Wissenschaftsforschung ihre eigene Metatheorie bildet.

Böhmes enge Anlehnung an Kants erkenntnistheoretisches Unterfangen, wie sie sich in der bereits dargestellten Adaptation der Dreiheit von Empfindung, Anschauung und Begriff in seiner Trias lebensweltlich Erfahrung, wissenschaftliche Datenerzeugung und Theoriebildung gezeigt hat – von Böhme als Ausdifferenzierung der Instanzen Anschauung und Begriff zu Datenerhebung und Theoriebildung bezeichnet –, hat zusätzliche problematische Konsequenzen. Daß Böhme anstelle des kantischen Dualismus Rezeptivität – Spontaneität die Dichotomie vorwissenschftliche – wissenschaftliche Erfahrung einführt, davon war bereits die Rede. Auch hier zeigt sich eine unfreiwillige Ironie. Böhme kritisiert an unserer heutigen Wissenschaft teilweise zu Recht „ihre Verfallenheit an den kartesischen Dualismus"[65]. Gegenüber Descartes' *res cogitans – res extensa* ließe sich Böhmes Dichotomie vorwissenschaftliche evolutionär stabilisierte Erfahrung versus konsensuell fixierte wissenschaftliche Erfahrung übersetzen: *res percipiens in corpore – cognitio scientifica per consensum,* was in unseren Augen wie eine moderne Neuformulierung des kartesischen Dualismus aussieht.

---

[64] Als rekonstruktives Programm der Wissenschaftstheorie ist heute insbesondere der strukturalistische Ansatz zu rechnen: Vgl. dazu W. Stegmüller, A Structuralist View of Theories, Heidelberg/New York 1979; ders., Neue Wege der Wissenschaftsphilosophie, Heidelberg/New York 1980.
[65] Alternativen, S. 46.

Von einer Alternative zu Descartes kann dabei wohl keine Rede sein.

Doch Böhmes eigene Trias und Dichotomisierung führen ihn in eine weitere Klemme. Da ihm Datenerzeugung das wissenschaftliche Gegenstück zu vorwissenschaftlicher Erfahrung ist, die beim konkreten Individuum durch die Einheit der Person und ihres Erkenntnisapparates (dazu noch evolutionistisch!) garantiert ist, präsentieren sich ihm wissenschaftliche Daten als „,zerstreutes' Mannigfaltiges"; eben als gegenstandslose Datenmenge, die überhaupt erst begrifflich organisiert werden muß, damit sie sinnhaft wird. Genauer gesagt: Die im Forscherkonsens gesetzten Normen der Erfahrungsgewinnung führen zunächst zu disparaten Datenmengen, die in Gestalt wissenschaftlicher Gegenstände sinnhaft zu organisieren sind. Diese Aussage von Böhmes Konstitutionstheorie wird von ihm selbst als allgemeine Behauptung bezeichnet. Dem analytischen Kritiker wird hier das Dilemma: beabsichtigte subjektive Konstitutionstheorie versus objektivierende einzelwissenschaftliche Wissenschaftsforschung überaus deutlich sichtbar. Hält sich ein moderner Erkenntnistheoretiker an Kant, der seine Trias von vornherein aus Empfindungen als isolierten Elementen, Anschauung als verstandesmäßig organisierte Wahrnehmung und Begriff als rationaler Leistung aufbaut, so erhält Böhme durch seine Adaptierung genau jene Dichotomie gegenstandslose Empirie – organisierende Begriffsbildung und Theorie wieder, die im Sinne seiner subjektiven Konstitutionstheorie evident sein mag, mit dem Stand deskriptiv wissenschaftstheoretischer oder wissenschaftspsychologischer Forschung aber nichts zu tun hat.

Nimmt man Böhmes Aussage – gleichviel ob wissenschaftstheoretisch oder empirisch – ernst, so erhält man eben dieselbe Dichotomie Empirismus – Rationalismus,

die Kant nicht bewältigen konnte, weil sie auf einer falschen Problemstellung beruht; jene Dichotomie, woran auch der logische Empirismus letztlich scheitern mußte. Daß Angehörige einer Forschergemeinschaft aufgrund ihrer – konsensuell oder nicht – fixierten Normen sinnfreie Datenmengen produzieren, die dann mühsam begrifflich (sprich: theoretisch) organisiert werden müssen, dies gilt nur für einen Typ wissenschaftlicher Forschung. Wir meinen den kurzsichtigen, theorielosen Empirismus, der nicht über integrierbare, relevante Hypothesen verfügt, sondern mit der Stange im Nebel herumfährt – jenen Empirismus, der zu Recht als „Datenhuberei" und „Fliegenbeinzählerei" verspottet wird, wo immer er auftritt.[66]
Daß Böhmes subjektive Konstitutionstheorie tatsächlich allgemein in der „Behauptung" besteht, kann ihren verfehlten Ausgangspunkt gar nicht klarer erkennen lassen: Aussagen einer Theorie können hypothetisch behauptet, müssen aber früher oder später empirisch geprüft werden, was einer transzendentalen Konstitutionstheorie verwehrt ist.
Die erkenntnistheoretischen Aporien, Lücken und Mängel von Böhmes Konstitutionstheorie werden am Ende seiner jüngsten Arbeit jedoch noch deutlicher sichtbar. Er spricht von ‚Objektivität' und bemerkt dazu, was ein Objekt sei, werde durch begriffliche Forderungen fixiert. Ist schon die Gleichsetzung von ‚Objekt' mit ‚Objektivität' für den analytischen Wissenschaftsphilosophen erstaunlich, der üblicherweise Objekte als definierte Forschungseinheiten, ‚Objektivität' hingegen als Kriterienmenge zur gesicherten Erfassung, Darstellung und Erklärung derartiger Forschungseinheiten versteht, so zeigt fer-

---

[66] Er wurde stets am schärfsten von der Frankfurter Schule kritisiert; von Th. Adorno bereits ab 1954.

ner Böhmes Behauptung, begriffliche Forderungen fixierten Objektdefinitionen, wiederum jenen transzendentalen Lingualismus und forschungstheoretischen Dezisionismus, auf den wir schon hingewiesen haben. Andererseits ist ihm ‚Wahrheit' nicht die Adäquation der Erkenntnis, sondern an Gegenstandsbegriffen gemessene Adäquatheit der Daten. Da wir uns mit dieser Abweisung der Adäquationstheorie gewiß auf erkenntnistheoretischer Argumentationsebene befinden, dürften gleichermaßen traditionelle Erkenntnistheoretiker wie analytische Wissenschaftsphilosophen den Schluß ziehen, daß Böhme zwar eine Adäquationstheorie ablehnt, jedoch eine Wahrheitstheorie fordert, deren Charakter nicht ohne weiteres zu bezeichnen ist. Da von „bestimmten Gegenstandsbegriffen" als Meßkriterien auszugehen sei, wird man entweder an eine sprachanalytische Wahrheitstheorie denken oder aber auf Böhmes frühere Äußerungen über die konsensuelle Fixierung jener Erfahrungsnormen zurückgreifen, womit wieder eine Konsens- oder Intersubjektivitätstheorie der Wahrheit (etwa im Sinne von Habermas oder des Erlanger Konstruktivismus) in Frage käme.

Erinnert man sich daran, daß Böhme sich zuvor mehrfach zum metaphysischen Realismus bekannt hat, später konsenstheoretisch, nun vielleicht zusätzlich im Sinne eines sprachanalytischen Wahrheitsmodells argumentiert, so stellt sich die Frage nach der Verträglichkeit von metaphysischem Realismus, intersubjektiv-konsenstheoretischem, womöglich noch sprachanalytischem Wahrheitsmodell – das Ganze im Zusammenhang einer subjektiven Konstitutionstheorie. Darauf kann hier nicht näher eingegangen werden. Hält man an deren Absicht fest und stellt weiter Böhmes damit übereinstimmendes Postulat erkenntnisunabhängiger Wirklichkeit in Rechnung, so wird man sein konsenstheoretisches Wahrheitsmodell wissenschaftlicher Erfahrungsgewinnung als soziologistischen Kurzschluß seiner transzendental gemeinten Konstitutionstheorie bewerten müssen. Wenn die Normen der Erfahrungsgewinnung tatsächlich von Forschergemeinschaften konsensuell fixiert werden, dann sind sie raumzeitspezifisch begrenzt, also historisch – damit aber keinesfalls geeignet, jene „Ordnung und Regelmäßigkeit in der Natur" zu erfassen, die seine Konstitutionstheorie schon voraussetzt. Dabei darf nicht vergessen werden, daß Böhme jede prästabilierte Harmonie zwischen Erkenntnis und Naturordnung ablehnt, vielmehr die lebensweltliche Übereinstimmung evolutionistisch erklärt. Die Übereinstimmung jedoch zwischen naturimmanenten Regelmäßigkeiten und nomologischen Aussagen der empirischen Wissenschaften ist im Rahmen von Böhmes Konstitutions- und Wissenschaftstheorie überhaupt nicht zu verstehen. Daß wissenschaftliche Erfahrung Ordnungsstrukturen und Gesetzmäßigkeiten erkennen, zutreffend formulieren, gar technisch umsetzen kann, muß ein unerklärliches Wunder bleiben. Während bei Kant die „Erkennbarkeitskluft" zwischen Empirie und Metaphysik liegt, gelingt es Böhme nicht einmal zu erklären, wie erfahrungswissenschaftliche Erkenntnis möglich ist. Ist damit seine Konstitutionstheorie nicht bereits gescheitert?

Angesichts dieser Aporie muß gesagt werden, daß die Vertretung einer subjektiven Konstitutionstheorie hinsichtlich ihres erkenntnis- und wissenschaftstheoretischen Problemstandes nicht nur hinter der analytischen Wissenschaftsphilosophie, sondern selbst hinter dem „institutionalisierten Marxismus" als „Erkenntnistheorie leninscher Prägung", um mit Böhme zu sprechen,[67] zurücksteht.[68]

---

[67] Böhme, Alternativen, S. 42.
[68] Zeitgenössische sowjetische Wissenschaftstheorie dokumentiert sich

Dieser ist sich als Philosophie des „sozialistischen Lagers" der Tatsache klar bewußt, daß sein welterkennender und -verändernder Anspruch mit den Konsequenzen: Aufrechterhaltung und Durchsetzung einer konsistent realistisch-empirischen Position steht und fällt. Hier zeigt die marxistische Erkenntnis- und Wissenschaftstheorie ein geschärftes und präzises epistemologisches Problembewußtsein, wie es sonst nur bei der analytischen Philosophie anzutreffen ist, und es ist daher keineswegs zufällig, daß marxistische Erkenntnistheoretiker der letzten Jahrzehnte in wachsendem Umfang analytische Wissenschaftsphilosophie und -theorie kritisch rezipieren.
Bekanntlich stellt die Widerspiegelungstheorie das bündigste und direkteste Modell einer realistischen Erkenntnistheorie der Korrespondenz zwischen Bewußtsein und Erkenntnisobjekt dar. Konsequenterweise wird diese Position auch heute noch von der Erkenntnistheorie des institutionalisierten Marxismus vertreten. Sie stört sich keineswegs daran, daß sie als Preis ein Bekenntnis zum metaphysischen Realismus darzubringen hat, wenn nur im Endresultat eine zuverlässige, präzise Abbildung der Welt im erkennenden Bewußtsein garantiert wird. Zwar wird der analytische Kritiker die Voraussetzung eines metaphysischen Realismus – der Marxist teilt sie ja mit dem Transzendentalisten – als weder notwendige noch hinreichende Voraussetzung epistemischer Wahrheit bewerten. Unbestritten dürfte aber sein, daß heute nur analytische und marxistische Wissenschaftsphilosophie über epistemische Begriffe und Theorien verfügen, die dem Stand erfahrungswissenschaftlicher Forschung einigermaßen

---

seit den sechziger Jahren in international rezipierten Standardwerken wie z. B. G. Kröber, P. V. Tavanec (Hg.), Studien zur Logik der Wissenschaften, Moskau 1964, Ostberlin 1967, Dordrecht 1970 (engl.).

gerecht zu werden vermögen. Erkenntnis- und Wissenschaftsphilsophie auf der Höhe einzelwissenschaftlicher Bemühungen des 20. Jahrhunderts ist also nicht bei Transzendentalisten, Phänomenologen und Hermeneutikern, sondern bei Analytikern und Marxisten zu finden.[69]
Der „senior author" des vorliegenden Bandes hat[70] zu zeigen gesucht, daß das klassische korrespondenztheoretische Wahrheitsmodell mit seinen metaphysischen Vorentscheidungen (Idealismus – Realismus) durch ein – Walds Entscheidungstheorie entlehntes – Zweipersonen-Spielmodell Forscher – Natur substituiert werden kann. Der Forscher als Spieler$_1$ steht dabei der Natur- oder Sozialwelt als Spieler$_2$ gegenüber und versucht, ihm dessen Strategie zu entreißen. In Gestalt empirisch testbarer Hypothesen tritt der Forscher mit seiner Gegenstandswelt in einen virtuell unendlichen strategischen Interaktionsprozeß ein, wohingegen die „Natur" mit empirischen Informationen als strategischen Antworten erwidert. Die Aufdeckung struktureller und prozessualer Regelmäßigkeiten wäre eben als Strategie der Natur-, Sozial- oder Kulturwelt aufzufassen.
Es dürfte selbst aus dieser Skizze erkennbar sein, daß ein derartiges szientifisches Minimalmodell keine realisti-

---

[69] Daß auch marxistische Wissenschaftstheoretiker pragmatischer Rationalität vor metaphysischer den Vorzug geben, zeigt beispielhaft die Aussage: „Ihm (Kuhn, d. Verf.) ist unbedingt zuzustimmen, daß Rationalitätskriterien nicht das Resultat wissenschaftslogischer Normierungsversuche sein dürfen, daß sie keine A-priori-Konstruktionen darstellen, sondern nur aus einer *erfolgreichen* (Hervorhebung im Original, d. Verf.) Wissenschaftsentwicklung verallgemeinert werden können." Vgl. J. Erpenbeck, U. Roseberg: Theorienentwicklung und Entwicklungstheorie, in: Dt. Zs. f. Philosophie 25 (1977) S. 147.
[70] G. Eberlein, Der Erfahrungsbegriff der heutigen empirischen Sozialforschung, Berlin 1962, S. 22 ff.

schen oder idealistischen metaphysischen Voraussetzungen braucht; ferner, daß es auf alle faktisch oder potentiell erfahrungswissenschaftlichen Disziplinen übertragen werden kan. Ferner wird es ebenso der mikrophysikalischen Wechselwirkungsrelation von Bohr und Heisenberg wie auch entsprechenden Verhältnissen in den Humanwissenschaften gerecht, von seiner Quantifizierbarkeit und präzisen Definierbarkeit zu schweigen.[71]
Was die Position der analytischen Erkenntnis- und Wissenschaftsphilosophie dabei angeht, ist einerseits zu sagen, daß diesem operativen, strategisch-interaktionistischen Erkenntnis- und Wahrheitsmodell heute in den nicht-sozialistischen westlichen Industriegesellschaften nicht mehr widersprochen wird, sondern es – vermutlich aufgrund des Vordringens der Entscheidungs-/Spieltheorie – als deren informelle *communis opinio* betrachtet werden kann.[72] Daß andererseits speziell im angelsächsischen

---

[71] Dies strategisch-interaktionistische Wahrheitsmodell zog massive erkenntnis-/wissenschaftstheoretische Ablehnung aus der DDR auf sich: D. Dohnke, Rezension in: Dt. Zs. f. Philosophie 13 (1965) S. 1535 ff.; H. Meyer, Die ‚empirische' Sozialforschung und die Soziologie, in: Dt. Zs. f. Philosophie 14 (1966) S. 836 ff.; E. Hahn, Historischer Materialismus und marxistische Soziologie, Berlin 1968, S. 27 f., 37 f., 42 f.

[72] W. Leinfellner bezeichnet dies Modell in seiner Einführung in die Erkenntnis- und Wissenschaftstheorie, Mannheim 1965, ³1980, S. 16 f., schlicht als „spieltheoretisches Obligat". Daß die Erkenntnis- und Wissenschaftstheorie des Marxismus/Leninismus alle neuen „bürgerlichen" Wissenschaften (Relativitätstheorie, Informationstheorie, Kybernetik, Logistik, Parapsychologie u. v. a.) übernommen hat, ist wohlbekannt. Der nämliche Prozeß spielt sich jetzt in Gestalt der Rezeption analytischer Wissenschaftstheorie wiederum im „sozialistischen Lager" ab. Die Prognose des sozialistischen neopositivistischen Wissenschaftstheoretikers O. Neurath: „*gerade das Proletariat wird zum Träger der Wissenschaft ohne Metaphysik*" (Hervorhebung von ihm selbst) von 1928 wird somit heute recht unerwartet bestätigt; zit. aus: Lebensgestaltung und Klassenkampf, wieder in: ders., Wissenschaftliche Weltauffassung, Sozialismus und Logischer Empirismus, hg. von R. Hegselmann, Frankfurt a. M. 1979, S. 310.

Raum die analytische Philosophie der letzten Jahrzehnte eine intensive Realismus-Diskussion durchführt, muß für den deutschsprachigen Leser wohl angemerkt werden. Deren Resultat spiegelt sich schwerpunktmäßig in den von Quine und Putnam vertretenen Positionen wider. Es hat sich nämlich in erkenntnis-, wissenschaftstheoretischen wie sprachanalytischen und logikphilosophischen Überlegungen herausgestellt, daß metaphysischer Realismus in seinen Voraussetzungen und Konsequenzen unhaltbar geworden ist. Das hängt damit zusammen, daß eine generalisierende, von Wissenschaft abzuhebende rationale Philosophie nicht mehr durchgehalten werden kann, da ihre Aussagen und Verfahrensweisen sich Schritt für Schritt als unklar, unhaltbar, schlimmer noch: als graduell empirisch einholbar erweisen. Haltbar erscheint demzufolge heute allein (theorie-)interner Realismus, wie ihn Putnam vertritt; und es ist treffend gesagt worden, daß Wahrheit für den metaphysischen Realisten ein nichtepistemischer Begriff sei, während für den internen Realisten gilt: „Wahrheit wird zur empirischen Beweisbarkeit".[73]

Es erscheint aufschlußreich, daß unsere Kritik an Böhmes subjektiver Konstitutionstheorie zum gleichen Ergebnis kommt wie die genannte Realismus- und Gegenstandsdiskussion der jüngsten analytischen Philosophie, ohne deren Ergebnisse vorauszusetzen. Deswegen kann nun eine abschließende Bewertung der Ansprüche und Ergebnisse seiner Konstitutionstheorie vorgenommen werden.

Böhmes Forderungen an seine Konstitutionstheorie hat-

---

[73] Stegmüller, Hauptströmungen, S. 440. Dies bestreitet allerdings G. H. Merrill, The Model-Theoretic Argument Against Realism, in: Phil. of Science 47 (1980) S. 69–81.

ten gelautet: Empirisch und doch transzendental; kognitivistisch und doch externalistisch; historisch verfahrend und doch Wahrheitsrelativismus vermeidend. Wir haben gesehen, daß Böhmes Empirie – evolutionistische, psychologische, historisch-anthropologische Erklärung vorwissenschaftlicher Erfahrung – gegenüber seiner transzendentalen Begründung wissenschaftlicher Erfahrung weder plausibel noch konsistent durchzuhalten ist. Wir hatten ferner gesagt, eine „kognitivistische" und zugleich externalistische Ausrichtung müsse zum einen klar definiert, zum anderen empirisch schlüssig sein. Dieser Frage wird in unserem kritischen Hauptkapitel 4 nachgegangen werden; hier ist nur zu bemerken, daß sich auch dies Postulat als nicht konsistent herausstellen wird. Auf die gewissermaßen dialektische Disjunktion: historisch – nicht wahrheitsrelativistisch soll noch kurz eingegangen werden.
Böhmes Grundthese ist: aufgrund konsensuell gesetzter Normen werden heterogene Daten produziert, die dann wiederum aufgrund konsensuell gesetzter Gegenstandsbegriffe organisiert werden müssen. Also wird bei der Produktion wissenschaftlicher Erfahrung in der Tat historisch verfahren, denn derartige Setzungen differieren nicht nur nach Forschergemeinschaften, sondern auch wissenschaftshistorisch. Ist damit der erste Teil von Böhmes Forderung erfüllt? Dies kann deswegen nicht bejaht werden, weil wir zu zeigen suchten, daß es sich hier um einen soziologistischen Kurzschluß handelt, da jegliche Form von empirischer Bewährung oder Bestätigung wissenschaftlicher, stets hypothetischer, Aussagen fehlt. Folglich handelt es sich nicht um eine zutreffende Beschreibung der Wissenschaftshistorik, sondern um eine vermeintlich historische, in Wirklichkeit „konsensmodellistische" Begründung subjektiver Art. Ein zutreffendes wissenschaftshistorisches Beschreibungsverfahren müßte

vielmehr die zuvor genannten Forschungsetappen oder -ebenen durchlaufen.
Doch nehmen wir an, dies sei geschehen, und eine historisch verfahrende Konstitutionstheorie sei in hinreichender Weise durchgeführt worden. Wie steht es dann mit dem zweiten Teil von Böhmes Postulat? Dazu ist zu fragen, was vermiedener Wahrheitsrelativismus bedeutet? Hier bieten sich zwei Interpretationsmöglichkeiten an. Einmal der Anspruch auf Wahrheitsabsolutismus, was sich mit Böhmes konstitutionstheoretisch notwendiger Voraussetzung eines metaphysischen Realismus decken würde, der Ordnungen und Strukturen in der Natur selbst annimmt, damit aber auch deren erkenntnisunabhängige Existenz. Offensichtlich kann Böhmes subjektive oder transzendentale Konstitutionstheorie dies nicht leisten. Wie wir gesehen haben, findet sich in Böhmes Konzeption nichts vor, was geeignet wäre, die wissenschaftlich zutreffende Erkenntnis jener vorausgesetzten Entitäten zu garantieren, denn Kants prästabilierte Harmonie lehnt Böhme ab, um an deren Stelle das kurzschlüssig konsensualistische Wahrheitsmodell zu setzen. Die Aporie bleibt also bestehen.
Überraschenderweise bietet aber Böhmes drittes Postulat dem analytischen Wissenschaftsphilosophen keine grundsätzlichen Schwierigkeiten, wenn er unter Vermeidung von Wahrheitsrelativismus nicht Wahrheitsabsolutismus versteht, sondern die Produktion objektiver Wahrheit. Unsere Unterscheidung von Forschungsobjekt und Objektivierung geht ja davon aus, daß wir unter ‚Objektivierung' den Gesamtprozeß wissenschaftlicher Verfahrensweisen verstehen, und diese Objektivierung führt bei den Einzeldisziplinen zu objektiven Forschungsergebnissen. Sie beanspruchen zwar keine absolute Gültigkeit, sind aber – obgleich historisch zustande gekommen – eben

objektiv, auf Widerruf so lange gültig, bis sie widerlegt oder erweitert werden. Während eine subjektive oder transzendentale Konstitutionstheorie notwendig unbedingte Gültigkeit, damit absolute Wahrheit anstrebt, kann und muß sich empirisch-analytische Grundlagentheorie mit objektiver, damit raumzeitlich relativer Gültigkeit einzelwissenschaftlicher Aussagen begnügen. Wer solche Aussagen „relativistisch" nennt, impliziert doch wohl, erfahrungswissenschaftliche Ergebnisse seien historisch beliebig, während es ihm selbst allein auf absolute Wahrheit ankomme. Der analytische Wissenschaftsphilosoph wie der Einzelwissenschaftler hingegen kann nur daran erinnern, daß schon die Wissenssoziologie unserer Einsicht dadurch gerecht wurde, als sie von „relationaler" Wahrheit sprach, während zeitgenössische analytische Wissenschaftsphilosophie hier von kontextualer oder holistisch-referentieller epistemischer Wahrheit sprechen würde.

Die negative Abschlußbewertung von Böhmes Grundpostulaten bedeutet nichts anderes als die Hinfälligkeit seiner Konzeption einer subjektiven Konstitutionstheorie wissenschaftlicher Gegenstände. Betrachtet man dies Unternehmen aus der Perspektive einer Rekonstruktion der kantischen Transzendentalphilosophie, so muß man sagen, daß derartige Rekonstruktionen schon mehrfach vorgenommen worden sind, aber in keinem Fall dazu geführt haben, das kantische Programm konsistent – sei es auch nur mit Begrenzung auf die Sachlage seiner Zeit – zu verwirklichen. Selbst eine neutrale Rekonstruktion mit den Mitteln unserer zeitgenössischen analytischen Philosophie führt zur Einsicht, daß sich die heutige Problemlage so grundsätzlich gewandelt hat, daß Kants Erkenntnistheorie seine, erst recht unsere Probleme keinesfalls lösen kann.[74] Versucht man jedoch die Neukonstruktion einer subjektiven Konstitutionstheorie mit heutigen transzendentalphilosophischen – insbesondere konsenstheoretischen und „lingualistischen" – Mitteln, so muß eine solche „rationale Theorie" nicht nur die Fixierung auf Kants zeitgenössisch eingeschränkte Problemstellung in Kauf nehmen, sondern zusätzlich auf dessen ebenso beschränkte Methoden. Eine Scheidung zwischen Kants Wissenschaftstheorie und seinem transzendentalen Idealismus ist unmöglich, solange an seinem Forschungsprogramm einer subjektiven Konstitutionstheorie überhaupt festgehalten wird – einem Programm, das allein durch die damalige Unerreichbarkeit metatheoretischer sowie kognitionstheoretischer und empirischer Analysen gerechtfertigt war. Damit wollen wir sagen, daß wir auch im Bereich philosophischer Grundlagenforschung das Festhalten an einer historischen Problemstellung und/oder Methodenbildung als „degenerative problem shift" (Lakatos) betrachten.[75]

---

[74] Böhme zitiert (Kants Theorie, S. 5) W. Stegmüller, Gedanken über eine mögliche rationale Rekonstruktion von Kants Metaphysik der Erfahrung, in: ders., Aufsätze zu Kant und Wittgenstein, Darmstadt 1974, S. 1–61, ohne sich allerdings mit dessen Ergebnissen auseinanderzusetzen oder sie auch nur implizit zu berücksichtigen.
[75] Den nämlichen Trend sehen wir in Böhme, Quantifizierung – Metrisierung, in: Zs. f. Allgemeine Wissenschaftstheorie 7 (1976) S. 209–222. Obgleich Böhme anfangs erwähnt, daß „die Wissenschaftstheorie die Erkenntnistheorie historisch ‚aufgehoben' hat" (S. 211), so daß die Rede von erkenntnistheoretischen Momenten heute sachlich erst ausgewiesen werden müsse, setzt Böhme die Unterscheidung von Erkenntnis- und Wissenschaftstheorie weiter voraus – nun mit der These: „in der Analyse des Verfahrens der Wissenschaft allein läßt sich doch die traditionelle erkenntnistheoretische Frage nach der Beziehung der Konstitution des Gegenstandes zu den Erkenntnisvermögen nicht reproduzieren" (ebd.). Er ordnet – wiederum im Dienst seine Dichotomie Lebens- vs. Wissenschaftswelt – ‚Quantifizierung' als Prozeß der Begriffsbildung ersterer, ‚Metrisierung' letzterer zu. Bleibt diese Distinktion, entgegen seiner Forderung, ohne Erkenntnisgewinn und kollektive Akzeptanz, so droht

Wir kommen zum Schluß: eine subjektive Konstitutionstheorie ist – zumal in der vorliegenden Form – zum einen inkonsistent und aporienbehaftet. Zum anderen löst sie weder klassische noch heutige Probleme, ist daher speziell zur Begründung der Finalisierungsthesen ungeeignet, mithin zurückzuweisen.

---

ihr Occams Messer. Quantifizierung soll zu „empirischen Relationalsystemen" führen, ohne daß er auch nur andeutungsweise erkennen läßt, wodurch die „Spezifizierung der empirischen Zugangsart" geprägt ist, wodurch die Empirie wissenschaftliche Erfahrung wird (ebd. S. 217): nämlich durch Kriterien- und Methodenbewährung. Läßt man dies außer acht, so rückt wissenschaftliche Quantifizierung und Messung auf dieselbe Ebene wie Astrologie oder (neu)pythagoräische Esoterik. Eine „progressive problem shift" hingegen zeigt J. F. Sneed auf, wenn er gemäß dem strukturalistischen Ansatz eine – mengentheoretisch formulierte – Meßtheorie gibt (Quantities as Theoretical with Respect to Qualities, in: Epistemologia 2 [1979] S. 215–250) – ein Unternehmen, das einer – zumal transzendentalen – Erkenntnistheorie erst gar nicht ins Blickfeld kommen kann. Berücksichtigt man ferner, daß nach Meinung der Starnberger Forscher eine Konstitutionstheorie deswegen zu entwikkeln ist, weil sich ihr Ausgangspunkt der Abgeschlossenheit von Theorien „auf eine notwendige Beziehung zwischen Theorie und Erfahrung stützen" muß (Böhme u. a., Finalisierung Revistied, in: dies., Die gesellschaftliche Orientierung des wissenschaftlichen Fortschritts, Frankfurt a. M. 1978, S. 221), so entfällt für den analytischen Erkenntnis-/Wissenschaftstheoretiker die Forderung nach einer Konstitutionstheorie. Als Naturalist lehnt er eine notwendige Beziehung als metaphysisches Postulat ab und versteht die Relation Theorie – Empirie vielmehr als methodologisch bewährungsorientiert einerseits, historisch kontingent andererseits.

3. Darstellung der Finalisierungstheorie

Nachfolgend rekonstruieren wir die Aussagen der FT. Wir gehen so vor, daß wir die Argumente der Theorie obigen Hypothesen zuordnen und sie – falls möglich – nach ihrem logisch-wissenschaftstheoretischen bzw. empirisch-historischen Ursprung klassifizieren.

3.1 Wissenschaftsalternativen

Wissenschaftssteuerung ist ein Entscheidungsproblem und läßt sich entscheidungslogisch behandeln. Ein Entscheidungsproblem ist grob beschrieben durch vorgegebene Ziele und ein Entscheidungsfeld (Menge von Handlungsmöglichkeiten). Will FT ein Steuerungsmodell wissenschaftlicher Entwicklung vorlegen, so muß sie sich versichern, ob und daß einige entscheidungslogische Grundpostulate für das Modell erfüllt sind.

Ein Entscheidungsproblem stellt sich offenbar nur dann, wenn der Entscheidungsträger in der Entscheidungssituation über mindestens zwei Wahlmöglichkeiten verfügt. Angewandt auf FT bedeutet das: Unter der Voraussetzung, daß der Wissenschaftsprozeß aufrechterhalten werden soll, ist Wissenschaftssteuerung möglich nur dann, wenn in Entscheidungssituationen mindestens zwei Alternativen wissenschaftlicher Entwicklung zur Verfügung stehen. Vollzöge sich wissenschaftliche Entwicklung zwangsläufig oder mit Notwendigkeit, gäbe es nichts zu steuern. H_1 behauptet also, daß eine Wahlmöglichkeit gegeben sei.[76]

Diese formale Betrachtung eröffnet uns den Zugang zum strategischen Gewicht von H_1 für das gesamte Finalisierungsprojekt. Erstens stellt sich die Finalisierung der Wissenschaft als Alternative zu dem in H_2 behaupteten Darwinismus dar: Über Finalisierung ließe sich gar nicht erst reden, gäbe es in der Wissenschaft Alternativen nicht. Sofern H_1 begründet wird, eröffnet sie die Möglichkeit für die Finalisierung der Wissenschaft. H_1 hat den Status einer notwendigen Bedingung für Finalisierung. Dieser globalen Betrachtung tritt zweitens eine spezielle zur Seite: Über H_1 wird es möglich, alternative Richtungen und Formen finalisierter Wissenschaft zu unterscheiden und so Wissenschaftspolitik (H_3) ein weites Betätigungsfeld zu eröffnen. Ohne Alternativen während und nach Finalisierung wären Wissenschaftspolitik enge Grenzen gesetzt.

Daß H_1 gilt, weist FT nicht durch eigene empirisch-historische Analysen nach; hier greift sie insbesondere auf Kuhns Analyse des Wettstreits zwischen Paradigmata, Lakatos' Begriff konkurrierender Forschungsprogramme und Bernals historische Untersuchungen zurück. Weiter entwickelt FT einen Kriterienkatalog zur Unterscheidung wissenschaftlicher Alternativen,[77] der H_1 zusätzlich Plausibilität verleihen soll.

Nur irreführend ist es, wenn FT betont, aus der Nicht-Notwendigkeit wissenschaftlicher Entwicklung folge nicht deren Zufälligkeit.[78] Daß Alternativen zur Verfügung stehen, hat nichts damit zu tun, ob die Wahlen einem Zufallsmechanismus unterliegen oder nicht. Offenbar

---

[76] I, S. 303.
[77] I, S. 310.
[78] I, S. 303.

zielt FT hier auf ein weiteres entscheidungslogisches Postulat in mißverständlicher Weise ab: daß nämlich das Entscheidungsfeld Restriktionen unterworfen ist, die die Menge zulässiger Wahlen begrenzen. Sehen wir von dieser Unklarheit ab, so fragt sich nun, wie zwischen Alternativen gewählt wird.

3.2 Die These vom faktischen Darwinismus der Wissenschaftsgeschichte

3.21 Die Dichotomie interner und externer Regulative

Gemäß H_2 geschieht die Wahl anhand externer Faktoren. Die Gesamtheit der die wissenschaftliche Entwicklung beeinflussenden Faktoren gliedert FT in Erzeugungsbedingungen und -normen: „Während Normen Ziele der Wissenschaft bestimmen, zu deren Erreichung die wissenschaftliche Tätigkeit gewissen Regulativen gehorchen muß, sind Bedingungen Voraussetzungen, die erfüllt sein müssen, wenn solche Regulative sollen wirken können."[79] Gerade solche Wissenschaftsregulative, die Wissenserzeugung auf Normen ausrichten, sind für die Externalismusthese die entscheidenden Bestimmungsfaktoren. Wenn externe oder wissenschaftsfremde Regulative für die Wahl zwischen Alternativen maßgeblich sind, stellt sich die Frage nach der Unterscheidung interner und externer Regulative.

FT unterscheidet drei Klassen von Regulativen.[80] Die erste enthält auf die Erreichung „logisch-transzendentaler Nor-

---

[79] I, S. 305.
[80] I, S. 306 ff.

men" (Wahrheit, Stabilität) zielende Regulative; die zweite besteht aus forschungslogischen, methodologischen, heuristischen und soziologischen Regulativen, die den Normen Tradierbarkeit, Fortsetzbarkeit, Problematisierung, Erklärung, Zweckmäßigkeit und Neuigkeit zugeordnet sind; die dritte Klasse bildet sich aus Regulativen, die Wissenschaft auf sozio-ökonomische, politische, kulturelle und religiöse Normen (soziale Relevanz, kulturelle Legitimität) ausrichten. Als intern bezeichnet FT ein Regulativ genau dann, wenn es logisch-transzendental, oder forschungslogisch-methodologisch ist.[81] Konträr hierzu werden externe Regulative als Komplementärklasse definiert bzw. durch ihre Herkunft aus dem kulturellen, sozialen oder ökonomischen Bereich gekennzeichnet.[82]
Unter Voraussetzung von H_1 und Einsatz der abgeleiteten Dichotomie bereitet FT H_2 wie folgt vor: Da alle Regulative wissenschaftliche Entwicklung beeinflussen, eine Teilklasse von ihnen der Wissenschaft aber äußerlich sei, sei der Wissenschaftsprozeß „durch wissenschaftsimmanente Regulative allein nicht festgelegt"[83]. Daraus folge Offenheit der Wissenschaftsentwicklung für externe Bestimmungsfaktoren. Diese Offenheit sucht FT in einem ersten Schritt durch Analyse methodologischer Systeme zu begründen; in einem zweiten wird durch Interpretation und Ausweitung des Kuhnschen Ansatzes die Steuerung der Wissenschaftsentwicklung seitens externer Faktoren sowie die Irrationalität bisheriger Wissenschaftsgeschichte hergeleitet und in einem dritten Schritt H_3 vorbereitet.

---

[81] I, S. 308.
[82] I, S. 306/308.
[83] I, S. 308.

3.22 Faktischer Darwinismus und Ansätze zu seiner Überwindung

FT versteht sich als Theorie des Entdeckungszusammenhangs und befragt aus dieser Perspektive die methodologischen Systeme Poppers, Holzkamps und Lakatos' nach ihrer Rekonstruktion der Wissenschaftsgeschichte. Weil Poppers Rationalismus und Holzkamps Konstruktivismus – beide dem Entdeckungszusammenhang zugerechnet – über Theoriengenese keine Aussagen machen und es der „Beliebigkeit überlassen, woher die Theorien kommen"[84], spiegelten sie systematische Offenheit von Wissenschaft für externe Einflüsse wider.

Lakatos' Methodologie wissenschaftlicher Forschungsprogramme enthalte als positive Heuristik Aussagen über Theorienbildung und lasse sich auf große Teile der Physikgeschichte anwenden.[85] Danach sei die Entwicklung progressiver Theorienserien frei von externen Einflüssen; negative Heuristik unterwerfe weite Phasen wissenschaftlicher Entwicklung ausschließlich internen Regulativen. Nur in seltenen Fällen öffne sich Theoriengenese externen Faktoren: wenn nämlich Forschungsprogramme in Konkurrenz träten. Auch Lakatos' Ansatz zeige „ein Bild von der Wissenschaftsentwicklung, das charakteristische Einbruchstellen aufweist, an denen wissenschaftsfremde Einflußfaktoren im Wachstumsprozeß wirksam werden"[86].

Bisher hat FT durch die Interpretation der methodologischen Systeme lediglich die Offenheit wissenschaftlicher Entwicklung für externe Beeinflußbarkeit zu begründen gesucht; das aber impliziert nicht die Dominanz externer

---

[84] I, S. 311.
[85] Ebd.
[86] I, S. 312.

Regulative in den durch Konkurrenz geprägten Entscheidungssituationen. Diese Begründungslücke will sie durch Interpretation und Erweiterung des Kuhnschen Ansatzes schließen.

Angelehnt an Kuhns Evolutionskonzept behauptet FT, daß (externe) „Faktoren aus dem sozialen und ökonomischen Bereich darüber entscheiden, welche wissenschaftliche Alternative sich durchsetzt"[87]. Als Begründung wird die Identität dieser Aussage mit Kuhns Evolutionskonzept angeführt. Der in H_2 formulierte Irrationalismusvorwurf an bisherige Wissenschaftsgeschichte wird gleichfalls durch Verweis auf Kuhn belegt.[88]

Mit dem Bemühen, Kuhnsche Tendenzen fortzusetzen, präzisiert FT den Selektionsmechanismus wissenschaftlicher Alternativen. Während Kuhn zufolge in Entscheidungssituationen sich die lebensfähigste Alternative durchsetze, gibt FT Bedingungen für diese Lebensfähigkeit:

„die Lebensfähigkeit wissenschaftlicher Theorien bemißt sich daran, ob sie geeignet sind, die Lebensfähigkeit der scientific community als eines Sozialsystems und als eines Subsystems innerhalb der Gesellschaft zu erhöhen. Das bedeutet... erstens, daß sich eine wissenschaftliche Alternative dann durchsetzt, wenn sie... tradierbar ist und problemerzeugend... Es bedeutet zweitens, daß eine wissenschaftliche Alternative sich dann durchsetzt, wenn sie den dominanten Interessen der Gesellschaft entspricht."[89]

Dabei ist die zweite Bedeutungskomponente der ersten übergeordnet, denn: „Wenn eine wissenschaftliche Theo-

---

[87] I, S. 313.
[88] I, S. 312ff.
[89] I, S. 314.

rie oder eine wissenschaftliche Disziplin – so die These –
den dominanten Interessen der Gesellschaft entspricht,
dann wird sich eine spezielle scientific community bilden
können, die diese Disziplin entfaltet."[90]
Führe man nun die externen Regulative Nützlichkeit, Relevanz und Legitimität wissenschaftlicher Forschung für
die dominanten Gesellschaftsinteressen ein, so werde
nicht nur der Irrationalismus bisheriger Wissenschaftsentwicklung ablösbar, sondern zudem Wissenschaft durch
rationale Wissenschaftspolitik steuerbar. Bedingung: Man
müsse über die genannten „externen Regulative eine aktive
Anpassung der Wissenschaft an ihre eigenen Lebensbedingungen aufzuspüren versuchen"[91]. Das geschieht am
besten dadurch, daß mit den dominanten Gesellschaftsinteressen korrelierte Zwecke zum Entwicklungsfaden von
Theorien werden. Damit kommen wir zu H_3 und fragen,
wie und mit welchen Begründungen FT jene Anpassungsprozesse (Finalisierungen) gestaltet.

3.3 Die Finalisierung der Wissenschaft

Anhand von drei Ansätzen analysiert FT die Finalisierung, und zwar als

– Folge theoretischen Abschlusses einer Theorie (Disziplin),
– Folge des Verbindlichkeitsverlustes interner Regulative der Forschung (Funktionalisierung) und
– Folge des Infragestellens des Allgemeingültigkeitsanspruchs wissenschaftlicher Erkenntnis.

---

[90] Ebd.
[91] Ebd.

Vor Darstellung dieser drei Ansätze geben wir die Präzisierungsbemühungen des Finalisierungsbegriffs durch FT wieder. Die enge Bindung finalisierter Wissenschaft an externe Zwecke wird abgehoben von angewandter Forschung, durch vier historische Bedingungen konkretisiert:[92]

1) Die für jene Zwecke erforderlichen Gegenstände würden erst durch Wissenschaft, insbesondere Theorien dieser Gegenstände, zweckgeeignet verfügbar.
2) Wissenschaft realisiere ihre Ausrichtung auf externe Zwecke zunehmend durch Theorienfortbildung: Verwissenschaftlichung spezieller Gegenstandsbereiche durch Theorienentfaltung und nicht durch Anwendung wissenschaftlicher Resultate.
3) Die Verwissenschaftlichung der durch externe Zwecke definierten Gegenstandsbereiche erfolge gegenwärtig mittels „fertiger" Theorien.
4) Gegenwärtig sei Wissenschaft (nicht Praxis) technikerzeugend. Der Druck zur Erzeugung zweckkonformer Technologien auf Wissenschaft nehme ständig zu; die Nachfrage einer verwissenschaftlichten Gesellschaft nach weiteren Problemlösungen werde immer größer und bringe Gesellschaft in zunehmende Abhängigkeit von Wissenschaft.

Diese Bedingungen begännen seit dem Ende des 19. Jahrhunderts zu wirken. Zwar hätten auch vorher externe Zwecke auf Wissenschaft eingewirkt; um aber von finalisierter Wissenschaft zu sprechen, fehlte das für Finalisierung charakteristische enge Verhältnis zwischen theoretischer Entwicklung und Nützlichkeit der Wissenschaft.

---

[92] II, S. 129 f.

- Entweder folgte die Theorie den nützlichen Techniken zeitlich nach
- oder es gab überhaupt keine theoretischen Fortschritte
- oder theoretische Entwicklung vollzog sich ohne Anwendungsbezug
- oder Theorienentwicklung erfolgte nicht für jeweils praktisch relevante Gegenstandsbereiche (untheoretische Erfindertätigkeit gemäß Versuch-Irrtum; vorwissenschaftliches Arbeiten)
- oder theoretische Arbeiten wurden lediglich auf praktische Probleme übertragen.

Umgekehrt wird diesen negativen Abgrenzungen gegenübergestellt: Mit Eintreten in das Finalisierungsstadium

- werde die Unterscheidung zwischen Anwendung wissenschaftlicher Resultate und Theorienentwicklung immer schwieriger; Anwendung werde selbst theorienintensiv
- bildeten sich – ausgehend von Physik bis hin zu Psychologie und Soziologie – „harte" Wissenschaften heraus, Wissenschaften mit objektivierenden Theorien über ihren Gegenstandsbereichen: experimentelle Gesetzeswissenschaften mit naturwissenschaftlichen Theorieprogrammen
- würden in theoretisch entwickelten Disziplinen externe Zwecke internalisiert und zum Leitfaden theoretischer Entwicklung erhoben
- komme es zur Ablösung der in der Physik ursprünglich zu findenden anthropofugalen Tendenzen durch Anthropozentrierung wissenschaftlicher Theorieprogramme.

3.31 Finalisierung als Folge theoretischen Abschlusses

Der erste Ansatz lehnt sich in gewisser Weise an das Kuhnsche Dreiphasenmodell wissenschaftlicher Entwicklung an. Danach durchläuft eine Theorie zunächst eine prätheoretische Phase, die sie zwar externen Fragestellungen öffne, sie aber zugleich für externe Zwecksetzungen wenig geeignet erscheinen lasse, da der Theorie die erforderliche theoretische Basis aus der Grundlagenforschung fehle.

Die zweite Phase schaffe nun diese Grundlagen durch Entwicklung einer Fundamentaltheorie. Die dabei auftretenden theoretischen Probleme entfalteten eine Eigendynamik, die zwar Hindernisse auf dem Weg zur Fundamentaltheorie beseitige, zugleich aber wegen der heuristischen Kraft der internen Regulative die Disziplin nach außen abschließe. Beschäftigt mit der Lösung theoretischer Probleme, prallen externe Zwecke von ihr ab.

Mit Erreichen der Fundamentaltheorie gelange die Disziplin in die dritte, die Finalisierungsphase; sie habe nun einen theoretischen Abschluß erreicht, der sich in fertigen oder abgeschlossenen Theorien manifestiere. Solche Theorien seien weder durch kleine Änderungen zu verbessern, noch könne die Entwicklung neuer Theorien eine abgeschlossene außer Kraft setzen; eine abgeschlossene Theorie gelte vielmehr für alle Zeiten, ja, sie sei transzendental.[93]

Der theoretische Abschluß könne zwar definitiv sein; daraus folge aber nicht, daß die Theorie alle Probleme gelöst haben müsse, sondern nur, daß diese keine forschungsleitende Kraft mehr hätten. Weiter sei nicht theoretischer

---

[93] II, S. 137.

Stillstand die Folge: „Die fundamentale Theorie wird für viele Anwendungsbereiche spezialisiert, differenziert und ergänzt."[94] Finalisierung bestehe gerade in der Entwicklung von Tochtertheorien, ohne daß zwischen Mutter und Töchtern zwangsläufig (logische) Reduktionsrelationen bestünden. Mit zunehmender Spezialisierung verflüchtigten sich nicht nur zunehmend die „Verwandtschaftsbeziehungen" zwischen Mutter und Töchtern, auch die Gegenstände der Tochterdisziplinen würden in steigendem Maße konkreter.

Da mit theoretischem Abschluß die „Mutter" ihre forschungsleitende Kraft verliert, fragt sich, wodurch der Differenzierungsprozeß in Gang gesetzt und vorangetrieben wird. Er bezieht seine Kraft von außen. Mit zunehmender Differenzierung gibt die Theorie ihre Zweckneutralität auf; die konkreter werdenden Gegenstände der Theorie ermöglichten die Zuordnung der Wissenschaft zu sozialen Interessen, bis schließlich Theorienbildung sich in politische Strategien einordne und gar aus externen Zwecken ihre Legitimation beziehe.[95]

3.32 Finalisierung als Funktionalisierung

Der zweite Ansatz sieht „die Erkenntnis funktionaler Zusammenhänge als ein legitimes Endziel wissenschaftlicher Tätigkeit" an.[96] Dabei wird als Funktionalisierung „die in verschiedenen Disziplinen und Forschungsspezialitäten zu beobachtende Tendenz..., das Erkenntnisziel der Forschung von der Erklärung durch Ursachen und in theore-

---

[94] II, S. 135.
[95] II, S. 136 f.
[96] II, S. 139.

tischen Modellen auf die Feststellung von zweckdienlichen Regelmäßigkeiten zu verschieben", bezeichnet.⁹⁷ Diese um die Phase der Theorienbildung verkürzte Finalisierungsform sei nicht Vorform wissenschaftlicher Erkenntnis, sondern einerseits Gebot zur Bewältigung der Komplexität des Gegenstandsbereiches (z. B. bei psychologischen Lern- bzw. soziologischen Systemtheorien). Andererseits ermögliche Funktionalisierung in auffälliger Weise eine Verknüpfung ihrer Aussagen mit Technik und eine Ausrichtung der Wissenschaftsentwicklung an externen Zwecken. Letzteres begründe sich daraus, daß sich das Erkenntnisinteresse funktionalisierter Wissenschaft auf Steuerung, auf strategische Beherrschung (nicht: Reproduktion), auf Leistungen des Apparates richte, ohne die internen Mechanismen komplexer Systeme kennen zu müssen: „Dem politisch-strategischen Interesse nach funktionaler Erkenntnis scheint... ein wissenschaftliches zu entsprechen."⁹⁸

3.33 Finalisierung durch Entgeneralisierung

Unter Hinweis auf das Entstehen resistenter Insektenstämme als Folge des Einsatzes von DDT behauptet der dritte Ansatz eine Entgeneralisierung naturwissenschaftlicher Erkenntnis. Ursprünglich richtige Aussagen über einen Objektbereich werden durch praktische Anwendung, durch beliebige Wiederholung von Experimenten falsch. Bisherige Theorieentwürfe „die Natur als ein unendliches Reservoir, für das jede beliebige Menge von nachprüfen-

---

⁹⁷ W. van den Daele, W. Krohn, Theorie und Strategie – zur Steuerbarkeit wissenschaftlicher Entwicklung, in: Wissenschaftsforschung, hg. von P. Weingart, Frankfurt a. M. 1975, S. 213.
⁹⁸ II, S. 140.

den Erkenntnissen eine Veränderung von zu vernachlässigendem Ausmaß darstellt"[99]. Und eben diese Prämisse sei falsch: Natur könne nicht nur kontrolliert und beherrscht, sondern als Folge der praktizierten These beliebiger Wiederholbarkeit von Experimenten auch zerstört werden. Ökologie – entstanden als Reaktion auf jene Zerstörungstendenzen – müsse ihren Gegenstandsbereich als Reproduktionszusammenhang definieren; sie dürfe nicht nur auf Erkenntnisgewinnung oder Störungsbeseitigung zielen, sondern müsse der Natur „ein Maß eigener Art" zugestehen, was schon „im Rahmen der Naturwissenschaften zur Unterscheidung von Sein und Sollen" führe.[100] Weil weiter Mensch und Natur ein stabiles und reproduzierbares System bilden müßten, gingen zwangsläufig in die Bestimmung jenes Maßes Normen menschlicher Naturgestaltung ein. „Damit aber wird die Ökologie von einer objektiven Naturwissenschaft klassischen Stils zu einer Wissenschaft mit normativen, strategischen Elementen, zu einem Entwicklungskonzept für die Natur":[101] Finalisierung durch Normativierung der Wissenschaften.
Nachdem durch Forschung dem Sozialsystem Formen und Zwecke der Naturentwicklung verfügbar seien, ließen sich Natur- und Gesellschaftszwecke koordinieren und in disziplinäre Entwicklungen umsetzen, „deren Begriffsstruktur und Resultate gesellschaftlichen Interessenkonstellationen entsprechen"[102].
Dieser Konstellation müsse sich die Wissenschaftlergemeinschaft anpassen. Das erfordere u. a. „die Einbezie-

---

[99] II, S. 142.
[100] Ebd.
[101] Ebd.
[102] II, S. 143.

hung des Wissenschaftssystems mit seinen Inhalten und Zielen in diejenigen Sachbereiche, über die in gesamtgesellschaftlichen Institutionen nach diskursiven Verfahren entschieden wird"[103], was traditionellem Wissenschaftsverständnis – Wissenschaft gleich kollektives Gebrauchsgut – entspreche. Diese Kollektivierung habe zwar ursprünglich die allgemeinen Ansprüche des Bürgertums mit Wissenschaft dank der Allgemeinheit der Vernunft verbunden, nun sei jedoch durch die bürgerliche Gesellschaft dem Allgemeinheitsanspruch der Wissenschaft eine Grenze gesetzt: „Die private Verfügung über produktive wie innovative soziale Funktionen entzieht diese Funktionen einer Bestimmung durch demokratische Willensbildung."[104] Folglich muß sich eine als universell verstandene Wissenschaft „gegen diese Formen systematischer Privatheit richten zugunsten einer solchen Strukturierung der Gesellschaft, in der schließlich der Wissenschaft ihre Bahn durch den rational erzeugten Konsensus der Gesellschaft vorgezeichnet werden kann"[105].

Erst wenn jene private Verfügung aufgehoben und in kollektives Gebrauchsgut überführt sei, könne normativ finalisierte Wissenschaft sich als Bezugspunkt der Generalität von Wissenschaft die gesellschaftliche Allgemeinheit vorgeben: „Allgemeinheit als beliebige Wiederholbarkeit weicht der Allgemeinheit des Konsensus."[106] Da aber zudem Wissenschaft ihre Resistenz gegen externe Steuerung aufgebe, könnten theoretische Entwicklung und Herrschaftskonformität sich verbrüdern, ohne daß Wissenschaft an Qualität verlieren müsse.

---

[103] Ebd.
[104] Ebd.
[105] Ebd.
[106] I, S. 144.

Finalisierte Wissenschaft könne allerdings im Extremfall Herrschaftskonformität und Dienstleistungsfunktion für partikulare Interessen maximieren, damit Herrschaft über die internalisierte Stabilisierung von Herrschaft als Selbstzweck verwissenschaftlichen, schließlich die Bedingungen von Herrschaft besser beherrschen als die Herrschenden. Dann wäre emanzipierte Wissenschaft nur eine Episode gewesen.

4. Kritik der Finalisierungsthesen

Die folgende Analyse prüft kritisch die dargestellten Argumentationszusammenhänge und zieht dazu Folgearbeiten der Autorengruppe sowie weitere Literatur heran. Wir beginnen mit der Darwinismusthese.

4.1 Kritik der Darwinismusthese

4.11 Kritik der Dichotomie externer und interner Regulative

Da Finalisierung darin besteht, daß externe Faktoren zum Entwicklungsleitfaden von Theorien werden, hängt die Aussagekraft der FT wesentlich von der Unterscheidung interner und externer Determinanten wissenschaftlicher Entwicklung ab. Bei der Darstellung der Theorie zeigten sich zwei Verwendungen des Terms extern, die wir durch Indices voneinander abheben wollen.
„Wir rechnen die logisch-transzendentalen und die forschungslogisch-methodologischen Regulative zu den wissenschaftsimmanenten Regulativen."[107] Daher heißt ein Regulativ extern$_1$ genau dann, wenn es sich in der Komplementärklasse interner$_1$ Regulative befindet. (Leider geben die Autoren nicht präzise an, welche der aufgeführten

---

[107] I, S. 308.

Regulative welcher Klasse zuzuordnen sind, da des Definiens undefiniert bleibt.)
Weiter wurde ein Regulativ als extern$_2$ klassifiziert, wenn es seine *Herkunft* im sozio-kulturellen Bereich hat.[108] Diesen Unterscheidungen gesellte sich im Kontext der Durchsetzungsmechanismen wissenschaftlicher Alternativen eine dritte (zumindest implizit) zu, da Theorienbildung sich an Regulativen zu orientieren hatte, die sie dominanten Gesellschaftsinteressen verpflichtete. Wir explizieren das zugrunde liegende Kriterium.[109]
Wissenschaftsregulative regeln den Prozeß der Erzeugung neuer Wissenschaft. Neue Wissenschaft entsteht durch die Erzeugung und Durchsetzung wissenschaftlicher Alternativen. Eine Alternative setzt sich durch genau dann, wenn sie den dominanten Interessen der Gesellschaft entspricht. Dies setzt die Existenz von Regulativen voraus, die Alternativen auf jene Interessen ausrichten. Diese Regulative sollen für die dominanten Interessen nützliche, relevante und legitime Forschung hervorbringen; sie sind extern.[110] Damit können wir definieren: Ein Regulativ heißt extern$_3$ genau dann, wenn es die Erzeugung neuer Wissenschaft derart regelt, daß diese für die dominanten Interessen der Gesellschaft nützlich, relevant und legitim ist.
Da die Autoren die Finalisierung der Wissenschaft behaupten, ist es naheliegend, mit der Dichotomie externer und interner Regulative eine Abgrenzung der wissenschaftlichen von der außerwissenschaftlichen Sphäre zu vollziehen. Die bisher aufgeführten Kriterien dienen in der Tat dem Zweck, eine globalwissenschaftliche Demar-

---

[108] I, S. 313.
[109] I, S. 314.
[110] I, S. 313.

kationslinie zu ziehen. Bezeichnen wir die logische Disjunktion der internen (wie auch immer definierten) Zwecke aller Disziplinen als die Klasse der globalwissenschaftlich internen Zwecke, so kennt die FT ein viertes Kriterium, das erlaubt, globalwissenschaftlich interne Zwecke aus der Sicht einer Disziplin als extern zu klassifizieren.

Zur Erläuterung der Struktur der Finalisierung wird angeführt, daß die Erklärung des biologischen Terms Zelle durch die Chemie vom „Standpunkt der normalen Chemie aus gesehen... ein externer Zweck" ist,[111] der zum Entwicklungsleitfaden der Chemie werde. In solchen interdisziplinären Finalisierungen – wie wir sie nennen wollen – erblickt die FT die reduktionistisch gefärbte Durchsetzung eines den Naturwissenschaften immanenten Theorienprogramms,[112] die jeden Vorstoß einer Disziplin D_j auf das von einer anderen Disziplin D_k „besetzte Terrain" als Finalisierung darstellt. Damit können wir das vierte Kriterium definieren: Ein Regulativ oder Zweck heißt extern$_4$ für eine wissenschaftliche Disziplin D_j immer dann, wenn das Regulativ oder der Zweck (z. B. Erklärung des biologischen Terms Zelle durch die Chemie) nicht D_j, sondern einer anderen wissenschaftlichen Disziplin D_k zugeordnet ist.[113] Wir untersuchen die Unterscheidungen zunächst isoliert und formulieren die These

T_1: Die von FT vorgeschlagenen Dichotomien sind unhaltbar.

---

[111] II, S. 131.
[112] II, S. 132.
[113] Wurde Erklärung ursprünglich als Norm bezeichnet (I, S. 307), der Regulative untergeordnet sind, wird sie nun als Zweck ausgewiesen. Wir vermissen hier einen konsistenten Sprachgebrauch.

Die erste Dichotomie knüpft an eine lange Tradition in Wissenschaftstheorie, -geschichte und -soziologie an. Danach besteht eine strikte Arbeitsteilung zwischen Wissenschaftssoziologie, die Wissenschaft als Sozialsystem untersucht, dabei aber Erkenntnisprozesse selbst bestenfalls am Rande thematisiert, und Wissenschaftstheorie sowie -geschichte, deren Untersuchungsgegenstand gerade jene Prozesse bilden.[114]

Entscheidend für diese Arbeitsteilung war die Auffassung, daß die Beziehungen zwischen kognitivem und sozialem System, zwischen Geistes- und Sozialgeschichte vernachlässigbar seien.[115] Sofern man Denken als wissenschaftlich klassifizierte, wurde es als außerhalb der Reichweite sozialwissenschaftlicher Analyse betrachtet, war es nur offen für methodologische Untersuchungen;[116] sofern aber Wissenschaft sozialwissenschaftlicher Analyse unterzogen wurde, waren nicht die Erkenntnisprozesse (z. B. Theoriendynamik), sondern soziale Interaktionen zwischen Wissenschaftlern, zwischen Wissenschaft und ihrer Umgebung, ferner Institutionalisierungs- und Sozialisationsprozesse Untersuchungsgegenstand.[117] Das fand sei-

---

[114] Th. Kuhn, Die Struktur wissenschaftlicher Revolutionen, Frankfurt a. M. 1973; ders., Die Entstehung des Neuen, Frankfurt a. M. 1977; M. D. King, Vernunft, Tradition und die Fortschrittlichkeit der Wissenschaft, in: Wissenschaftssoziologie II. Determinanten wissenschaftlicher Entwicklung, hg. von P. Weingart, Frankfurt a. M. 1974, S. 39–75; P. Weingart, Wissenschaftlicher Wandel als Institutionalisierungsstrategie, in: Wissenschaftssoziologie II, S. 11–35; I. Lakatos, History of Science and its Rational Reconstruction, in: Boston Studies in the Philosophy of Science, ed. by R. C. Buck, R. S. Cohen, Dordrecht 1971, S. 90–136; S. Toulmin, Human Understanding, Oxford 1972, S. 300 ff.
[115] A. R. Hall, Merton Revisited, in: History of Science 2 (1963) S. 1–16.
[116] Vgl. Lakatos in Anmerkung 42.
[117] J. D. Bernal, Wissenschaft, 4 Bände, Reinbek 1970; R. K. Merton,

nen Niederschlag in der Kennzeichnung sozialer Phänomene des Wissenschaftsprozesses als extern (Wissenschaft als Form des Verhaltens) und kognitiver Prozesse als intern (Wissenschaft als Form des Wissens).
Die erste Dichotomie orientiert sich an dieser Arbeitsteilung, kennzeichnet „logikalistische" (Toulmin) Regulative als intern$_1$, folgt also insoweit Internalisten wie Lakatos, behauptet aber im Gegensatz zu dieser Position die Dominanz externer$_1$ Regulative für die inhaltliche Entwicklung von Wissenschaft. Wir präzisieren T_1:

$T_{1.1}$: Die Dichotomie ist unverträglich mit H_2, H_3; sie ist sinnvoll nur dann, wenn man die klassische These der Irrelevanz externer$_1$ Regulative für den Ablauf wissenschaftlicher Erkenntnisprozesse vertritt.

Folgende Überlegung zeigt das: Wenn man neben logikalistischen z. B. soziologischen Regulativen Relevanz für die inhaltliche Entwicklung von Wissenschaft zugesteht, verliert die in Frage stehende Unterscheidung ihre Bedeutung. Motiv für die Einführung der Dichotomie war gerade die als unterschiedlich erachtete Wirkung von Regulativen im Erkenntnisprozeß. Haben hingegen beide Klassen von Regulativen analoge, d. h. den Inhalt von Wissenschaft determinierenden Charakter, so fragt sich, warum die eine Klasse als intern, die andere als extern, wissenschaftsfremd oder der Wissenschaft äußerlich bezeichnet wird: Die Unterscheidung erscheint willkürlich und wird hinfällig.[118]
Verfolgen wir die Argumentation von FT an einem Beispiel. Heuristische Regulative werden als extern$_1$ klassifi-

---

Science, Technology and Society, New York 1970; ders., The Sociology of Science, Chicago 1973 u. a.
[118] I, S. 308.

ziert und neben weiteren als konstitutiv für eine Wissenschaftlergemeinschaft als Produktions- und Interaktionsgemeinschaft angesehen.[119] Wenn wir unter konstitutiven Regulativen solche verstehen, die für das Ent- und Bestehen wissenschaftlicher Gemeinschaften und damit für Wissenschaft notwendig sind, dann wird die Auszeichnung einiger konstitutiver Regulative (z. B. forschungslogischer) als intern$_1$ und anderer als extern$_1$ schlicht sinnlos. Wenn ohne forschungslogische und ohne heuristische Regulative gleichermaßen Wissensproduktion nicht stattfinden kann, haben wir ein Argument, beide Regulative derselben und nicht verschiedenen Klassen zuzuordnen.

Grundsätzlich sehen wir im Gegensatz zu FT zwei Argumentationsstrategien. Man kann entweder an der klassischen Unterscheidung interner und externer Faktoren zusammen mit der These der Irrelevanz externer Faktoren für die kognitive Dimension von Wissenschaft festhalten. Das war der Weg von Lakatos, der in großartiger Weise für logikalistische Rationalität stritt, dabei jedoch die eigenen Ansprüche nicht durchhalten konnte.[120] Oder man hält jene These für angreifbar und gibt die klassische Dichotomie auf. Diesen Weg bschritt vor allem Kuhn, an dem sich FT eng anlehnt, aber auch Hanson, Toulmin u. a.

Und das Kuhnsche Problem ist konsequenterweise nicht, ob außerlogikalistische Variablen an wissenschaftlichen Erkenntnisprozessen beteiligt sind, sondern die Frage, wo die Grenze liegt zwischen solchen Variablen innerhalb

---

[119] Ebd.
[120] Lakatos, History of Science; N. Dietrich, Kritischer Rationalismus. Irrwege zur Begründung einer Methodologie der Betriebswirtschaftslehre, unv. Ms. Saarbrücken 1977; P. Feyerabend, Against Method, London 1975.

und außerhalb der Wissenschaft, besser: die Frage, ob eine solche Grenze unabhängig von Gesellschaft und Geschichte sinnvoll überhaupt gezogen werden kann. Folglich überrascht es nicht, wenn Kuhn[121] in seinem Ansatz soziologische Aspekte sieht, die er nicht von erkenntnistheoretischen zu trennen vermag. Und da er weiter in seiner grundlegenden Arbeit (1962) seinen eigenen Worten zufolge externe Probleme gar nicht thematisiert,[122] folgt, daß er die soziologischen, psychologischen usw. Komponenten seines Paradigmenbegriffs (nun: interdisziplinäre Matrix) als intern klassifiziert. Kuhn vereint logikalistische und externe Faktoren zu einem neuen Rationalitätsbegriff, der auf Konfrontationskurs mit den Rationalitätsbegriffen herkömmlicher Wissenschaftstheorie lag und liegt. Eben diese Veränderung des Rationalitätsbegriffs[123] entzündete u. a. die Kontroverse zwischen Kuhn und Wissenschaftstheoretikern[124].

Zusammenfassend können wir das Vorgehen von FT so beschreiben: Mit der ersten Dichotomie lehnt sich FT an Gegner Kuhns an, die mit ihr Kuhn des Irrationalismus zeihen. Zu nennen sind hier Lakatos, der jedoch in strengem Gegensatz zur FT die Relevanz externer$_1$ Regulative für Wissenschaftsinhalte grundsätzlich (d. h. bis auf einige nur allzu „menschliche" Entgleisungen) bestreitet, so-

---

[121] Kuhn, Entstehung, S. 43 f.
[122] Ebd. S. 37 f.
[123] Th. Kuhn, Reflections on my Critics, in: Criticism and the Growth of Knowledge, ed. by I. Lakatos, A. Musgrave, Cambridge 1970, S. 231–278.
[124] Vgl. außer Lakatos und Musgrave I. Shapere, Meaning and Scientific Change, in: Mind and Cosmos, ed. by R. G. Colodny, Pittsburg 1966, S. 41–85 sowie ders., Notes toward a Post-Positivistic Interpretation of Science, in: The Legacy of Logical Positivism, ed. by P. Achinstein, St. Barker, Baltimore 1969, S. 115–160.

wie Poppers[125] drei Welten, in deren dritter er Wissenschaft mit einem autonomen und vollständig intern determinierten Status ansiedelt. In einem zweiten Schritt wechselt FT mit dieser Dichotomie ins Kuhnsche Lager – dabei übersehend, daß sie a) mit dessen Ansatz unverträglich ist und b) von Kuhn konsequenterweise gar nicht vertreten wird. Der derart in H_2, H_3 ausgedrückte Externalismus erweist sich als bloße Mißinterpretation: Kuhns nichtlogikalistische, interne Faktoren werden als extern$_1$ bezeichnet mit der unangenehmen Folge, daß das Kuhnsche Problem, die Veränderung des Rationalitätsbegriffs, der historische Charakter der Dichotomie oder – wie Toulmin[126] formuliert – „changes in the very criteria of ‚rationality'", gar nicht erst ins Blickfeld gerät.

Die an der Herkunft der Regulative festgemachte Dichotomie ist Gegenstand der Subthese

$T_{1.2}$: Bezeichnen wir ein Regulativ als extern$_2$ genau dann, wenn es aus dem soziokulturellen oder ökonomischen Bereich stammt, dann ist die Menge interner$_2$ Regulative leer mit der Konsequenz, daß FT Tautologien produziert und die Dichotomie überflüssig wird.[127]

Daß die Konsequenz besteht, ist unmittelbar ersichtlich; der Vorwurf der Produktion von Tautologien läßt sich schon im Kontext der ersten Dichotomie erheben. Dort

---

[125] K. R. Popper, Objective Knowledge. An Evolutionary Approach, Oxford 1972, darin: Epistemology without a Knowing Subject, S. 106–152 sowie On the Theory of the Objective Mind, S. 153–190; ferner ders., Autobiography of Karl Popper, in: The Philosophy of Karl Popper, ed. by P. A. Schilpp, La Salle 1974, S. 3–181; ders., Replies to my Critics, in: Philosophy of K. Popper, S. 961–1197.
[126] Human Understanding, S. 231.
[127] I, S. 313.

wird der Erzeugungsprozeß von Wissenschaft durch eine Klasse von Regulativen bestimmt, die dann in externe und interne aufgespalten werden. Anschließende Aussagen über die Beteiligung externer Regulative an Wissenserzeugung[128] überraschen natürlich nicht mehr.

Zunächst ist zu bemerken, daß das der Dichotomie zugrunde liegende Kriterium „Herkunft" mehrdeutig ist. „Herkunft" kann zunächst genetisch-historisch interpretiert werden. Zur Begründung von $T_{1.2}$ in dieser Version verweisen wir auf neuere Arbeiten über die Entstehung neuzeitlicher Wissenschaft:[129] Wissenschaft insgesamt verdankt sich soziokulturellen bzw. ökonomischen Faktoren. In einem mehrere Jahrhunderte währenden, dynamischen Prozeß entstanden sie und ihre Regulative aus Handwerk und intellektuellen Traditionen.

In dieser entwicklungsgeschichtlichen Version kehrt die Dichotomie das gesamte Finalisierungsproblem unter den Tisch: die entwicklungsgeschichtliche Herkunft von Wissenschaft und ihren Regulativen hat nichts zu tun mit der internen oder externen Beeinflußbarkeit heutiger Wissenschaft. Sollte sich eine adäquate Dichotomie finden, wäre nur gezeigt, daß die im Sinne dieser Dichotomie internen Faktoren nach ihrer entwicklungsgeschichtlichen Herkunft extern$_2$ sind. Immerhin gibt diese Bemerkung einen heuristischen Hinweis auf das Kuhnsche Problem: Das, was für die Wissenschaft intern bzw. extern ist, könnte selbst historischem Wandel unterliegen – eine These, die jüngst auch in der Wissenschaftsforschung an Boden gewinnt.[130]

---

[128] I, S. 308f.
[129] Kuhn, Entstehung, S. 84ff.; Weingart s. Anm. 45; H. Nowotny, M. Schmutzer, Gesellschaftliches Lernen, Wissenserzeugung und die Dynamik von Kommuniaktionsstrukturen, Frankfurt a. M./New York 1974.
[130] R. MacLeod, Changing Perspectives in the Social History of Science,

Legen wir bei etwas anderer Interpretation den Schwerpunkt nicht auf die entwicklungsgeschichtliche Herkunft von Wissenschaft und ihren Regulativen, sondern geben ihr eine systemtheoretische Wendung, so daß Herkunft bedeutet: aus der Umgebung des Systems ‚Wissenschaft' stammend, so geraten wir erneut ins Dilemma. Wir zeigen die Argumentationsrichtung nur an einem Beispiel.
Wahrheit bildet für FT gewissermaßen den harten Kern interner Regulative[131] bzw. wissenschaftlicher Rationalität.[132] Abgesehen davon, daß der Term ‚Wahrheit' unklar ist,[133] zeigen wir, daß selbst jener harte Kern externe$_2$ Bezüge aufweist. Wollen wir die Wahrheit eines Satzes feststellen, so müssen wir – etwa bei Zugrundelegung der Korrespondenztheorie – Übereinstimmung von Satz und Tatsachen ermitteln. Ein Satz, eine sprachliche Entität, ist kein spezifisch wissenschaftliches Phänomen; die Entwicklung von Kunstsprachen Carnapscher Prägung erscheint wenig aussichtsreich. Stets greifen wir auf Terme zurück, die aus der Umgebung von Wissenschaft stammen: die Herkunft menschlicher Sprache, also auch wissenschaftlicher Sätze, liegt im soziokulturellen Bereich. Weiter erfordert die Tatsachenfeststellung stets Beobachtung (z. B. Wahrnehmung). Die dabei ablaufenden sensuellen und kognitiven Prozesse sind gleichfalls soziokultu-

---

in: Science, Technology and Society, ed. by I. Spiegel-Rösing, D. de Solla Price, London-Beverly Hills 1977, S. 149–195; G. Allen, Eugenetics and Society: Internalists and Externalists in Contemporary History of Science, in: Social Studies of Science 6 (1976) S. 105–122; D. Bloor, Knowledge and Social Imagery, London 1976.

[131] I, S. 306.
[132] II, S. 132.
[133] J. Möller, Wahrheit als Problem. Traditionen – Theorien – Aporien, München 1971 sowie D. Mans, Intersubjektivitätstheorien der Wahrheit. Eine Studie zur Definition des Prädikates ‚Wahre philosophische Aussage', Diss. Frankfurt a. M. 1974.

rell geprägt. Analoges läßt sich betreffs anderer Wahrheitsbegriffe und ihrer Regulative sagen. Schließlich erhebt die Norm ‚Wahrheit' Anspruch auf Befolgung auch in nichtwissenschaftlichen Subsystemen (z. B. Jurisprudenz).
Einerseits finden wir interne Normen bzw. Regulative mit externen$_2$ Aspekten durchsetzt, andererseits erheben interne Normen bzw. Regulative in externen Bereichen Anspruch auf Befolgung: Kuhns Problem, die Frage, welche externen$_2$ Phänomene wissenschaftsimmanent sind, wird durch das diskutierte Kriterium überhaupt nicht angegangen; es ist viel zu grob, um wissenschaftsspezifische von -fremden Faktoren zu unterscheiden. Bezeichnen wir eine Norm oder ein Regulativ als extern$_2$, wenn sie (es) mindestens einen externen$_2$ Aspekt aufweist, folgt $T_{1.2}$.
Die dritte Dichotomie ist schwierig zu analysieren. Konkrete Angaben darüber, worin die dominanten Interessen der Gesellschaft bestehen, welche gesellschaftlichen Gruppen an ihrer Formulierung beteiligt und wie sie zu ermitteln sind, fehlen. Der vage Hinweis auf die bürgerliche Gesellschaft, deren private Verfügung über produktive u. a. Faktoren die Erlangung eines gesamtgesellschaftlichen Konsensus behinderten, lassen vermuten, daß deren Interessen nicht den dominanten Interessen der Gesellschaft zugerechnet werden. Bemerkungen über Diskurse in „gesamtgesellschaftlichen Institutionen", über rational erzeugten „Konsensus der Gesellschaft" oder „ideale Gesprächssituationen" lassen vermuten, daß die Ermittlung jener Interessen unter Einsatz von Habermas' Konsensustheorie geschehen soll. Für diesen Fall gilt die These

$T_{1.3}$: die einzige Klasse externer$_3$ Regulative, die obigem Kriterium genügt, ist die leere.

Wird die Konsensustheorie unterstellt, müssen die zweifellos zumindest konfliktären Interessenkonstellationen bei diskursiven Verfahren in einen gesamtgesellschaftlichen Erkenntniskonens überführt werden, der sich in dem Satz niederschlägt: „x, y... sind die dominanten Interessen der Gesellschaft." Wir zeigen, daß ein solcher Konsens nicht beweiskräftig herstellbar und daher der Bestimmung externer$_3$ Regulative die Voraussetzung entzogen ist. Wir gehen auf Habermas' Konsensustheorie nur soweit ein, als es in unserem Kontext notwendig scheint.[134] Habermas entwickelt seine Theorie in zwei Schritten; beide binden Wahrheit an einen Konsens an. Beim ersten Schritt muß zur Feststellung von Wahrheit „jeder... Beurteiler der Aussage zustimmen"[135]. Es muß also auf das Urteil anderer Bezug genommen werden; andere sind die,

---

[134] Zur Formulierung der Theorie vgl. J. Habermas, Vorbereitende Bemerkungen zu einer Theorie der Kommunikativen Kompetenz, in: Theorie der Gesellschaft oder Sozialtechnologie, hg. von ders. u. N. Luhmann, Frankfurt a. M. 1971, S. 114 ff., 195 ff.; ders., Theorie der Gesellschaft oder Sozialtechnologie? Eine Auseinandersetzung mit Niklas Luhmann, in: Theorie der Gesellschaft, S. 23 ff.; ders., Zur Logik des theoretischen und praktischen Diskurses, in: Rehabilitierung der praktischen Philosophie, hg. von M. Riedel, Freiburg i. Br. 1974, Bd. II, S. 81–402; ders., Wahrheitstheorien, in: Wirklichkeit und und Reflexion. Festschrift für F. W. Schütz, Pfullingen 1974, S. 211–265; ders., Erkenntnis und Interesse, Frankfurt a. M.^{4}1977, S. 382 ff. Zur Kritik vgl. A. Beckermann, Die realistischen Voraussetzungen der Konsensustheorie von J. Habermas, in: Zs. f. Allgemeine Wissenschaftstheorie 3 (1972) S. 62–80; Mans, Intersubjektivitätstheorien, S. 172 ff.; R. Bubner, Handlung, Sprache und Vernunft, Frankfurt a. M. 1976, S. 230 ff. und L. B. Puntel, Wahrheitstheorien in der neueren Philosophie, S. 157–164. Böhme scheint sich von der Konsensustheorie teilweise zurückzuziehen: vgl. Die soziale Bedeutung kognitiver Strukturen, in: Soziale Welt 25 (1974) S. 194, Anm. 11 sowie ders., Die Ausdifferenzierung wissenschaftlicher Diskurse, in: Wissenschaftssoziologie, hg. von N. Stehr, R. König, Opladen 1975, S. 252, Anm. 11.
[135] Habermas, Vorbereitende Bemerkungen, S. 125.

„mit denen ich je ein Gespräch aufnehmen könnte (wobei ich kontrafaktisch alle die Gesprächspartner einschließe, die ich finden könnte, wenn meine Lebensgeschichte mit der Geschichte der Menschheit koextensiv wäre)"[136]. Daraus folgt zwingend, daß wir obige Aussage nie entscheiden können, ja, daß wir nie wissen können, ob es überhaupt wahre (falsche) Sätze gibt, und wenn es sie geben sollte, welche wahr (falsch) sind. Daher gilt $T_{1.3}$.

Der zweite Schritt will – da Habermas das angesprochene Problem sieht – die imaginären Diskurse durch faktische ersetzen und seine Wahrheitstheorie gewissermaßen in diese Welt befördern, ohne auf die Explikation seines Wahrheitsbegriffs verzichten zu müssen. Dazu führt er den Begriff des begründeten Konsensus ein, der sich aus der Kompetenz bzw. Vernunft der Diskursteilnehmer herleitet – Merkmale, die die Wahrhaftigkeit von Äußerungen der Diskursteilnehmer sichern sollen. Aber dazu benötigt man sichtlich eine Wahrheitstheorie, die erst bestimmt werden soll. Den Zirkel sieht Habermas und sucht ihm durch den Vorschlag zu entkommen, „eine Äußerung dann wahrhaftig zu nennen, wenn der Sprecher den Regeln, die für den Vollzug eines Sprechaktes... konstitutiv sind, tatsächlich folgt"[137]. Denn – so der „Ausweg" – da Regelbefolgung keine Frage der Wahrheit oder Wahrhaftigkeit, sondern der Richtigkeit von Handlungen sei, werde der Zirkel vermeidbar. Nach mehreren Schritten verwirft Habermas auch diese Scheinlösung.[138]

Habermas' dorniger Weg um diese Zirkel herum führt schließlich zum Konstrukt der idealen Sprechsituation.

---

[136] Ders., Logik, S. 219.
[137] Vorbereitende Bemerkungen, S. 132 f.
[138] Ebd. S. 133 f.

Sie liegt – verkürzt gesprochen – vor, wenn folgende Bedingungen erfüllt sind:[139]

1) Chancengleichheit für jeden, einen Diskurs zu eröffnen oder fortzusetzen.
2) Chancengleichheit für jeden, alles (Behauptungen, Widerlegungen etc.) zu äußern.
3) Jeder Diskursteilnehmer muß sich selbst gegenüber wahrhaftig sein und seine innere Natur transparent machen.
4) Kein Diskursteilnehmer genießt irgendwelche Privilegien oder ist Realitätszwängen (z. B. Sanktionen) ausgesetzt.

Ein unter diesen Bedingungen erzielter Konsens kann „per se als wahrer Konsens gelten"[140]. Wir wollen hier nicht prüfen, ob das Konstrukt die schweren Lasten zu tragen vermag, die Habermas ihm aufbürdet. So muß es einen wahren von einem falschen, einen Pseudo- von einem echten Konsens unterscheiden und die Reproduzierbarkeit eines faktischen, wahren Konsens – ein solcher gilt nicht nur für den Diskurs, in dem er erzielt wurde, sondern ergibt sich immer wieder[141] – zeigen können.
Nur anmerken wollen wir, daß Habermas' Konsensustheorie der Wahrheit eine offene Flanke in seinem Denkgebäude bildet, das eine „in praktischer Hinsicht entworfene Theorie der Gesellschaft"[142] entfalten will. Denn nach Verwerfung dialektischer Logik als normative Grundlage seiner Gesellschaftstheorie will er an deren Stelle „das

---

[139] Wahrheitstheorien, S. 255 f.
[140] Vorbereitende Bemerkungen, S. 136.
[141] Ebd. S. 223 f.
[142] Ders., Theorie und Praxis. Sozialphilosophische Studien, Frankfurt a. M. 1978, S. 9.

normative Fundament umgangssprachlicher Kommunikation"[143] setzen, das sich auf die Konsensustheorie der Wahrheit einschließlich des Konstrukts der idealen Sprechsituation stützt. Die Klärung praktischer Fragen, die Habermas' Gesellschaftstheorie leisten will, muß so lange unterbleiben, wie ihr Fundament nicht einmal näherungsweise auf diese Welt befördert ist.

Wir beschränken uns auf die Frage nach der Realisierung bzw. Realisierbarkeit der Bedingungen. Es gilt mindestens eine der folgenden Aussagen:

a) Nehmen wir an, wir wollten die Wahrheit eines Satzes entscheiden. Dazu müßten wir uns vergewissern, daß eine ideale Sprechsituation vorliegt. Das erfordert die Eröffnung eines Diskurses eben darüber. Ist er herbeigeführt, schließt sich ein Diskurs über das Vorliegen der idealen Sprechsituation während der Herbeiführung an: wir geraten in einen infiniten Regreß.

a) ging davon aus, daß wir die Realisierung der idealen Sprechsituation überhaupt oder irgendwie entscheiden können. Aber angesichts der Bedingungen sehen wir:

b) Wir haben keine Möglichkeit, eine ideale von einer nichtidealen Sprechsituation zu unterscheiden. Folglich können wir nicht wissen, ob jemals ein in einer idealen Sprechsituation geführter Konsens realisiert wurde (werden wird): Von jedem in einem Diskurs festgestellten Wahrheitswert läßt sich unter Hinweis auf die Verletzung mindestens einer der vier Bedingungen der gegenteilige Wahrheitswert behaupten, ohne daß eine Widerlegungsmöglichkeit besteht.

c) Selbst wenn wir über ein Kriterium zur Unterscheidung idealer und nicht-idealer Sprechsituationen verfüg-

---

[143] Ebd. S. 26.

ten, wäre das Ergebnis kritischer Prüfungen: Die Klasse der unter idealen Sprechsituationen ablaufenden Diskurse ist leer, ein idealer Diskurs nicht realisierbar, da faktisch stets mindestens eine der vier Bedingungen verletzt ist. Um es mit Bubner zu sagen: „Die Liste idealer Postulate... spiegelt das negative Komplementärantlitz der tatsächlich geführten Dialoge... Was gang und gäbe ist, soll nicht sein und sein soll, was nie und nirgends ist."[144]

Der Konsensustheorie ist die Rückkehr auf diese Welt nicht gelungen. Jede der drei Aussagen führt zu dem Ergebnis, daß der Satz: „x, y... sind die dominanten Interessen der Gesellschaft", auf seinen Wahrheitswert hin nicht entscheidbar – es sei denn negativ – ist. Daher muß die Klasse externer$_3$ Regulative leer bleiben. Das gilt um so mehr, als FT selbst systematisch die Bedingungen der idealen Sprechsituation zu verletzen bereit scheint, wenn sie eine Teilmenge potentieller Sprecher Realitätszwängen auszusetzen droht. Bürgerliche Gesellschaft wird mit dem Zwang der Enteignung belegt, eine Bedrohung, die sich sogar expliziter Unterstützung durch Wissenschaft sicher sein dürfe.[145]

Wir wollen die Analyse von Diskursen über Sätze wie „Ein Forschungsergebnis ist nützlich, relevant und legitim genau dann, wenn es von der Art... ist" nicht wiederholen, da die Ergebnisse ähnlich dem vorigen Fall wären. In diesen Diskursen wäre zu klären, wie die Regulative aussehen müßten, damit sich eine Entsprechung von Forschung und dominanten Gesellschaftsinteressen einstellen könnte.

Die folgende Überlegung ist nicht an die Konsensustheo-

---

[144] Bubner, Handlung, S. 233.
[145] II, S. 143.

rie gebunden. Nehmen wir kontrafaktisch an, die dominanten Gesellschaftsinteressen, ihre Entwicklung im Zeitablauf und die zugehörigen externen$_3$ Regulative seien bekannt. Man trete nun in die Forschungsplanung ein, um Projekte zu bestimmen, deren Ergebnisse eine Entsprechung mit den Gesellschaftsinteressen erwarten lassen. Dazu müßten wir die Forschungsergebnisse kennen; da sie nicht vorliegen (erst nach festgestellter Entsprechung kann sich eine das Projekt – die Theorie – entfaltende Wissenschaftlergemeinschaft bilden), sind sie zu prognostizieren. Nehmen wir an, im Zeitpunkt der Prognose erwarte man nützliche, relevante und legitime Ergebnisse. Nach Entwicklung der Theorie stelle man Planungsabweichungen fest: die tatsächlichen Ergebnisse entsprechen nicht den dominanten, sondern rezessiven Gesellschaftsinteressen. Folglich können die beteiligten Regulative ex post nicht extern$_3$ sein; also sind sie intern$_3$. Da sie laut Voraussetzung ex ante aber extern$_3$ waren – sonst wäre das Projekt nicht gestartet worden, die Planungsabweichung sei rein sachlich bedingt –, müssen wir nun externe$_{3\,ex\,ante}$ und externe$_{3\,ex\,post}$ Regulative unterscheiden; das aber können wir nur als eine *reductio ad absurdum* werten.

Realiter können wir weder die dominanten Gesellschaftsinteressen noch externe$_3$ Regulative ermitteln, wohl aber konkurrierende Interessen konkurrierender gesellschaftlicher Gruppen. Und hier erstaunt es, daß FT nach ihrer starken Orientierung an Kuhn die immerhin mögliche Inkommensurabilität gesellschaftlicher Interessen einerseits und die zwischen gesellschaftlichen Interessen und Wissenschaft andererseits ernsthaft nicht einmal ins Auge faßt.[146]

---

[146] Allerdings spricht Böhme in einer späteren Arbeit – Die Bedeutung praktischer Argumente für die Entwicklung der Wissenschaft, in: Philo-

Zusammenfassend ist festzustellen, daß je nach Kriterium die Klassen interner und externer Regulative von unterschiedlicher Mächtigkeit sind. Sollte unsere Analyse korrekt sein, hätte das folgende Konsequenzen: Erstens wären die Aussagen von FT unklar, weil die Terme extern und intern in verschiedenen Bedeutungen gebraucht werden. Schwerer wiegt jedoch zweitens, daß beim zweiten Kriterium die Menge interner$_2$ und beim dritten die Menge externer$_3$ Regulative leer sind: die damit korrespondierenden Aussagen sind inhaltsleer.

4.12 Kritik der These vom faktischen Darwinismus

Im folgenden betrachten wir die Begründungsschritte, die FT zu H$_2$ führten. Dazu formulieren wir die These

T$_2$: Die These vom faktischen Darwinismus der Wissenschaftsgeschichte wird durch FT nicht begründet. Die vermeintlichen Begründungsargumente resultieren aus Mißinterpretationen der herangezogenen methodologischen Systeme und des Kuhnschen Ansatzes.

FT hatte zunächst die Offenheit der Wissenschaftsentwicklung für externe Regulative behauptet. Ihre Hinwendung zu den methodologischen Systemen Poppers, Holzkamps und Lakatos' hatte das argumentationsstrategische Ziel, sich von der Gefahr zu befreien, „hinsichtlich der externen Steuerbarkeit der Wissenschaft qualitativ und quantitativ mehr anzusetzen, als nach wissenschaftstheo-

---

sophia Naturalis 15 (1974) S. 136 – von der Inkommensurabilität zwischen Wissenschaft und Gesellschaft und kommt zu dem Ergebnis: „Für die... Frage, ob über nicht-theoretische Argumente ein Einfluß externer Faktoren auf den Inhalt von Wissenschaft möglich ist, sind wir von einer definitiven Antwort weiter entfernt." Ebd. S. 149.

retischen Analysen für möglich gehalten werden kann",[147] also eine inhaltliche Äquivalenz der eigenen Position mit derjenigen der genannten Methodologen aufzuzeigen. Die Äquivalenz sollte durch das Aufzeigen „charakteristischer Einbruchstellen" wissenschaftsfremder Einflußfaktoren in der Wissenschaftsentwicklung, von denen auch die genannten Methodologien ein Bild ablegten, sichtbar werden. Wir konkretisieren T_2

$T_{2.1}$: Die Einbruchstellen, die die genannten Methodologien von der Wissenschaftsgeschichte (vermeintlich) entwerfen, existieren tatsächlich nicht.

Da FT ihre Begründung hauptsächlich an Lakatos (1970)[148] orientiert, begnügen wir uns mit einigen Bemerkungen zu Popper und Holzkamp.
Erstaunen muß zunächst der Versuch, Poppers „Logik der Forschung" dem Entdeckungszusammenhang zuzurechnen. Sie interessiert sich nur für „Geltungsfragen", nur dafür, „ob und wie ein Satz begründet werden kann...".[149] Das aber sind typische Fragen des Begründungszusammenhangs. Wenn FT bei Popper (und Holzkamp) eine „Offenheit am Ursprung wissenschaftlichen Fortschritts"[150] ausmacht, dann ist das vollständig auf Poppers (und Holzkamps) Ausklammerung des Entdeckungszusammenhangs zurückzuführen. Daraus folgt aber keinesfalls, daß etwa Popper irgendwelche Zugeständnis-

---

[147] I, S. 312.
[148] Lakatos, Falsification and the Methodology of Scientific Research Programs, in: Lakatos, Musgrave, Criticism, S. 91–195.
[149] K. R. Popper, Logik der Forschung, Tübingen ⁶1976, S. 6. Auf derartige genetische Fehlschlüsse der FT verweist M. Tietzel, Finalisierungsdebatte – viel Lärm um nichts, in: Zs. f. Allg. Wissenschaftstheorie 9 (1978) S. 348–360.
[150] I, S. 311.

se an externe Steuerbarkeit von Wissenschaft zu machen bereit wäre. In einer Dreiteilung der Welt hat Popper Theorien, Hypothesen usw. der *autonomen* „dritten Welt des objektiven Geistes" zugeordnet. Jene Offenheit kann es qua *Autonomie* der „dritten Welt" in Poppers Methodologie nicht geben. Sie weist jene Einflüsse als irrelevant zurück: „Science is part of world 3, and not of world 2... the psychological world 2 of the scientist is almost completely dependent upon the man-made world 3, the world of scientific theories and problems. The world 3 can be investigated only logically."[151] Für Popper stellt sich wissenschaftliche Entwicklung dar als eine Abfolge von „conjectures and refutations" auf dem Weg hin zu größerer Wahrheitsnähe. Die von FT bei Popper ausgemachten Einbruchstellen entspringen einer durch nichts gerechtfertigten Fehlinterpretation, die einen Strohmann aufbaut – eine Position, die Popper *nicht* vertritt, um auf diese Weise das der eigenen Position dienliche Ergebnis abzuleiten.

Unsere Analyse impliziert freilich nicht, daß man Poppers Position teilen muß. Wir sind der Auffassung, daß Poppers Logikalismus ein Verständnis wissenschaftlicher Prozesse *nicht* leistet.[152] Will man Poppers Ansatz für einen konkurrierenden nutzen, ist eine Voraussetzung die kritische Auseinandersetzung mit dessen Position, nicht die „erfolgreiche" Bekämpfung eines Strohmanns.

Was Holzkamps „Kritische Psychologie"[153] anlangt, kann die Auffassung nur verwundern, ihr Konstruktivismus beschränke sich „systematisch auf den Bereich der imma-

---

[151] Popper, Replies, S. 1148.
[152] Dietrich, Rationalismus.
[153] K. Holzkamp, Kritische Psychologie, Frankfurt a. M. 1972.

nenten Regulative..."[154]. Holzkamps Ansatz ist in zwei Phasen zu beurteilen. Erstens verschließt er sich ähnlich wie Popper dem Entdeckungszusammenhang und entwickelt – freilich mit der Popperschen Position sich auseinandersetzend – methodologische Kriterien technischer Relevanz psychologischer Forschung.[155] Insoweit FT kritische Psychologie dem Entdeckungszusammenhang zurechnet, bekämpft sie auch hier „erfolgreich" einen Strohmann.

Zweitens und entscheidend jedoch ist, daß Holzkamp eingehend den Verwendungszusammenhang psychologischer Forschung durch die Entwicklung von Kriterien emanzipatorischer Relevanz[156] in seinen Ansatz einbezieht und in diesem Zusammenhang ausführlich die gesellschaftlichen Bezüge wissenschaftlicher Forschung aus marxistischer Sicht diskutiert: der Schluß von der Beschränkung auf immanente Regulative auf eine Offenheit für externe Steuerung ist nicht mehr zu verstehen. Diese Fehlinterpretationen erstaunen um so mehr, als FT an Holzkamps Forderung nach Selbstreflexion, nach dem „Wozu" wissenschaftlicher Forschung, nach „Schaffung humanerer, gerechterer und vernünftigerer Lebensverhältnisse"[157] sich hätte nähren können.

Bis jetzt kommen wir zu dem Ergebnis, daß FT begründende Argumente für die Offenheit wissenschaftlicher Entwicklung gegenüber wissenschaftsfremden Einflüssen nicht bei bestehenden Methodologien, sondern bei Strohmännern von solchen entliehen hat. Wir werden sehen, daß sich diese Tendenz bei FT's Analyse von Lakatos'

---

[154] I, S. 311.
[155] Holzkamp, Psychologie, S. 11 ff.
[156] Ebd. S. 32 ff.
[157] Ebd. S. 73.

Methodologie wissenschaftlicher Forschungsprogramme fortsetzt.

Lakatos' Entwurf[158] – so FT – beschreibe große Strecken der Physikgeschichte zutreffend. Daher „schrumpfen die Stellen, an denen die Theoriengenese für externe Einflüsse empfänglich ist, auf die seltenen Fälle zusammen, an denen der harte Kern eines Forschungsprogramms zur Debatte steht und damit verschiedene research programmes in Konkurrenz treten"[159]. Wir behaupten, daß höchstens einer der beiden Standpunkte vertreten werden kann: 1) Man rekonstruiert mit der Methodologie wissenschaftlicher Forschungsprogramme Wissenschaftsgeschichte. 2) Man spricht von konkurrierenden Forschungsprogrammen und ihrer Empfänglichkeit für externe Einflüsse.

Bezieht man Standpunkt 1), läßt sich a) nicht behaupten, daß Konkurrenzsituationen in dem Sinne auftreten, daß ein Programm ein anderes aus dem Felde zu schlagen in der Lage wäre. Das impliziert freilich, daß den für FT charakteristischen Entscheidungssituationen bei Vorliegen mehrerer Alternativen die Grundlage entzogen ist.

a) begründet sich einfach damit, daß Lakatos zufolge ein Forschungsprogramm beliebig lange verfolgt werden kann; er gibt keine Eliminationskriterien für Forschungsprogramme an.[160] Auf seinem „battleground of research programmes"[161] stehen sich die feindlichen Parteien in friedlicher Koexistenz gegenüber. Die Heuristik eines Programms schaltet jeden Wahlzwang aus, verschließt das

---

[158] Lakatos, Falsification.
[159] I, S. 311f.
[160] Lakatos, Falsification, S. 137, 155, 157f., 164, 173; ders., History of Science, S. 100f., 104.
[161] Ders., Falsification, S. 175.

Programm gegenüber allen äußeren Einflüssen und richtet alle Kraft auf die Beseitigung von Anomalien durch progressive Problemverschiebungen seiner Theorienfolge. Einbruchstellen für wissenschaftsfremde Einflußfaktoren gibt es nicht.

Trivialerweise läßt sich folglich b) nicht behaupten, daß an jenen Einbruchstellen Forschungsprogramme für externe Einflüsse empfänglich seien. Unabhängig von a) bestreitet Lakatos zudem die Relevanz externer Faktoren für wissenschaftliche Entwicklung. Ferner läßt sich c) nicht die These von der Irrationalität bisheriger Wissenschaftsgeschichte aufrechterhalten. Lakatos zufolge ist Wissenschaftsgeschichte eine Geschichte von Forschungsprogrammen, und deren Rationalität kommt gerade in ihren Methodologien zum Ausdruck, die bewußte Strategien zur Verfügung stellen und Wissenschaft als zielgeleitetes Unternehmen menschlicher Praxis darstellen. Wenn Wissenschaftsgeschichte irrational erscheint – so Lakatos –, sei das auf die unzulänglichen methodologischen Rationalitätstheorien zurückzuführen, durch deren „Brillen" wir historische Forschungsprozesse betrachteten. Aufgabe von Methodologie innerhalb eines methodologischen Forschungsprogramms sei die Entwicklung einer Serie progressiver Rationalitätstheorien, die in zunehmendem Maße historische Forschungsprozesse rational erklären und externe Erklärungsansätze substituieren können.[162] Schließlich läßt sich d) im Gefolge von Lakatos kein evolutionäres Bild wissenschaftlicher Entwicklung (im Sinne Kuhns) zeichnen: Während diese bei Kuhn von Anfängen weg und nicht auf ein Ziel hin strebt (insbesondere nicht auf größere Wahrheitsnähe)[163], gibt Lakatos gerade Pop-

---

[162] Ders., History of Science, S. 115, 118.
[163] Kuhn, Struktur, S. 223.

pers „Verisimilitude" als Ziel vor, die sich in Überschußbewährungen der Theorienfolge eines Programms manifestiert.
Bezieht man andererseits Position 2), so läßt sich Physikgeschichte nicht durch die Methodologie wissenschaftlicher Forschungsprogramme beschreiben: Position 2) begibt sich auf das Feld der „Massenpsychologie"[164], während der Begriff des Forschungsprogramms in Poppers ‚Dritter Welt' angesiedelt sei – befreit von den (externen) psychologistischen Sündenfällen des Kuhnschen Paradigmenbegriffs, der bestenfalls Karikaturen wissenschaftlicher Rationalität (zudem in Poppers ‚Zweiter Welt') zu zeichnen vermag.[165]
Damit stehen wir vor dem Ergebnis, daß H_2 durch die herangezogenen Methodologien vollständig unbegründet ist: Die von FT behauptete inhaltliche Äquivalenz der eigenen Position mit der der genannten Methodologien ist nicht nur nicht vorhanden, sondern stellt sich faktisch als Antagonismus dar. Geradezu erstaunlich ist weiter der Umstand, daß und wie die FT sich zwischen gegnerischen Fronten bewegt. Eine Mindestvoraussetzung zur Vermeidung von Widersprüchen im Falle der Benutzung konkurrierender Positionen ist eine kritische Analyse gegnerischer Positionen, die die logische oder semantische Verträglichkeit von (vermeintlichen) Gegensätzen aufzuzeigen hat; der „nahtlose" Übergang von Lakatos zu Kuhn – wie in 1 c), 1 d) angedeutet und wie von FT praktiziert[166] – entwertet die Aussagen der FT weitgehend.
Während der erste Begründungsschritt sich auf methodologische Systeme berief, um die Offenheit von Theorien-

---

[164] Lakatos, Falsification, S. 178.
[165] Ebd. S. 179f.
[166] I, S. 312.

entwicklung für externe Einflüsse in Konkurrenzphasen zu demonstrieren, diskutiert der zweite die Art der Einflußnahme externer Faktoren auf Theorienbildungsprozesse. Wir formulieren Subthese

$T_{2.2}$: Soweit sich FT an Kuhn anlehnt, kann sie weder a) die externe Beeinflußbarkeit wissenschaftlicher Entwicklung noch b) „das Skandalon des Irrationalismus"[167] bisheriger faktischer Alternativenselektion anhand externer Faktoren behaupten und folglich auch nicht c) die Ablösung des Irrationalismus postulieren.

a) allein trägt die Beweislast für $T_{2.2}$: Wenn Kuhns Ansatz (bis auf Randbemerkungen) keine Aussagen über externe Beeinflußbarkeit macht, dann ist auch der in H_2 formulierte Irrationalismus fehlkonstruiert, so daß abgelöst werden soll, was nicht existiert. Anders ausgedrückt behauptet $T_{2.2}$: Die These vom faktischen Darwinismus der Wissenschaftsgeschichte entspringt einer erneuten Fehlinterpretation (hier: des Kuhnschen Ansatzes).
Daß „Die Struktur wissenschaftlicher Revolutionen" die externe Beeinflußbarkeit von Wissenschaft nicht thematisiert, entnehmen wir den Worten des Autors.[168] Die These von der externen Beeinflussung ist eine Fehlinterpretation. Dieser Teil von H_2 läßt sich durch Berufung auf Kuhn so wenig begründen wie die Auffassung, Kuhn habe den Irrationalismus bisheriger Wissenschaftsentwicklung nachgewiesen.[169] Einige der Gründe, die FT „aufs Glatteis" führten, haben wir bei der Diskussion interner und externer Regulative genannt. Zur Verdeutlichung der neu-

---

[167] I, S. 313.
[168] Kuhn, Entstehung, S. 37f.
[169] I, S. 314.

erlichen Fehlinterpretation knüpfen wir an die dortigen Bemerkungen an.

Kuhns Ziel ist die Entwicklung einer (Wissenschafts-)-Theorie, die Forschungsprozesse beschreibt und erklärt.[170] Mit dieser Absicht kündigen sich (dann auch stattfindende) Kontroversen mit herkömmlicher Methodologie an, die befaßt ist „with science as it should be conducted..."[171]. Diese methodologische Tradition entwickelte Rationalitätsmodelle, die mit nahezu ausschließlich logischen Mitteln – vollständig vermeidbar waren außerlogische nie[172] – die Rationalität wissenschaftlicher Erkenntnis auf den Begriff zu bringen trachteten. Ein Vergleich jener Modelle mit Wissenschaftsgeschichte zeigt jedoch, „that much scientific behavior, including that of the very greatest scientists, persistently violated accepted methodological canons"[173], daß jene methodologischen Systeme eine „metascience of science fiction"[174] darstellten.

Um sein Erklärungsziel zu erreichen, entwickelt Kuhn ein alternatives Rationalitätsmodell, das in Form der disziplinären Matrix[175] logikalistischen Erklärungsvariablen (interne) soziopsychologische zur Seite stellt. Das freilich hat die Konsequenz, daß sich die Rationalitätsbegriffe bei

---

[170] Kuhn, Logic of Discovery of Psychology of Research, in: Lakatos, Musgrave, Criticism, S. 20.
[171] J. W. N. Watkins, Against ‚Normal Sciene‘, in: Lakatos, Musgrave, Criticism, S. 27.
[172] Toulmin, Human Understanding, General Introduction.
[173] Kuhn, Reflections, S. 236.
[174] W. Stegmüller, Theorienstrukturen und Theoriendynamik, Berlin/Heidelberg/New York 1973, S. 309.
[175] Kuhn, Postskript 1969 zur Analyse der Struktur wissenschaftlicher Revolutionen, in: Weingart, Wissenschaftssoziologie; ders., Second Thoughts on Paradigms, in: Structure of Scientific Theories, ed. by F. Suppe, Urbana 1974.

Kuhn (interdisziplinär) und herkömmlicher Methodologie (logikalistisch) unterscheiden. Während logikalistische Rationalität wesentlich durch interne$_1$ Faktoren beschrieben ist, zählt interdisziplinäre Rationalität darüber hinaus externe$_1$ Faktoren zu ihren internen. Daher bedeutet externe Beeinflussung in beiden Rationalitätsmodellen Unterschiedliches. Wenn Kuhns Ansatz über externe Beeinflussung keine Aussagen macht, FT gemäß H$_2$ das Gegenteil behauptet, ist das nur so zu verstehen, daß die FT mit dem Rationalitätsmodell ihrer Gegner den Kuhnschen Ansatz interpretiert. Das Problem ist nur: FT wähnt sich bei der Formulierung von H$_2$ in Kuhnschen Gefilden.[176]

Ähnliche Verwechslungen sind auch für die Behauptung verantwortlich, Kuhn habe die Irrationalität bisheriger Wissenschaftsgeschichte als Faktum ausgewiesen. Irrationalismusvorwürfe hinsichtlich der Theoriewahl[177] erscheinen konsequent, wenn ein logikalistisches Rationalitätsmodell unterstellt wird. Ein zentrales Anliegen Kuhns ist jedoch, daß Theoriewahlen durch methodologische Kriterien nicht entschieden werden. Hier liegt eines seiner Hauptmotive für die Entwicklung seines interdisziplinären Rationalitätsmodells, das derartige Entscheidungsprobleme rational lösen will.[178] Daß rationale Entscheidungen innerhalb seines Modells irrational aus der Perspektive anderer Modelle erscheinen, verwundert angesichts der Inkommensurabilität der Modelle nicht, sondern sollte Vorsicht beim Umgang mit dem Term ‚rational' signalisieren.

---

[176] Legen wir die zweite Dichotomie zugrunde, ist die These von der externen Beeinflussung trivialerweise richtig, da es interne$_2$ Regulative nicht gibt.
[177] Lakatos, Falsification, S. 178.
[178] Kuhn, Postskript, S. 307 ff.; ders., Reflections, S. 259 ff.

Eine weitere Fehlinterpretation zeigt sich bei der Darstellung von Toulmins Ansatz.[179] Der diametrale Gegensatz, den die FT zwischen Kuhn und Toulmin sieht, existiert nicht. Er wird dadurch beschrieben, daß Toulmin „das Skandalon des Irrationalismus zu vermeiden" sucht,[180] das Kuhns Ansatz dadurch kennzeichnet, daß zwischen Paradigmen nicht rational (sprich: logikalistisch) entschieden werden kann. Genau diese Auffasssung findet sich jedoch bei Toulmin:

„Given strategic disagreements, there will no longer be well-defined selection criteria on which all professional participants in the science are for the time being sufficiently agreed, since it is precisely those selection criteria which will now be in doubt."[181] Ferner: „A dispute over intellectual strategies is thus a dispute for which no established decision procedure exists."[182]

Hier also unterscheiden sich Kuhn und Toulmin nicht. Der von den Finalisierungstheoretikern ausgemachte diametrale Gegensatz erweist sich als Identität der Positionen. Gleichwohl bestehen zwischen beiden Autoren Unterschiede – etwa hinsichtlich des Evolutionsbegriffs. Sie jedoch werden von der FT nicht thematisiert, obwohl der Kuhnsche (nicht der Toulminsche) Evolutionsbegriff eine Säule der FT zum Einsturz zu bringen droht.
Unbemerkt von den Finalisierungstheoretikern hat Kuhn seine ursprünglich darwinistische Position modifiziert: „For me... scientific development is, like biological evolution, unidirectional and irreversible."[183] „Unidirectio-

---

[179] I, S. 313.
[180] Ebd.
[181] Toulmin, Human Understanding, S. 232.
[182] Ebd. S. 236.
[183] Kuhn, Reflections, S. 264.

nal" läßt sich mit Darwins Evolutionsbegriff nicht vereinbaren und stellt einen Rückfall auf Spencer bzw. Lamarck dar.
Dadurch gerät nicht nur all das, was die FT über faktischen Darwinismus in Anlehnung an Kuhn sagt, in diffuses Licht; das Alternativenkonzept selbst gemäß H_1 scheint nach Kuhns Zugeständnissen an kritischen Rationalismus mit einer „unidirectional" Form wissenschaftlicher Entwicklung nicht mehr verträglich. Wenn nämlich Darwinismus nicht mehr „Fortgang von Anfängen weg", sondern selbst schon zielgerichteter Prozeß ist, inwiefern kann dann Finalisierung noch Alternative zu solchem „Darwinismus" sein? Entweder liegt Finalisierung selbst schon in Zielrichtung, dann ist sie keine Alternative und kann bisherigen Darwinismus nicht ablösen. Oder externe Zwecke als Entwicklungsleitfäden von Theorie liegen nicht in jener „direction", dann ist die FT falsch. Unten werden wir in eine grundsätzliche Auseinandersetzung mit dem Alternativenansatz eintreten. Hier bleibt festzustellen, daß eine kritische Auseinandersetzung – hier mit der Position Kuhns – an einer für die FT zentralen Stelle vermißt wird. Statt Toulmin zurückzuweisen, wäre eine Rückversicherung bei ihm hilfreich gewesen.
Insgesamt ist festzustellen, daß Kuhns Ansatz weder eine Theorie der Außensteuerung von Wissenschaft noch eine Theorie ist, die Wissenschaftsgeschichte als irrational beschreibt; sie ist vielmehr eine Theorie der Innensteuerung oder – wie man dann besser sagt – eine Theorie der Selbstregulation wissenschaftlicher Prozesse. In der Verkennung dieses Umstandes liegen die Ursachen für die Fehlinterpretationen der Finalisierungstheoretiker. Die These vom faktischen Darwinismus ist – soweit sie sich an Kuhn anlehnt – unbegründet. Die FT will ablösen, was nicht existiert; mehr noch: weil die Theorie Kuhns Rückzug

vom Darwinismus undiskutiert läßt, wird das Fundament der Theorie, der Alternativenansatz gemäß H_1, selbst bedroht. Ihm wenden wir uns nun aus anderer Perspektive zu.

Erinnern wir uns der strategischen Bedeutung des Alternativenansatzes. Faktischer Darwinismus wurde als externe, irrationale Entwicklung von Wissenschaft, Finalisierung als deren externe, rationale Ablösung dargestellt. Das setzt offenbar voraus, daß es Alternativen wissenschaftlicher Entwicklung (z. B. Darwinismus-Finalisierung) gibt. Die strategische Bedeutung des Alternativenansatzes liegt also zunächst darin, durch den Nachweis alternativer Entwicklungsmöglichkeiten von Wissenschaft der Finalisierung selbst als einer Möglichkeit den Boden zu bereiten: „Die Theorie der Wissenschaftsalternativen will nachweisen, daß im Gang der Wissenschaft immer wieder alternative Wege zu ihrer Entwicklung offenstehen..."[184] Betrachten wir das folgende Argument:

„Wissenschaftstheorie kann die vorhandene Wissenschaft nur rekonstruieren, nicht aber neue Wissenschaft apriori konstruieren. Was wissenschaftlich möglich ist, wird durch die Wissenschaft, nicht durch die Reflexion auf die Wissenschaft festgelegt. Es scheint, daß der einzige Weg, die Möglichkeit einer alternativen Wissenschaft zu erweisen, darin besteht, diese Wissenschaft zu machen."[185]

Wenn das so ist, gilt These

---

[184] I, S. 303.
[185] W. van den Daele, Die soziale Konstruktion der Wissenschaft – Institutionalisierung und Definition der positiven Wissenschaft in der zweiten Hälfte des 17. Jahrhunderts, in: Experimentelle Philosophie, hg. von G. Böhme u. a., Frankfurt a. M. 1977, S. 169.

T$_{2.3}$: Die Theorie der Wissenschaftsalternativen ist prinzipiell unbegründbar oder falsch. Folglich ist unbegründbar oder falsch, inwiefern bzw. daß finalisierte Wissenschaft eine Alternative zu bisheriger Wissenschaft sein kann.

Nehmen wir an, es habe in der Wissenschaftsgeschichte Entwicklungsalternativen gegeben. Nun hat Wissenschaft den Weg genommen, den sie genommen hat (nach van den Daele den Weg der positiven Wissenschaft). Wenn es alternative Wege gegeben hat, hätte der Alternativcharakter von Wissenschaft nur durch das Beschreiten dieser Wege erwiesen werden können. Da diese Wege nicht beschritten wurden, waren die vorausgesetzten Alternativen Scheinalternativen. Daher ist die Theorie der Wissenschaftsalternativen mindest in der Version der Starnberger Forschergruppe unbegründbar. Zu diesem Ergebnis kommt auch Schäfer.[186] Zur Klarstellung ist darauf zu verweisen, daß diese Argumentation nur historisch gilt. Daraus folgt nicht, daß sich künftig solche Alternativen öffnen werden.

Wir bringen ein zweites Argument. Wenn man über Alternativen nicht reden (und schon gar nicht reflektieren), sondern sie nur realisieren kann, gilt das offenbar auch für die Alternative „Finalisierung". Nun soll aber Finalisierung gerade als Alternative zu bisherigem Darwinismus aus einem Reflexionsprozeß auf Wissenschaft hervorgegangen sein:[187] Möglich soll sein, dessen Möglichkeit negiert wird. Da die Finalisierungstheoretiker die „Finalisierung der Wissenschaft" nicht machen, sondern die Möglichkeit, ja Zwangsläufigkeit des Übergangs zu finalisier-

---

[186] Normative Finalisierung, S. 394f., Anm. 31.
[187] II, S. 129.

ter Wissenschaft behaupten, tun sie, was van den Daele für unmöglich erklärt. Gilt das Zitat, so kann es keine Theorie geben, die die Möglichkeit alternativer Wissenschaft erweist. Die FT erklärt sich aber selbst zu einer solchen Theorie. Also ist sie unbegründbar oder falsch. Wäre Finalisierung eine alternative wissenschaftliche Entwicklung, so könnte man sie machen, nicht aber mittels einer Theorie beschreiben. Van den Daele behauptet also die kognitive Leistungsunfähigkeit und Überflüssigkeit der FT.

Dieser *reductio ad absurdum* fügen wir folgendes Argument an: Wissenschaftsalternativen werden definiert als „Möglichkeiten der Wissenschaftsentwicklung, die nicht durch die Forschungslogik (den Komplex aller Eigenregulative wissenschaftlichen Wachstums) ausgeschlossen sind"[188]. Finalisierung stellt sich als Alternative zu bisheriger Wissenschaft dar. Folglich muß die alternative „Finalisierung" a) als Alternative erkennbar und b) mit jenen Eigenregulativen verträglich sein. Nun vollzieht sich aber Finalisierung „gleichsam hinter dem Rücken des einzelnen Wissenschaftlers als ein unbewußter, naturwüchsiger Prozeß..."[189]. Daher können wir als Wissenschaftler nicht nur nicht die Verträglichkeit der Alternative „Finalisierung" mit jenen Eigenregulativen feststellen; wir bekommen sie nicht einmal zu Gesicht und können Finalisierung folglich nicht als eine Möglichkeit der Wissenschaftsentwicklung ins Auge fassen: Wenn Finalisierung eine Alternative zu bisheriger Wissenschaft ist, läßt sich qua Unbewußtheit des Finalisierungsprozesses für Wissenschaftler nicht darüber reden. Finalisierung dürfte folglich kein

---

[188] II, S. 133.
[189] II, S. 132.

Thema für die Finalisierungstheoretiker sein, da wir nicht annehmen, daß sie als Wissenschaftler über besondere Kräfte verfügen, die jenen Prozeß nur für sie bewußt machen. Wovon man nicht sprechen kann, darüber muß man schweigen (Wittgenstein).

Wenn unsere Argumentation zutrifft, ist gezeigt, daß

1) die FT H_2 nicht begründet hat,[190]
2) die Alternativentheorie gemäß H_1 unbegründbar oder falsch ist,
3) folglich die FT insgesamt fehlkonstruiert ist.

4.2 Kritik des Finalisierungsbegriffs

Die Erklärungskraft der FT hängt auch davon ab, ob der Term ‚Finalisierung' konsistent gebraucht wird. Unsere These lautet, daß das nicht der Fall ist. Wir behaupten, daß die FT den Term in mindestens drei unterscheidbaren Bedeutungen gebraucht und daß zumindest eine Bedeutungskomponente – um nicht von einem eigenen, vierten Finalisierungsbegriff zu sprechen – es erlaubt, von einer Finalisierung der Gesellschaft durch die Wissenschaft zu sprechen. Die Finalisierungsbegriffe lassen sich wie folgt kurz charakterisieren:[191]

---

[190] Böhme und van den Daele scheinen H_2 selbst nicht mehr ernst zu nehmen. Sie untersuchen die vorparadigmatische Phase von Wissenschaft hinsichtlich der Entwicklung wissenschaftlicher Instrumente, der Systematisierung der Beobachtung und der Entwicklung von Modellen und kommen zu dem Ergebnis, „daß die Entwicklung dieser Dimensionen keineswegs ein bloßes Herumtappen war, sondern *rational* rekonstruierbare Strukturen aufweist und eine eigene Dynamik enthält" (Böhme u. van den Daele, Erfahrung als Programm. Über Strukturen vorparadigmatischer Wissenschaft, in: Experimentelle Philosophie, S. 187; unsere Hervorhebung).

[191] Für unsere Zwecke ist es unwesentlich, daß Finalisierung gelegentlich

1) Finalisierung als externe Steuerbarkeit dadurch, daß
   1.1) Wissenschaft offen ist dafür, daß externe Zwecke zum Entwicklungsleitfaden der Theorie werden,[192]
   1.2) Wissenschaft Offenheit für die theoretische Internalisierung externer Zwecke zeigt;[193]
2) Finalisierung als externe Steuerung dadurch, daß
   2.1) externe Zwecke zum Entwicklungsleitfaden der Theorie werden,[194]
   2.2) Wissenschaft einer externen, rationalen Planung unterworfen wird; die die
   2.21) Entwicklungsrichtung von Wissenschaft,[195]
   2.22) Inhalte von Wissenschaft bestimmt;[196]
3) Finalisierung als externe Beeinflussung der Wissenschaft.

Vorausgeschickt sei, daß der Term ‚Finalisierung' von den Autoren als „Konzept", „Kategorie", „theoretische Fragestellung", „These", „Vermutung" sprachlich gekennzeichnet wird,[197] was zusätzlich Verwirrung stiften muß,

---

als Prozeß betrachtet wird, in dem Steuerbarkeit erst erreicht wird. Strenggenommen müßten wir unterscheiden zwischen Finalisierung und finalisierter Wissenschaft: Finalisierte Wissenschaft ist das Ergebnis des Prozesses „Finalisierung". Da die Autoren diese Unterscheidung nicht durchhalten und sie für unsere Belange vernachlässigbar ist, vermeiden wir gern die durch ihre Aufrechterhaltung drohenden, zusätzlichen Komplikationen.

[192] II, S. 128.
[193] II, S. 144.
[194] II, S. 129.
[195] II, S. 133.
[196] I, S. 313. 2.21) und 2.22) hätten wir zusätzlich auch unter 1) behandeln können. Da das kein zusätzliches Licht auf den Finalisierungsbegriff wirft, verzichten wir darauf.
[197] II, passim. G. Radnitzky folgend, taucht in der Starnberger „Finalisierungsthese" ‚Finalisierung' nach A. Schmidt (1971) und G. Flenner

wenn wir uns der Gegensätze zwischen Kategorien und Thesen oder Vermutungen erinnern oder fragen, inwiefern eine Fragestellung eine Kategorie sein kann. Darauf gehen wir im folgenden nicht mehr ein.

Wir beginnen mit einer Grobabgrenzung der Finalisierungsbegriffe. 1) kennzeichnet Finalisierung als Dispositionsterm: Wenn gewisse Bedingungen erfüllt sind, wird Wissenschaft extern steuerbar. 1) behauptet nicht, daß Wissenschaft während oder nach Finalisierung extern gesteuert wird. Genau das ist der Inhalt von 2). 3) ist gleichfalls Dispositionsterm, jedoch schwächer als 1) und 2), da Beeinflussung zwingend weder Steuerbarkeit noch Steuerung impliziert.

1.1) und 2.1) kann man als verschiedene „Leitfadenversionen der Finalisierung" bezeichnen. Was aber heißt „externe Zwecke werden zum Entwicklungsleitfaden der Theorie"?

Im herkömmlichen Sprachgebrauch bedeutet ‚Leitfaden' etwa „Orientierungshilfe oder Anleitung bei der Bewältigung einer neuen Materie, beim Zurechtfinden in einer neuen Umgebung sein" (zumindest den Anspruch darauf zu erheben). Typischerweise werden die Orientierungshilfen von Fachleuten gegeben, die Materie oder Umgebung kennen und so nützliches Wissen für den Leitfadenbenutzer vermitteln. Jene externen Zwecke aber – was immer man unter extern versteht – stammen weder von Fachleuten, noch sind sie Orientierungshilfe für Theorienentwicklung, denn dazu müßten die Zwecke Daumenregeln, Heuristiken oder gar Theorien der Theorienentwicklung enthalten, was sichtlich nicht der Fall ist.

Im normalen Sprachgebrauch ist die Benutzung eines

(1979) zum dritten Mal auf. Vgl. seinen Beitrag: Gibt es ‚Irrlehren, die die Freiheit der Wissenschaft bedrohen'? in: Conceptus 13 (1979) S. 93.

Leitfadens eine freiwillige Angelegenheit; im Zuge von Finalisierung sieht sich Wissenschaft jedoch wachsendem Druck ausgesetzt[198] und verliert sogar ihre Autonomie.[199] Schließlich wird ein Leitfaden benutzt, um vorgegebene Ziele besser oder müheloser zu erreichen; er hat Mittelcharakter für den Leitfadenbenutzer. Nun sind aber externe Zwecke Ziele (oder enthalten solche), die nicht dem Leitfadenbenutzer ‚Wissenschaft' dienen, sondern außerwissenschaftlichen Gruppen, die Problemlösungen für externe Zwecke von der Wissenschaft erwarten. Soll der Mittelcharakter des Leitfadens erhalten bleiben, muß die Erreichung von Zwecken außerwissenschaftlicher Gruppen Mittel zur Erreichung von Zielen des Leitfadenbenutzers ‚Wissenschaft'. sein. Darauf ist unten zurückzukommen.

Halten wir fest, daß der Term ‚Entwicklungsleitfaden' höchst irreführend und damit inadäquat ist. Damit sind auch 1.1) und 2.1) unklar. Die von den Finalisierungstheoretikern gegebenen Beispiele bieten folgende Fassungen an:

1.1)' Finalisierung bedeutet, daß Wissenschaft dafür offen ist, Forschungsziele von nicht-wissenschaftlichen Gruppen, Institutionen etc. vorgegeben zu bekommen.

2.1)' Finalisierung bedeutet, daß Wissenschaft Forschungsziele von nicht-wissenschaftlichen Gruppen, Institutionen etc. vorgegeben bekommt.

Ein Indiz spricht allerdings für eine schärfere Fassung der Finalisierungsbegriffe: Ist nämlich eine Disziplin fertig

---

[198] II, S. 130.
[199] Vgl. Böhme, van den Daele, Hohlfeld, Finalisierung Revisited, S. 241.

oder reif, „dann sind theoretische Fragestellungen, also Finalisierungen, davon abhängig, ob praktische Probleme auftauchen"[200]. Andere theoretische Fragestellungen als Finalisierungen ergeben sich nicht oder „haben keine prägende Funktion mehr"[201]. Will die Disziplin oder Wissenschaft insgesamt – irgendwann erreichen gemäß FT alle Disziplinen das Reifestadium – nicht ihre Existenz verlieren, sondern weiterbestehen, wären sie nicht nur offen für, sondern *angewiesen* auf das Auftauchen praktischer Probleme.

Während ursprünglich die Finalisierungstheoretiker den Nachweis antreten wollen, „daß im Gang der Wissenschaft immer wieder alternative Wege zu ihrer Fortentwicklung offenstehen", so daß „der Prozeß der Wissenschaftsentwicklung den Anschein der Notwendigkeit" verliert,[202] so wird hier sichtbar, daß der FT diese strategische Komponente abhanden kommt: Finalisierung erhält genau den „Anschein der Notwendigkeit", gegen den Alternativenansatz gemäß H_1 angetreten war. Die Alternative „Finalisierung – Existenzverlust der Wissenschaft" läßt so wenig Wahlmöglichkeiten offen, wie sie der Bürger hat, der angesichts auf sich gerichteter Waffen zwischen „Geld oder Leben!" wählen soll.

Daß Existenzverlust eine Möglichkeit wissenschaftlicher „Entwicklung" ist, wird in einer der jüngsten finalistischen Überlegungen zur Reife bzw. Abgeschlossenheit von Theorien dokumentiert. Gegen die Abgeschlossenheit von Theorien hat Andersson unter Berufung auf Popper Stellung bezogen.[203] In der Tat ist es ein wesentliches

---

[200] II, S. 138.
[201] Ebd.
[202] I, S. 303.
[203] Vgl. Andersson, Freiheit oder Finalisierung der Forschung, S. 70 ff.

Element Popperscher Methodologie, daß die Menge wissenschaftlicher (interner) Probleme eher zu- als abnimmt. Die Endlichkeitsthese der FT behauptet hingegen eine ständige Verringerung interner Probleme im Zuge wissenschaftlicher Entwicklung, deren Anzahl mit Erreichen des Reifezustandes einer Disziplin gegen Null konvergiert. Verfolgen wir nun, wie die Popper zugeschriebene „Hydratheorie"[204] nicht nur mit der Endlichkeitsthese in Einklang gebracht, sondern gar als Begründung für letztere herangezogen wird. Als Abfallprodukt dieser Auseinandersetzung mit Andersson gewinnen wir eine weitere Bedeutungskomponente des Fianlisierungsbegriffs.

Wenn die Anzahl interner Probleme einer Disziplin – so die Behauptung der FT – sich Null nähert, werden die betroffenen Wissenschaftler von Existenzverlust bedroht. Drohender Existenzverlust „erzeugt eine Art Horror vacui"[205]. Existenzangst ergreift die Wissenschaftler. Genau in dieser Phase trete Popper auf den Plan und entwerfe als Verdrängungsinstrument von Existenzangst die Hydratheorie, die absurderweise die Erfolglosigkeit von Wissenschaft – der relative Anteil gelöster Probleme wächst ja gemäß Hydratheorie nicht – heroisiere: „Die Verzweiflung über die Ergebnislosigkeit menschlichen Tuns stilisiert sich zum Heroismus des Absurden."[206] Die aus Verzweiflung geborene Hydratheorie kann nun ihre Funktion erfüllen: Der von Existenzangst befallene Wissenschaftler wird den Popperschen Strohhalm „Hydratheorie" ergreifen und die „Absurdität des wissenschaftlichen Geschäfts seiner Endlichkeit vorziehen"[207].

---

[204] Böhme, van den Daele, Hohlfeld, Finalisierung Revisited, S. 205.
[205] Ebd.
[206] Ebd.
[207] Ebd.; leider nutzt ihm das nicht viel, denn nach erfolgreicher Selbst-

Die Hydratheorie als Verdrängungsinstrument von, als wirksame Therapie gegen Existenzangst – dazu eigens erfunden und verabreicht vom Psychotherapeuten Popper, der mit Entwicklung und Verabreichung seines therapeutischen Mittels das Bestehen von Existenzangst und damit die Gültigkeit der Endlichkeitsthese anerkennt! Anders gewendet: Wäre die Hydratheorie zutreffend, so wäre sie – da funktionslos – nicht entstanden; sie ist entstanden, also trifft sie nicht zu; folglich gilt die Endlichkeitsthese. Bevor wir diese Form der Argumentation analysieren, formulieren wir die herausgearbeitete Modifikation des Finalisierungsbegriffs:

1.1)'' Finalisierung bedeutet, daß Wissenschaft
    a) darauf angewiesen ist, Forschungsziele von nichtwissenschaftlichen Gruppen, Institutionen etc. vorgegeben zu bekommen, weil anderenfalls Wissenschaft von Existenzverlust bedroht ist,
    b) von unterschwellig vorhandener, weil verdrängter Existenzangst befreit wird.[208]

2.1)'' ist analog zu formulieren. Wir gehen kurz auf obige psychologistische Argumentation ein. Das Erstaunliche an der finalistischen Argumentationsführung ist, daß die Endlichkeitsthese zutrifft, *weil* ihr Konkurrent – psychologisch umgedeutet – das Gegenteil behauptet. Dieses be-

---

täuschung muß er die Hydratheorie gegenüber den Wissenschaft finanzierenden Institutionen propagandistisch verwerten. Was nützt schließlich Selbsttäuschung, wenn man die finanzierende Stelle nicht zu täuschen vermag? Gelänge das, wäre Finalisierung nicht der zwingende Ausweg, als der sie hier feilgeboten wird. Statt der Lösung externer Probleme bestünde die Möglichkeit süßen Nichtstuns.

[208] 1.1)'' könnte eine Erklärung für den oben diskutierten Mittelcharakter von Leitfäden anbieten: Die Verfolgung externer Zwecke ist für die Wissenschaft Mittel zur Befreiung von (unterschwelliger) Existenzangst.

fremdliche Ergebnis – so ein möglicher Einwand – könnte darauf zurückzuführen sein, daß hier mehr oder weniger abstrakte Argumente im Wettstreit liegen. Eine Klärung könnte eine empirische Untersuchung bringen, die die Existenzangst von Wissenschaftlern nachzuweisen hätte. Ihr Ergebnis läßt sich freilich antizipieren:
Gilt die Hydratheorie in der von der FT unterstellten Version, so wird Existenangst nicht nachgewiesen werden können. Gilt die Endlichkeitsthese, wird die Prüfung nicht anders ausfallen. Wenn die befragten Wissenschaftler unterschwellig Existenzangst hätten, würden sie sie leugnen – die Hydratheorie hat sie ja verdrängt. Würden die Wissenschaftler Existenzangst äußern, hieße das, daß der Erklärungsmechanismus der Endlichkeitsthese fehlkonstruiert ist, demzufolge die Hydratheorie ihre Entstehung der Existenzangst zwecks Verdrängung derselben verdankt. Folglich wäre die Hydratheorie nicht zwecks Angstverdrängung entstanden. Die geäußerte Angst wäre keine Existenzangst und stände in keinem Zusammenhang mit der Endlichkeit wissenschaftlicher Probleme.
Richten wir schließlich die finalistische, gegen Popper gewendete Argumentation gegen die FT selbst: auch für die FT gilt die Endlichkeitsthese. Daher sind auch die Finalisierungstheoretiker von Existenzangst befallen und werden „die Absurdität des wissenschaftlichen Geschäfts seiner Endlichkeit vorziehen". Daher werden sie die Endlichkeit des wissenschaftlichen Geschäfts leugnen. Nun vertreten sie aber die Endlichkeitsthese. Daher sind sie nicht von Existenzangst geplagt. Folglich gilt für sie die Endlichkeitsthese nicht; also gilt die Hydratheorie.
Beenden wir die *reductio ad absurdum!* Wir sind der Auffassung, daß jeder wissenschaftlichen Diskussion die Grundlage entzogen wird, wenn eine gegnerische Position A in B ≠ A uminterpretiert wird. Poppers Methodologie

als Existenzangst reduzierende Psychotherapie darzustellen, überschreitet das Maß möglicher Fehlinterpretation und gerät in die Nähe von Unredlichkeit. Dies gilt um so mehr, als Poppers kritische Distanz zur Psychoanalyse allgemein bekannt ist (aber auch darin kann man Vernebelungstaktik sehen).

Halten wir als Ergebnis fest, daß 1.1) und 2.1) verschiedene Finalisierungsbegriffe darstellen, die unklar formuliert und in verschiedenen Versionen vertreten werden.

Kommen wir zu 1.2). Daß Finalisierung „gerade die Offenheit für die theoretische Internalisierung externer Zwecke bedeutet",[209] führt die FT anhand der Erklärung der Zelle durch die Chemie vor. Aufgrund dieser Finalisierung wird der Zweck ‚Zelle' nun „interner Zweck der sich etablierenden Zellchemie ... Mit dem Abschluß des Prozesses der Finalisierung ist der zuvor externe Zweck zum Forschungsprogramm einer modifizierten Disziplin geworden und definiert in dieser intern offene Probleme und Theoriedefizite."[210] Das diskreditiert die oben dargestellte Leitfadenfunktion externer Zwecke zusätzlich: Wie können externe Zwecke Entwicklungsleitfäden von Theorien sein, wenn sie zu internen geworden sind? Solche interdisziplinären Finalisierungen werden als Durchsetzung eines den Naturwissenschaften immanenten Theorienprogramms begriffen. Jede dieser Finalisierungen bewirkt eine Metamorphose externer Zwecke in interne. Mit Abschluß der Finalisierung, nach Internalisierung externer Zwecke – dann ist die Disziplin finalisiert – folgt sie wieder internen Zwecken. Daraus folgt erstens, daß interdisziplinäre Finalisierungen lediglich ein Übergangsphänomen sind, und zweitens, daß interdisziplinär finalisierte

---

[209] II, S. 144.
[210] II, S. 132, Anm. 7.

Wissenschaft autonom ist; denn folgt Wissenschaft internen Zwecken, „dann wird für die Wissenschaft dieser Entwicklungsphase der Anspruch auf Autonomie zu Recht erhoben"[211].

Internalisierungen externer Zwecke beschränkt die FT jedoch nicht auf interdisziplinäre Finalisierungen. Indem Wissenschaft „die Stabilisierung von Herrschaft als Zweck theoretisch internalisiert, wird Herrschaft selbst wissenschaftlich"[212]. Wenn Herrschaft per Internalisierung wissenschaftlich und damit intern wird, gilt das auch für andere extradisziplinäre Zwecke (politische, militärische usw.). Folglich wandeln sich auch solche Zwecke mittels Internalisierung zu internen und definieren „intern offene Probleme und Theoriedefizite". Daher wird auch für derart finalisierte Wissenschaft „der Anspruch auf Autonomie zu Recht erhoben".

Diese Überlegungen führen an die politische Brisanz der FT heran. Was sie so „interessant" macht, ist ihre Behauptung, daß Finalisierung der Wissenschaft zugleich das Ende ihrer Autonomie einläute: „Finalisierung... bedeutet eine Abkehr vom Konzept autonomer Wissenschaft..."[213] (Die Autoren meinen nicht eine Abkehr vom Konzept autonomer Wissenschaft – vom Konzept kann man natürlich abweichen und es etwa durch Freiheit oder Selbstbestimmung ersetzen –, sondern eine Abkehr von autonomer Wissenschaft; derartige lapsus linguae finden sich häufiger.)

Damit ist gezeigt: Führt man – wie die Finalisierungstheoretiker – interdisziplinäre und außerwissenschaftliche Fi-

---

[211] W. van den Daele, Autonomie contra Planung: Scheingefecht um die Grundlagenforschung, in: Wirtschaft und Wissenschaft (1975) S. 30.
[212] II, S. 144.
[213] Böhme, van den Daele, Hohlfeld, Finalisierung Revisited, S. 241.

nalisierungen auf derselben Ebene ein, nämlich über Internalisierung externer Zwecke, so folgt offensichtlich nicht, daß mit Finalisierung Wissenschaft ihrer Autonomie verlustig geht.

Denn wenn Finalisierung einerseits als Internalisierung externer Zwecke, die nach Internalisierung zu internen werden, gedeutet wird, andererseits als Abkehr von Autonomie, die mit dem Verfolgen externer Zwecke begründet wird, so müßte finalisierte Wissenschaft internen Zwecken folgen und doch nicht autonom sein. Entweder folgt Wissenschaft externen Zwecken, die sie nicht internalisiert, und ist nicht autonom; oder (ausschließend) sie internalisiert externe Zwecke, folgt dann internen und ist autonom. Die FT behauptet beides zugleich.

Wenn finalisierte Wissenschaft internen Zwecken folgt, könnte sich ein Autonomieverlust bestenfalls für die Phase der Internalisierung externer Zwecke behaupten lassen, der auf Internalisierung zurückzuführen wäre. Was aber heißt Internalisierung?

Wenn Wissenschaftler W Zweck Z internalisiert, heißt das: W verinnerlicht Z, macht sich Z zu eigen, handelt gemäß Z, weil er Z akzeptiert, weil er die Realisierung von Z positiv bewertet. Anders ausgedrückt: Wenn W als Folge der Verinnerlichung gemäß Z handelt, dann tut er das nicht, weil er sich äußerem Druck beugt, sondern er tut es aus Einsicht. So verstanden, kann die Internalisierung externer Zwecke Autonomieverlust nicht implizieren. Soll aber während und durch Internalisierung Autonomie abgebaut werden, so muß die FT einen Internalisierungsbegriff ansetzen, dessen Definiens Bestandteile aufweist, die auf Autonomieverlust hinführen: Ausübung äußeren Drucks oder Zwangs, Manipulation und dergleichen.

Wenn unsere Analyse zutrifft, stehen gemäß FT der Wis-

senschaft zwei Formen des Autonomieverlusts zur Verfügung, und zwar durch wahrgenommenen Zwang bzw. durch (heimliche) Manipulation. Wird Autonomieverlust als Definiensbestandteil von Internalisierung eingeführt, so stehen wir vor dem Problem, Autonomieverlust als simultane Folge, als Begleiterscheinung von Finalisierung zu verstehen, da jede Internalisierung – nicht nur die externer Zwecke – mit Autonomieverlust verbunden wäre. Konkret: Wird die Internalisierung des Zwecks „chemische Erklärung der Zelle" ebenso als Finalisierung betrachtet wie die Internalisierung eines politischen Zwecks (z. B. Herrschaft), dann müssen beide in gleicher Weise zu Autonomieverlust führen (was völlig inakzeptabel erscheint). Da weiter jede Disziplin Hilfs- oder Nachbarwissenschaften benötigt, um das eigene „Geschäft" zu betreiben, sind aufgrund solcher Verflechtungen wechselseitige, interdisziplinäre Finalisierungen zu konstatieren, die folgendem Satz Geltung verschaffen: Finalisierung kann niemals zu Autonomieverlust führen, weil Autonomie immer schon – mit Konstituierung der Disziplin – verloren ist. Dies gilt um so mehr, als wir keinen Grund sehen, die Einführung in anderen Disziplinen entwickelter Methoden, Verfahren etc. nicht als Finalisierung aufzufassen. Und stellt sich die Ablösung einer Theorie durch eine andere – z. B. die der Newtonschen Mechanik durch Einsteins Relativitätstheorie – nicht als (Selbst-)Finalisierung einer Disziplin dar? Andererseits kann obiger Satz nicht vollständig gelten, denn wir können uns Finalisierungen finalisierter Wissenschaft vorstellen, die ihrerseits zu zusätzlichen Autonomieverlusten führen müßten.
Gehen wir das Problem von einer anderen Warte an! Wenn Wissenschaft als Folge der Internalisierung externer Zwecke ihre Autonomie verliert, muß sie in Abhängigkeit von Gesellschaft oder gesellschaftlichen Subsystemen ge-

raten; sie wird quasi Organ solcher Systeme, d. h. verliert ihren eigenen ‚Willen'. Andererseits kann die Abhängigkeit der Wissenschaft von ihrer Umgebung so groß nicht sein, denn der FT zufolge wird auch Gesellschaft immer stärker von Wissenschaft abhängig.[214] Gleichfalls nicht in das Bild einer ihrer Autonomie beraubten Wissenschaft paßt es, daß sie ein kritisches Potential entwickelt, das sie zu Reflexion und Kritik vorgegebener Zwecke einsetzt mit dem möglichen Effekt einer Revision solcher Zwecke.[215] Daß eine durch Finalisierung ihre Automie entbehrende Wissenschaft „über ein besonderes Potential der Zielreflexion" im Sinne eines überlegenen Potentials gegenüber autonomer Wissenschaft verfügt,[216] kann nur erstaunen. Fragen wir schließlich, wer bei konkreten Forschungsprojekten die externen Zwecke formuliert, so erfahren wir, daß Wissenschaftler maßgeblich daran beteiligt sind.[217] Auch das berechtigt sicher nicht, auf Autonomieverlust zu schließen. Weingart kommt nach Fallstudien zu der Auffassung, daß „sich die Implementierung politischer Probleme in den Forschungsprozeß" nicht durch Finalisierung beschreiben läßt.[218]

Habermas, einer der Mentoren der Finalisierungstheoretiker, entwickelte schon früh (1963) ein pragmatisches Modell der Interaktion von Wissenschaft und Politik.[219] Er

---

[214] II, S. 130.
[215] Böhme u. a., Finalisierung Revisited, S. 237 ff.; van den Daele, W. Krohn, Theorie und Strategie – Zur Steuerbarkeit wissenschaftlicher Entwicklung, in: Weingart, Wissenschaftsforschung, S. 244 ff.
[216] Böhme u. a., Finalisierung Revisited, S. 240.
[217] P. Weingart, Wissenschaftsproduktion und soziale Struktur, Frankfurt a. M. 1976, Kap. V; H. van den Daele, P. Weingart, The Political Direction of Scientific Developement, in: the Social Production of Scientific Knowledge, ed. by P. Weingart e. a., Dordrecht 1977, S. 219–244.
[218] Weingart, Wissenschaftsproduktion, S. 196.

betont, daß die Übersetzung externer Zwecke (praktischer Fragen) in wissenschaftliche Probleme von Politikern, Militärs usw. nicht geleistet werden kann. Externe Zielvorgaben müssen stets unbestimmt bleiben, „bis die Lösung des Problems grundsätzlich gefunden ist, denn erst mit der prinzipiell absehbaren Lösung ist das Ziel des Projektes endgültig definiert. Das Vorverständnis des Problems, das praktische Bedürfnis des Auftraggebers, wird selber erst in dem Maße artikuliert, in dem sich technische Lösungen ... abzeichnen."[220] Das heißt pointiert formuliert, daß die Vorgabe externer Zwecke an Wissenschaft durch Gesellschaft oder gesellschaftliche Gruppen in der von der FT beschriebenen Weise nicht möglich ist. Wissenschaft ist stets aktiv und im partnerschaftlichen Dialog, der den Autonomieverlust einer Seite ausschließt, in Vorgabe und Präzisierung externer Zwecke eingeschaltet. Habermas geht aber noch weiter: „Das Situationsverständnis politisch handelnder Sozialgruppen ist so sehr von den zur Durchsetzung von Interessen verfügbaren Techniken abhängig, daß oft genug Forschungsprojekte nicht von praktischen Fragen angestoßen, sondern von den Wissenschaftlern an die Politiker herangetragen werden."[221] Habermas redet also nicht einer extern (politisch, ökonomisch) angeleiteten Rationalisierung von Wissenschaft das Wort, sondern fordert umgekehrt „eine wissenschaftlich angeleitete Rationalisierung der politischen Herrschaft"[222].

Dieser antifinalistischen Position stimmen wir insoweit

---

[219] J. Habermas, Technik und Wissenschaft als Ideologie, Frankfurt a. M. 1978, S. 132 ff.
[220] Ebd. S. 132.
[221] Ebd. S. 133.
[222] Ebd. S. 145.

zu. Externe Wissenschaftssteuerung, die sich nicht wissenschaftlicher Beratung auf dem hier diskutierten Felde – der Naturwissenschaften und technischen Disziplinen – vergewissert, weiß weder, was wissenschaftlich möglich ist, noch kann sie negative Konsequenzen ihrer Steuerungsbemühungen abschätzen. Forschungspolitik bedarf zu beidem einer autonomen und kritischen Wissenschaft; einer Wissenschaft freilich auch, die sich ihrer realisatorischen Dimension bewußt bleibt und erkennt, daß Umwelt und Gesellschaft zugleich – zumindest teilweise – Produkt und Ergebnis ihrer selbst ist.[223] Solche Wissenschaft kann sich weder im Elfenbeinturm verbarrikadieren noch sich gesellschaftlichen Interessen unterwerfen.[224] Beide Wege entlarvt sie als den Versuch, sich durch den Rückzug auf das Wertfreiheitspostulat einerseits beziehungsweise den Autonomieverlust andererseits aus der Verantwortung für die Konsequenz ihres Forschens in Gesellschaft und Geschichte zu stehlen.[225]

Zusammenfassend kommen wir zu dem Ergebnis, daß externe Steuerbarkeit mit dem Konzept der Finalisierung nicht aufrecht erhalten werden kann. Nicht nur wird der

---

[223] G. Eberlein, Zum epitheoretischen Programm der Sozialwissenschaft; W. Leinfellner, Wissenschaftstheorie und Begründung der Wissenschaften.

[224] Insoweit findet Habermas' Angriff auf das Wertfreiheitspostulat des kritischen Rationalismus wie auch seine Warnungen vor der Deutschen Physik während des Nationalsozialismus unsere Zustimmung. Für zumindest diskussionswürdig halten wir die Hypothese, daß die vielzitierte technologische Lücke des real existierenden Sozialismus gegenüber dem Westen auf die Verpflichtung auf ein ideologisches Denkgebäude und die zunehmende Technikablehnung im Westen auf die in den letzten Jahrzehnten dominante Elfenbeinturmposition zurückzuführen sind.

[225] Wir betonen: Wissenschaft vollzieht sich in Gesellschaft und Geschichte. Niemals hat sie es mit idealen Sprechsituationen zu tun. Daher halten wir Habermas entgegen: Hic Rhodos, hic salta!

Term nicht expliziert; er stellt auch Finalisierungen als ein Übergangsphänomen dar, das auf rein innerwissenschaftliche Prozesse (interdisziplinäre Finalisierungen) angewandt wird. Daraus resultiert eine derartige Verwässerung des Finalisierungsbegriffs, daß nahezu jede Änderung des kognitiven *status quo* einer Disziplin als Finalisierung erscheint. Der Term ‚Internalisierung externer Zwecke' vermag gleichfalls nicht den behaupteten Autonomieverlust von Wissenschaft zu demonstrieren. Schäfer, selbst Finalisierungstheoretiker, hält neuerdings die Frage für offen, „ob es eine ‚theoretische Internalisierung externer Zwecke' gibt"[226]. Nach unserer Analyse überrascht das nicht; wir können diese Bemerkung als Eingeständnis dafür bewerten, daß wesentliche Teile der FT unbegründet sind.

Bisher haben wir Finalisierungsbegriffe diskutiert, deren semantische Kerne eine Vorstellung von Finalisierung erzeugen, die eine Ablösung interner durch externe bzw. interner durch global-wissenschaftlich interne, disziplinär jedoch externe Zwecke als Steuerungsmechanismen im Laufe wissenschaftlicher Entwicklung involviert. Im Zentrum des folgenden Finalisierungsbegriffs steht die Ablösung externer durch externe Zwecke im Verlauf wissenschaftlicher Entwicklung.

Mit Finalisierung wird „der Darwinismus der Wissenschaftsgeschichte durch eine politisch-strategische Verfügung über Wissenschaft lösbar. Als darwinistisch haben wir die bisherige Wissenschaftsgeschichte gekennzeichnet, weil in ihr Entscheidungen über Alternativen der Richtung theoretischen Fortschritts

---

[226] W. Schäfer, Normative Finalisierung. Eine Perspektive, in: G. Böhme u. a., Die gesellschaftliche Orientierung des wissenschaftlichen Fortschritts, Frankfurt a. M. 1978, S. 390.

gefallen sind, die weder aus zwingenden Maßstäben wissenschaftlicher Rationalität (Wahrheit), noch aus bewußten Strategien der Wissenschaftler, sondern nur als Resultante der Einflüsse der Umwelt der Wissenschaft verstanden werden können."[227]

Diesen Irrationalismus will die FT durch „bewußte Planung" austreiben, indem sie die Mittel bereitstellt, Theorien als Strategien zu entwerfen, und gleichzeitig ermöglicht, „daß eine von wissenschaftlichen Interessen und sozialen Bedürfnissen gleichermaßen getragene Forschungsplanung möglich ist"[228].

Der Gegensatz zwischen finalisierter und nicht finalisierter Wissenschaft besteht *nicht* darin, daß interne durch externe Steuerung abgelöst wird, sondern darin, daß eine naturwüchsige (?), irrationale Wissenschaftsentwicklung mit ihren „wissenschaftsexternen Selektionskriterien vergangener Epochen"[229] durch eine externe, rationale Verfügung über Wissenschaft ersetzt wird. Ein gewissermaßen chaotischer Externalismus (Darwinismus) wird durch einen rationalen abgelöst. Finalisierte Wissenschaft realisiert durch bewußte Planung in Form strategischer Theorienentwürfe politisch gesetzte Zwecke.

Wir hoffen, die wesentliche Inhaltsverschiebung von 2.2) gegenüber 1) und 2.1) genügend verdeutlicht zu haben.[230]

---

[227] II, S. 132f.
[228] II, S. 133.
[229] Ebd.
[230] Schäfer gelangt im zur Diskussion stehenden Kontext allerdings zu einer anderen, zusätzlich verwirrenden Auffassung: „Die Finalisierung der Wissenschaft beendet den autonomen Fortschritt der Wissenschaft, um den Fortschritt der menschlichen Gesellschaft mit den Mitteln der Wissenschaft zu betreiben." (Schäfer, Normative Finalisierung, S. 403) Für den Darwinismus der Wissenschaftsgeschichte in der Darstellung der FT kann Autonomie nicht behauptet und folglich durch Finalisierung nicht beendet werden, da Darwinismus schon als externer Verfügung unterworfen dargestellt wird.

Zunächst einige grundsätzliche Bemerkungen zu 2.2). Im Kontext der Diskussion der These vom faktischen Darwinismus zeigten wir, daß sie auf unhaltbaren Fehlinterpretationen sowohl der Wissenschaftsgeschichte als auch des Kuhnschen Ansatzes basiert. Das haben die Finalisierungstheoretiker inzwischen partiell zugestanden.[231] Insofern hängt die zur Debatte stehende Finalisierungsversion in der Luft: abgelöst werden soll, was nicht existiert. Zweitens ist obiger Finalisierungsbegriff zu unspezifiziert; er scheint eher einem Wunschdenken als wissenschaftlicher Argumentation zu entspringen. Eine politisch-strategische Verfügung über Wissenschaft impliziert zwingend weder, daß den Interessen der Wissenschaft, noch, daß sozialen Bedürfnissen Rechnung getragen werden kann, solange nicht angegeben wird, welches die Interessen der Wissenschaft sind, worin die Bedürfnisse bestehen und wie beide sich entwickeln werden. Da auch geplante Wissenschaft nur über knappe Kapazitäten verfügt, könnten Interessen und Bedürfnisse nur selektiv befriedigt werden, was Selektionskriterien erfordert, über die wir nichts oder nur Ungenügendes erfahren. Kurz, obiger Finalisierungsbegriff zeugt von einer Planungseuphorie, die finalisierte Wissenschaft nur enttäuschen kann.

Wenden wir uns 2.21) zu und betrachten folgendes Zitat: „Eine finalisierte Wissenschaft ist definiert durch ... die Offenheit für soziale oder politische Determinierung ihrer Entwicklungsrichtung."[232] Zunächst eine logische Bemerkung: Wenn diese „Definition" eine Definition ist, dann erfährt die Extension des Terms ‚finalisierte Wissenschaften' eine erhebliche Ausweitung. Üblicherweise besteht

---
[231] Böhme, van den Daele, Erfahrung, S. 187.
[232] II, S. 133.

zwischen Definiens und Definiendum eine logische Äquivalenz. Folglich müßten wir all das als finalisierte Wissenschaft bezeichnen, worauf das Definiens zutrifft. Nun sind aber nahezu beliebige gesellschaftliche Subsysteme offen für soziale oder politische Determinierung ihrer Entwicklungsrichtung; also hätten wir es dort mit finalisierten Wissenschaften zu tun. Das ist natürlich absurd.
Eine zweite Bemerkung. Obige „Definition" verschüttet gerade wieder den intendierten Gegensatz zwischen darwinistischer und finalisierter Wissenschaft, da die FT auch den Darwinismus bisheriger Wissenschaftsgeschichte als externen Determinierungen unterworfen dargestellt hatte – wenn auch auf andere Weise.
An obiger Definition interessiert uns die auch schon im vorigen Zitat erwähnte Entwicklungsrichtung, auf deren Vorgabe Planung sich beschränkt. Unsere These lautet, daß die Vorgabe der Entwicklungsrichtung von Wissenschaft nicht ausreicht, um bisherigen Darwinismus abzulösen. Wenn Planung Wissenschaft lediglich die „Marschrichtung" vorgibt, folgt nicht, daß Wissenschaft ausschließlich rational-externe Zwecke verfolgen müßte. Solange nicht der genaue Weg festliegt, könnten sowohl interne als auch extern-irrationale Zwecke zu „Entwicklungsleitfäden von Theorien" werden. Finalisierte Wissenschaft wäre, was sie nicht sein soll.
Während diese Spielart der Planung Wissenschaft an der „langen Leine" führt, engt 2.2) den Freiheitsspielraum von Wissenschaft stärker ein. Hier soll wissenschaftliche Entwicklung mit den Mitteln expliziter Wissenschaftspolitik einer rationalen Verfügung unterworfen und über die externen Regulative Nützlichkeit, Relevanz und Legitimität der Inhalt von Wissenschaft bestimmt werden.[233] Da

---

[233] I, S. 313.

diese Form der Finalisierung nur postuliert, von den Finalisierungstheoretikern nicht aber analysiert oder gar begründet wird,[234] könnte zu ihrer Einschätzung nur spekuliert werden. Darauf verzichten wir, bemerken aber, daß eine rationale Wissenschaftslenkung sich keinesfalls auf bewußte Planung beschränken könnte, sondern zugleich die Organisations- und Kontrollfrage zu beantworten hätte. Freilich erwiese allein schon die Diskussion der Organisationsfrage, daß die externen Lenker sowohl bei der Zielfindung und -formulierung als auch bei der Umsetzung der Ziele in operationale Forschungsprogramme wie bei der Rückübersetzung der wissenschaftlichen Problemlösungen in technische oder praktische Handlungskontexte auf Wissenschaft angewiesen sind. Die dazu vorliegenden empirischen Untersuchungen weisen Wissenschaft dabei eine so weitgehende Rolle zu, daß sich von externer Steuerung der Wissenschaft nicht mehr sprechen läßt.[235]

Da die Ablösung des Darwinismus durch Finalisierung als Wechsel von extern-irrationaler zu extern-rationaler Wissenschaftsentwicklung gekennzeichnet wird, stellt sich die Frage nach dem Rationalitätsbegriff finalisierter Wissenschaft. Er bestimmt sich an der Nützlichkeit, Relevanz und Legitimität ihrer Ergebnisse[236] oder durch „das enge Verhältnis von theoretischer Entwicklung und Nützlichkeit der Wissenschaft"[237]. Eine jüngere Formulierung besagt: „Rationalität im Bewußtsein der Moderne bedeutet Entgrenzung des theoretischen Diskurses in praktischer

---

[234] So Schäfer, Normative Finalisierung, S. 383.
[235] Weingart, Wissenschaftsproduktion; van den Daele, Weingart, Political Direction.
[236] I, S. 313.
[237] II, S. 130.

und des praktischen Diskurses in theoretischer Hinsicht."[238]

Allen drei Bestimmungen gemeinsam ist fehlende Aussagekraft. Solange nicht festgelegt ist, anhand welcher Kriterien welche wissenschaftlichen Ergebnisse für welche gesellschaftlichen Gruppen nützlich, relevant und legitim sind, bleibt finalistische Rationalität unbestimmt. Das gilt um so mehr, als die Beziehungen zwischen den Regulativen konfliktär oder sogar antinomisch sein können (z. B. kann nützliche Wissenschaft illegitim sein). Vermutlich wird hier auf ein ungenügend expliziertes Gesellschaftsmodell bezug genommen, das durch gleichfalls unklare Terme wie ‚dominante Interessen der Gesellschaft' oder ‚rational erzeugter Konsensus der Gesellschaft' gekennzeichnet ist. Wenn wir Schäfers Definition richtig verstehen, sieht er finalistische Rationalität genau dann verwirklicht, wenn theoretische und praktische Diskurse eine Einheit bilden, da dann Wissenschaft sich „nicht der moralisch-politischen Reflexion ihrer Fortschritte verschließt"[239]. Schäfer orientiert sich deutlich an Habermas. Zu fragen ist jedoch, warum eine nach Schäfer nichtautonome Wissenschaft Selbstreflexion zeigen sollte. Die Kraft dazu entfaltet eher eine autonome, nicht-finalisierte Wissenschaft, die sich nicht externen Gruppen und deren Interessenkonstellationen verpflichtet fühlen muß; eine Wissenschaft freilich auch, die dem Wertfreiheitspostulat entsagt.[240]

Mit Schäfer können wir Wissenschaft nur als kritische und ihr Handeln reflektierende denken. Aber in strengem Gegensatz zu Schäfer können wir solche Wissenschaft nur als

---

[238] Schäfer, Normative Finalisierung, S. 413.
[239] Ebd.
[240] Habermas, Technik und Wissenschaft, S. 385.

autonome begreifen, als eine Wissenschaft, für die „die forschungsimmanenten Bedingungen wissenschaftlichen Fortschritts und insbesondere die Voraussetzungen für eine unbehinderte, von Herrschaftsbeziehungen freie Diskussion erfüllt sein müssen. Der Erkenntnisprozeß darf weder durch unreflektierte gesellschaftliche Interessen noch durch plebiszitären Druck bestimmt werden."[241] Indem Habermas, auf den sich die FT vielfach beruft, der Autonomie der Wissenschaft und der Freiheit von Lehre und Forschung das Wort redet, öffnet er Gräben zwischen sich und einer FT, der es auch durch die nachträgliche Besinnung auf Kritik und Reflexion nicht gelingen will, an Plausibilität und Konsistenz zu gewinnen.

Ein weiterer Finalisierungsbegriff wird in der Grundthese der Finalisierungstheoretiker sichtbar, „daß es einen gesellschaftlichen und sogar einen politisch-strategischen Einfluß auf die theoretischen Entwicklungen der Wissenschaften geben kann und in der Gegenwart in erheblichem Umgang tatsächlich gibt"[242]. Da hier lediglich die Ausübung oder das Wirken externer Einflüsse auf Wissenschaft behauptet wird, haben wir es mit dem umfassendsten, aber auch schwächsten Finalisierungsbegriff zu tun. Wenn wir sagen: „Es gibt einen Einfluß von X auf Y", meinen wir, daß X in irgendeiner Weise auf das Verhalten von Y einwirkt. Das Resultat der Einwirkung nennen wir Beeinflussung. Einflüsse heißen Mittel zur Beeinflussung. An dieser Stelle erscheint es zweckmäßig, einerseits aktive und passive, andererseits erfolgreiche und nicht erfolgreiche Beeinflussung zu unterscheiden. Aktive Beeinflussung impliziert im Gegensatz zu passiver ein Selbst-Tätig-Werden von X zur Beeinflussung von Y. Ein Beispiel für

---

[241] Ders., Theorie und Praxis, S. 382.
[242] Böhme u. a., Gesellschaftliche Orientierung, S. 10.

aktive Beeinflussung ist ein Verkaufsgespräch, in dem der Verkäufer den Kunden durch Kaufargumente (Einflüsse) zum Kauf der Ware bringen will. Passive Beeinflussung liegt z. B. vor, wenn ein Maler vom Expressionismus beeinflußt ist. Von erfolgreicher (nicht erfolgreicher) Beeinflussung sprechen wir, wenn Y das von X intendierte Verhalten (nicht) zeigt. Beispiel: Der Kunde kauft (nicht) die betreffende Ware. Auf zweifellos vorhandene Grenzfälle gehen wir hier nicht ein.

Mit diesen einfachen Differenzierungen können wir behaupten, daß die Aussage: „Es gibt einen Einfluß von X auf Y" weder zwingend impliziert, daß X auf Y Druck ausübt; noch, daß X dem Y Ziele vorgibt; noch, daß Y auf die Vorgabe von Zielen durch X angewiesen ist; noch, daß X die Entwicklungsrichtung von Y bestimmt; noch, daß X dem Y irgendwelche Inhalte vorschreibt; noch, daß Y seine Autonomie verliert; kurz, all das, was bisher Finalisierung kennzeichnet, muß nicht mehr Finalisierung sein. Umgekehrt kann Finalisierung bedeuten, was sie bisher nicht war. Man denke an passive oder an aktive, nicht erfolgreiche Beeinflussung. Letztere klammern die Finalisierungstheoretiker zunächst aus;[243] später greifen sie das Thema unter dem Stichwort „Resistenz gegen Steuerung" auf.[244]

Während Finalisierung bisher Steuerbarkeit bzw. Steuerung der Wissenschaft zum Inhalt hatte, schwächt sie sich nun zu einem Bemühen um Steuerung („es gibt einen externen Einfluß auf Wissenschaft") bzw. zur Möglichkeit von Steuerungsbemühungen („es kann diesen Einfluß geben") ab. Natürlich sind Steuerungsbemühungen bzw. deren Möglichkeit nicht identisch mit Steuerung oder

---

[243] I, Anm. 8.
[244] van den Daele, Krohn, Theorie und Strategie, S. 225 ff.

Steuerbarkeit. In obiger Terminologie heißt Steuerung von Y die aktive und erfolgreiche Beeinflussung von Y durch X. Steuerbarkeit läßt sich wie folgt definieren: Wenn Y durch X aktiv beeinflußt würde, dann wäre die Beeinflussung erfolgreich.

Nachdem wir einige grundsätzliche Unterschiede zwischen Beeinflussung, Steuerung und Steuerbarkeit aufgezeigt haben, wenden wir uns konkret jenen auf Wissenschaft wirkenden Einflüssen zu. Der FT zufolge wirken externe Einflüsse auf Problemauswahl und -definition, auf die Bestimmung der Erklärungsideale und die Abbruchbedingungen von Forschung ein.[245] Gegen derartige Einflüsse dürfte kaum ein Wissenschaftstheoretiker oder Methodologe Widersprüche anmelden, ohne deshalb zum Finalisierungstheoretiker zu werden. Albert zum Beispiel – mit Popper und Lakatos strenger Internalist – behandelt derartige Einflüsse als Basisproblem,[246] ohne allerdings die „soziale Formbarkeit theoretischer Gehalte"[247] oder die Beeinflussung der „Wahrheit objektiver Erkenntnisse" durch soziale Faktoren zu postulieren.[248]

Daß externe Einflüsse etwa auf Problemauswahl zwingend wirken, läßt sich einfach erklären. Der Gegenstandsbereich einer Wissenschaft redet nicht, sondern schweigt. Es sind stets Menschen mit verschiedenen Talenten, Charakteren, Interessen, die selektiv in Gesellschaft und Geschichte in Form einer komplexen Interaktion von erkennendem Subjekt und Objekt Gegenstandsbereiche konsti-

---

[245] Böhme u. a., Gesellschaftliche Orientierung, S. 10.
[246] H. Albert, Wertfreiheit als methodisches Prinzip, in: Logik der Sozialwissenschaften, hg. von E. Topitsch, Köln/Berlin 1971, S. 181 bis 210.
[247] Böhme u. a., Gesellschaftliche Orientierung, S. 11.
[248] Schäfer, Normative Finalisierung, S. 385.

tuieren, Probleme formulieren, Forschungstraditionen fortsetzen oder verändern usw. Wissenschaft ist kein von seiner Umgebung isoliertes Subsystem. Wenn die folglich wirkenden Einflüsse einen Externalismus (Steuerung, Steuerbarkeit) begründen, dann gibt es Internalismus nicht, woraus folgte, daß wir diese Unterscheidung nicht brauchten. Daß externe Einflüsse – so können wir zusammenfassen – auf Wissenschaft wirken, ist kontingent, der Schluß von externer Beeinflussung auf externe Steuerung (Steuerbarkeit) ein Fehlschluß.

Nicht frei von Ironie ist festzustellen, daß die bisher diskutierten Finalisierungsbegriffe ein Oberflächenphänomen, nämlich „Finalisierung der Wissenschaft durch die Gesellschaft", behandelt haben. Denn nun ist nicht mehr die Rede von Steuerbarkeit, Steuerung oder Beeinflussung der Wissenschaft durch Gesellschaft, sondern umgekehrt von Steuerung oder Steuerbarkeit der Gesellschaft durch Wissenschaft. Erwähnt wurde, daß die Möglichkeit zur Nutzung des Kritik- und Reflexionspotentials bei finalisierter Wissenschaft begrenzter sein dürfte als bei nicht finalisierter. Autonome Wissenschaft kann dieses Potential qua Autonomie einsetzen, wenn ihr das erforderlich erscheint. Finalisierte und daher nicht autonome Wissenschaft ist dazu nur dann in der Lage, wenn Reflexion und Äußerung von Kritik in den Steuerungsintentionen der Steuernden liegt, und eben das ist die Frage. Schäfer spricht in diesem Zusammenhang vom politischen Engagement, vom politischen Interesse der Finalisierungstheoretiker „an einer alternativen Indienstnahme von Wissenschaft und Technik"[249] im Sinne einer politisch-moralischen Reflexion ihrer Fortschritte. Anzumerken ist je-

---

[249] Ebd. S. 401.

doch, daß politische Interessen von finalisierter Wissenschaft nur dann verfolgt werden können, wenn ihr entsprechende externe Zwecke vorgegeben sind: reflektierende, kritische Wissenschaft verträgt sich nicht mit dem Bild einer ihrer Autonomie beraubten und extern gesteuerten Wissenschaft. Hier klingt an, daß Finalisierung anderes bedeuten soll, als die bisher diskutierten Finalisierungsbegriffe ausdrücken. Sichtbar wird das in folgender Äußerung:

„Indem sie (Wissenschaft, d. Verf.) die Stabilisierung von Herrschaft als Zweck theoretisch internalisiert, wird Herrschaft selbst wissenschaftlich. Ihre Bedingungen und Formen werden unabhängig von den schwankenden Definitionen, die ihnen soziale Gruppen geben, in Disziplinen nach immanenten Maßstäben entwickelt... Die angepaßte Wissenschaft versteht die Bedingungen der Herrschaft besser als die Herrschenden."[250]

Natürlich kann solche Wissenschaft leicht die „traditionelle Resistenz der Theorie gegen externe Steuerung" beenden, kann sie ihre „Herrschaftskonformität ... für partikulare Interessen maximieren"[251]; entwickelt sie doch Bedingungen und Formen von Herrschaft nach eigenen, also internen Maßstäben. Finalisierung der Wissenschaft durch Gesellschaft wird zum Oberflächenphänomen; darunter erblicken wir den heimlichen Lenker ‚Wissenschaft', der nach immanenten Maßstäben Bedingungen und Formen von Herrschaft bestimmt, so daß die „Herrschenden" nur mit jenen Maßstäben konforme „Herrschaft" praktizieren können. Welche Formen von Herrschaft unter welchen Bedingungen ausgeübt werden, bestimmt sich nach wissenschaftlichen Maßstäben. Gesell-

---

[250] II, S. 144.
[251] Ebd.

schaftliche Entwicklung – soweit durch Ausübung von Herrschaft determiniert – wird abhängig von wissenschaftlichen Maßstäben, die nun zum (unsichtbaren) Entwicklungsleitfaden von Gesellschaft werden. Autonomie der Gesellschaft geht verloren, sobald Wissenschaft das Finalisierungsstadium erreicht (angemerkt sei, daß die Finalisierungstheoretiker im fraglichen Kontext[252] genau zum entgegengesetzten Schluß kommen, obgleich sie die gefährliche Alternative sehen).[253]

4.3 Kritik des Finalisierungsmodells

4.31 Kritik des ursprünglichen Finalisierungsmodells

Die erste und wohl auch bedeutendste Finalisierungsvariante knüpft an das Dreiphasenmodell an und behauptet, daß sich Finalisierungen im wesentlichen auf die postparadigmatische Phase wissenschaftlicher Entwicklung beschränken. Sie ist dadurch charakterisiert, daß die Disziplin eine Fundamentaltheorie entwickelt habe, die durch theoretischen Abschluß bzw. durch theoretische Reife gekennzeichnet sei. Alle theoretischen Probleme sind im Prinzip gelöst; wissenschaftliche Entwicklung findet nur noch in Form von Finalisierungen statt.

Im folgenden wird diese Finalisierungsvariante kritisiert. Da die FT inzwischen ihre Position erheblich verändert hat, folgt die Analyse der historischen Argumentation der Theorie. Ausgangspunkt sind die Aussagen der Theorie in II. In einem ersten Schritt setzen wir den auf Heisenberg

---

[252] Ebd.
[253] Ebd.

zurückgehenden, äußerst kontroversen Begriff der Abgeschlossenheit von Theorien voraus und untersuchen das ursprüngliche Dreiphasenmodell. Zweitens fragen wir nach der Eignung des Abgeschlossenheitsbegriffs für externe Steuerung. Drittens wird der Heisenbergsche Abgeschlossenheitsbegriff selbst untersucht, da sowohl der FT als auch der Kritik in der Literatur Fehlinterpretationen unterlaufen zu sein scheinen. Viertens werden die von der FT entwickelten neuen Begriffe der Abgeschlossenheit bzw. der theoretischen Reife von Theorien diskutiert.

Das Dreiphasenmodell involviert die Behauptung, daß es eine akzeptierbare Klassifikation von Forschungsprozessen liefert. Wir formulieren ein Kriterium, dem die zur Debatte stehende Finalisierungsvariante genügen muß: Die Finalisierungsvariante ist haltbar nur dann, wenn sich die Phasen paradigmatischer und postparadigmatischer Wissenschaftsentwicklung eindeutig unterscheiden lassen. Unsere These lautet, daß die FT das Kriterium in mehrfacher Hinsicht verletzt. Wir behaupten, daß sich Forschungsprozesse unter Finalisierungsgesichtspunkten nicht durch das Dreiphasenmodell darstellen lassen. Gesetzt, es gebe abgeschlossene Theorien, muß gelten: Nach Erreichen einer Fundamentaltheorie ist die Disziplin abgeschlossen für *interne*, vor Erreichen dieses Zustandes (in der paradigmatischen Phase; die präparadigmatische ist in diesem Kontext nicht Untersuchungsgegenstand) ist sie abgeschlossen für *externe* Orientierungen.

Wir präzisieren die Ausgangsthese. Von Anfang an – und verstärkt in den jüngsten Äußerungen der Finalisierungstheoretiker – werden die postparadigmatische Phase auch durch interne und die paradigmatische Phase auch durch externe Orientierungen gekennzeichnet: Verschiedene Phasen existieren überhaupt nicht.

Wir beginnen mit einer Analyse der postparadigmatischen

Phase. Wir behaupten, daß a) diese Phase selbst aus der Sicht der ursprünglichen FT durch Finalisierungen nur unvollständig beschrieben wird, daß b) jene als Nicht-Finalisierungen zu kennzeichnenden Prozesse 1) durch die FT nicht erklärt werden können und 2) zu einer Entfinalisierung der finalisierten Disziplin führen müssen.

Hinsichtlich a) stellt die FT fest, daß eine abgeschlossene Theorie T theoretische, d. h interne Entwicklungsperspektiven aufweise, die schließlich zu einer neuen Fundamentaltheorie T' führten.[254] Die Frage ist nur, warum T' entwickelt wird oder werden sollte b 1), sind doch „alle Probleme des entsprechenden Gegenstandsbereichs ‚im Prinzip' gelöst"[255] und so theoretische Entwicklungen zu einem „definitiven Abschluß"[256] gekommen mit der Folge, daß „theoretische Fragestellungen, also Finalisierungen, davon abhängig (sind, d. Verf.), ob praktische Probleme auftauchen"[257]. Aus all dem folgt, daß T' weder entwickelt wird noch entwickelt zu werden braucht. Daher wird T' entgegen der FT nicht entstehen. Also ist die Theorie inkonsistent formuliert.

Nehmen wir umgekehrt die Entwicklung von T' als gegeben hin (b). Offenbar ist die prägende Funktion der theoretischen Entwicklungsperspektiven, die eigentlich nicht vorhanden sein dürfte,[258] so gering, ist der mit Erreichen von T eintretende Abschluß theoretischer Entwicklung so definitiv nicht. Das aber hingenommen impliziert, daß die Entwicklung von T' analog der von T abläuft. Also erfolgt auch die Entwicklung der neuen Fundamentaltheorie „in

---

[254] II, S. 138, Anm. 19.
[255] II, S. 134.
[256] II, S. 136.
[257] II, S. 138.
[258] Ebd.

Rhythmen von Grundlagenkrisen"[259]. Folglich werden auch in diesem krisengeschüttelten Theorienbildungsprozeß „irgendwelche Zweckorientierungen konsequenzlos, die Theorie selbst ist der einzig wirksame und für den Fortschritt des Wissens allein sinnvolle Leitfaden der Entwicklung"[260]. Die finalisierte Disziplin wird entfinalisiert, die paradigmatische Phase verlagert sich in die postparadigmatische.

Umgekehrt verschiebt sich auch die postparadigmatische Phase in die paradigmatische. Obwohl vor Erreichen einer Fundamentaltheorie die Theorie einzig wirksamer Leitfaden der Entwicklung ist, schiebt sich zwischen „die beiden klaren Fälle finaler bzw. theoriegeleiteter Wissenschaft... der Fall, in dem die Entwicklung auf eine fundamentale Theorie hin zugleich mit der Lösung von Problemen, die durch externe Zwecke definiert sind, vorangetrieben wird"[261]. Die Beispiele, mit denen die FT solche Entwicklungen belegt (Biochemie, Weltraumforschung) sind bei weitem nicht die einzigen. Selbst noch zu kritisierende Finalisierungsvarianten fallen darunter. Neuerdings werden unter der Bezeichnung „Transferforschung" Finalisierungen in der paradigmatischen Phase behandelt.[262] Die Hydrodynamik, deren intendierte Anwendungen Strömungsphänomene darstellen, ist bis heute eine nicht abgeschlossene Theorie im Sinne Heisenbergs; sie wird äußerst vielfältig in der Technik eingesetzt (z. B. im Flugzeugbau). Zwei weitere Beispiele seien genannt: Kekulés Entwicklung der Benzolformel (1865) führte zu einer stürmi-

---

[259] II, S. 135, Anm. 12.
[260] II, S. 135; jedenfalls, solange keine organisatorischen Regulierungen in Richtung Arbeitsteilung vorgenommen werden.
[261] II, S. 139.
[262] Böhme u. a., Finalisierung Revisited, S. 229.

schen Entfaltung der deutschen Farbstoffindustrie, als die Formel wissenschaftlich noch sehr kontrovers war.[263] Die Endokrinologie – eine junge Disziplin, die weit davon entfernt ist, über eine abgeschlossene Theorie im Sinne Heisenbergs zu verfügen – entwickelt 1945 durch Harris eine revolutionäre Hypothese, nach der die Zellen des Hypothalamus Hormone zur Kontrolle der Hypophyse erzeugen. Als Schally 1971 ein solches Hormon finden und seine Struktur aufklären kann (Nobelpreis für Medizin 1977), wendet er sich der Entwicklung verbesserter Empfängnisverhütungsmittel zu.[264]

Fassen wir zusammen: Die FT legt kein Dreiphasenmodell wissenschaftlicher Entwicklung vor, da die betrachteten Phasen jeweils als internen und externen Determinierungen unterliegend beschrieben werden. Damit verliert das Dreiphasenmodell für die FT unter Steuerungsaspekten seinen strategischen Wert; die Zuordnung von Steuerungsmöglichkeiten zu den betrachteten Phasen ist nicht mehr möglich: Das Modell versagt die Dienste, die zu leisten es entworfen wurde. Daß das so modifizierte Modell eine angemessenere Beschreibung historischer Forschungsprozesse gibt, entwertet das Modell für die FT zusätzlich.

Weiter zeigt Andersson 1976, daß die FT ihr Dreiphasenmodell zwar in Anlehnung an Kuhn entwickelt, dabei jedoch – erneuten – Fehlinterpretationen des Kuhnschen Ansatzes unterliegt. Weder kennzeichnet Kuhn „normal science" durch Finalisierungen (wenn man schon die post-

---

[263] J. Klüver, W. Müller, Wissenschaftstheorie und Wissenschaftsgeschichte. Die Entdeckung der Benzolformel, in: Zs. f. Allgemeine Wissenschaftstheorie 3 (1972) S. 243–266.
[264] N. Wade, Ein Kampf um Hirne und Hormone, in: Die Zeit Nr. 26 (23. Juni 1978) S. 29–31.

paradigmatische Phase mit Kuhnschem Vokabular beschreibt,[265] müßte man zumindest darauf hinweisen, daß es völlig anders verwendet wird), noch ist in seinem Ansatz der geringste Hinweis auf theoretischen Abschluß enthalten.

‚Theoretischer Abschluß' ist der zentrale Term des Dreiphasenmodells: Sollen doch mit ihm der Zeitpunkt und Zustand markiert werden, an dem eine Disziplin sich externer Steuerung öffnet. Unsere These lautet, daß der Term dazu ungeeignet ist.

Externe Steuerung hat zur minimalen Voraussetzung, daß man vor Steuerungsbeginn über präzise Kriterien verfügt, die festlegen, wann der zu steuernde Gegenstand steuerbar ist. Die ursprüngliche Antwort der FT lautet, daß Steuerbarkeit mit theoretischem Abschluß der Disziplin gegeben sei. Diese Antwort hilft jedoch nicht weiter. Um nämlich theoretischen Abschluß feststellen zu können, ist es notwendig zu prüfen, ob die fragliche Theorie „durch kleine Änderungen... zu verbessern" ist[266] oder nicht. Abgesehen davon, daß unklar ist, was „kleine Änderungen" sind, müssen wir Versuche zu solchen Änderungen unternehmen. Sind die Versuche erfolgreich, so wissen wir, daß die Theorie nicht abgeschlossen ist; sind sie es nicht, können wir nicht auf definitive Abgeschlossenheit der Theorie schließen – der nächste Versuch könnte erfolgreich sein. Wir können höchstens ex post eine Theorie auf Abgeschlossenheit hin beurteilen; und „höchstens" heißt, daß die Beurteilung nicht zwingend ist, sondern von einem dogmatischen Dezisionismus getragen ist, an einem bestimmen Punkt weitere Änderungsversuche abzubrechen. Für Planungs- und Steuerungszwecke ist je-

---

[265] II, S. 135.
[266] II, S. 136.

doch eine ex ante-Beurteilung auf Abgeschlossenheit hin erforderlich. Da hierfür keine Kriterien entwickelt werden, können a) alle Steuerungsbemühungen durch den Hinweis auf fehlende Abgeschlossenheit blockiert und umgekehrt b) jede Grundlagenforschung durch Verweis auf ihre Abgeschlossenheit zum Abbruch veranlaßt werden. Die FT öffnet einem Dezisionismus Tür und Tor, den auszutreiben sie angetreten war.[267]

Der Begriff der Abgeschlossenheit ist nicht nur untauglich für Steuerungszwecke, er ist unhaltbar – so verschärfen wir unsere These. Für die Finalisierungstheoretiker gilt eine abgeschlossene Theorie für alle Zeiten; sie liefert endgültige Erkenntnis.[268] Wenn wir von endgültiger Erkenntnis sprechen, meinen wir, daß wir empirische Phänomene vollständig und nicht mehr verbesserungsfähig verstehen. Wir haben dann die „letzte" Erklärung gefunden. Ein solcher Abgeschlossenheitsbegriff kann sich so wenig auf Heisenberg berufen wie der Angriff auf den Fallibilismus[269] oder der Rückzug auf einen angeblichen Transzendentalismus:[270] Die FT interpretiert Heisenberg fehl.

Andersson[271] hat nachgewiesen, daß Heisenberg dem fallibilistischen Lager zuzurechnen ist: „Die abgeschlossene Theorie enthält keine völlig sichere Aussage über die Welt der Erfahrungen... sie bildet... einen integrierenden Bestandteil unseres jeweiligen Verständnisses der Welt."[272] Abgeschlossene Theorien sind also fallibel und geben lediglich ein jeweiliges Verständnis der Welt, also kein end-

---

[267] II, S. 133.
[268] II, S. 136.
[269] Ebd.
[270] II, S. 137.
[271] Andersson, Freiheit oder Finalisierung, S. 70 f.
[272] W. Heisenberg, Schritte über Grenzen, München 1971, S. 93 f.

gültiges; daher läßt sich auch nicht unter Berufung auf Heisenberg der „definitive Abschluß" theoretischer Entwicklungen behaupten.

Was versteht Heisenberg unter einer abgeschlossenen Theorie? Ist sein Abgeschlossenheitsbegriff lediglich Ausdruck eines Konditionierungsprozesses, der die Wissenschaftler „die kritische Distanz zu gelernten Theorien" verlieren läßt?[273] Wir halten diese Erklärung für unangemessen und sehen zumindest die Möglichkeit anderer Interpretationen des Heisenbergschen Abgeschlossenheitsbegriffs, die seiner Analyse durchaus aktuelle Züge verleihen.

Für Heisenberg stellt sich eine abgeschlossene Theorie als ein konsistentes Begriffssystem großer Erklärungskraft, jedoch endlichen Problemlösungspotentials dar. Daher stößt Forschung beim Ausschöpfen dieses Potentials auf – allerdings a priori unbekannte – Grenzen: bei Grenzüberschreitung versagt die Theorie die geglaubten Erklärungsdienste. Aufgabe der Forschung ist es hier, diese Grenzen zu bestimmen (teilweise Kuhns normalwissenschaftliche Phase!); und nur für Anwendungen innerhalb jener Grenzen formuliert Heisenberg den kontroversen Satz: „Wo immer Erfahrungen mit den Begriffen dieser Theorie beschrieben werden können, und sei es in der fernsten Zukunft, immer werden die Gesetze dieser Theorie sich als richtig erweisen."[274]

Dieser Satz war es, den die FT so interpretierte, als schreibe Heisenberg abgeschlossenen Theorien endgültige Erkenntnis zu und markiere dadurch den definitiven Abschluß einer Disziplin. Begründung der FT: Abgeschlos-

---

[273] Andersson, Freiheit oder Finalisierung, S. 69.
[274] Heisenberg, Schritte, S. 93.

sene Theorien „erhalten bereits die Grundstrukturen eines Gegenstandsbereiches"[275]. („Erhalten" ist durch „enthalten" zu ersetzen, da „erhalten" im Sinne von „bekommen" oder „konservieren" den Satz sinnlos macht.) Hier verbirgt sich tatsächlich ein naiver Realismus.[276] Zunächst enthalten Theorien nicht irgendwelche Aspekte oder Phänomene eines Gegenstandsbereiches, folglich auch nicht Grundstrukturen von solchen . Nicht Theorien, sondern Disziplinen haben Gegenstandsbereiche, die durch Konventionen, historische Zufälligkeiten, institutionelle Regelungen usw. entstanden sind. Theorien können daher höchstens Grundstrukturen von Phänomenen, die wir Gegenstandsbereichen zugeordnet haben, darstellen oder ausdrücken (selbst das ist eine unpräzise Ausdrucksweise, denn nicht Theorien stellen dar oder drücken etwas aus, sondern wir unter gelegentlichem Einsatz von Theorien). Theorien können also Grundstrukturen nicht enthalten, sondern stellen sie allenfalls dar.

Betrachten wir die kontroverse Äußerung Heisenbergs genauer! Entscheidend ist die „wo immer"-Prämisse, die Heisenberg setzt. Sie verweist darauf, daß auch für abgeschlossene Theorien die Menge intendierter Anwendungen nicht identisch ist mit der Menge erfolgreicher Anwendungen, d. h. solcher Anwendungen, die zu akzeptierbaren Erklärungen oder Prognosen führen. Das aber heißt, daß die Erfahrungen, die wir bei erfolgreichen Anwendungen sprachlich – etwa als Prognosen – aus Theorien ableiten, mit unseren Erfahrungen auf akzeptierbare Weise übereinstimmen. Wenn „Erfahrungen mit den Begriffen einer Theorie beschrieben werden können", be-

---

[275] II, S. 137.
[276] Andersson, Freiheit oder Finalisierung, S. 70.

deutet das, daß Theorie und Erfahrung akzeptierbar zur Deckung gebracht sind. Heisenbergs Äußerung liest sich nun: Wo immer eine Theorie erfolgreich anwendbar ist, wird sie auch künftig erfolgreich anwendbar sein. Insoweit kann die FT unter Berufung auf Heisenberg von immer geltender Erkenntnis sprechen.

Die Bestimmung des „wo immer", die Festlegung der Grenzen erfolgreicher Anwendungen einer abgeschlossenen Theorie erfordert nach Heisenberg[277] die Entwicklung einer neuen abgeschlossenen Theorie. Er beschreibt die Grenzbestimmung der Newtonschen Mechanik als einen krisenhaften Prozeß, der mit Entwicklung der Maxwellschen Gleichungen beginnt, die sich nicht in die Newtonsche Mechanik integrieren lassen und mit der Formulierung der speziellen Relativitätstheorie seinen Höhepunkt findet. Eine neue abgeschlossene Theorie wird geboren, die der Vorgängertheorie erfolgreiche Anwendungen nur für kleine Geschwindigkeiten im Vergleich zur Lichtgeschwindigkeit zugesteht – eine Beschränkung der Klasse intendierter Anwendungen, die aus der Newtonschen Mechanik nicht ableitbar ist. Wenn wir die Grenzen bestimmen wollen, innerhalb derer eine abgeschlossene Theorie gilt, benötigen wir eine abgeschlossene Nachfolgetheorie, die jene Grenzen aufzeigt. Wollen wir die Unsicherheit darüber, „wie weit man mit den Begriffen dieser Theorie die Erscheinungen greifen kann",[278] beseitigen, ist die nächste abgeschlossene Theorie zu entwickeln. Finalisierung findet nicht statt.

Freilich läßt sich diese interne Theoriendynamik nicht mit

---

[277] W. Heisenberg, Der Begriff ‚Abgeschlossene Theorie' in der modernen Naturwissenschaft, in: Dialectica 2 (1948) S. 332 ff.
[278] Ebd. S. 335.

dem Dreiphasenmodell in Einklang bringen. Schon oben hatten wir gezeigt, daß die Entwicklung einer neuen abgeschlossenen Theorie T' in der postparadigmatischen Phase – ganz entgegen den Intentionen der FT – in eine interne Dynamik einmünden müßte. Eben dies ist auch in Heisenbergs Abgeschlossenheitsbegriff angelegt; das Dreiphasenmodell ist unverträglich mit Heisenbergs Begriff abgeschlossener Theorien, die Berufung der Finalisierungstheoretiker auf Heisenberg unverständlich.

Kontrovers bleibt Heisenbergs Auffassung, daß nach Bestimmung der Grenzen erfolgreicher Anwendungen einer abgeschlossenen Theorie diese Anwendungen für alle Zeiten erfolgreich sein werden. Zunächst handelt es sich hier um einen ungedeckten Wechsel auf die Zukunft, eine unbegründbare Behauptung. Ein „Weltbild" wird sichtbar, das Natur als historisch invariant, als statisch begreift. Insoweit steht Heisenberg (und die Finalisierungstheoretiker, die sich in diesem Punkt auf Heisenberg berufen) in der erkenntnistheoretischen Tradition des 17. Jahrhunderts, die eine nach invarianten Prinzipien „organisierte", historisch „konstante" Natur zu entschlüsseln trachtete.

Andererseits finden sich bei Heisenberg Ansatzpunkte, die jenem Erkenntnismodell widersprechen. Nicht nur lehnt er es ab, „von der Natur ‚an sich'"[279] zu sprechen; er betont, „daß der Zugriff der Methode ihren Gegenstand *verändert* und *umgestaltet,* daß sich die Methode also nicht mehr vom Gegenstand distanzieren kann"[280]. Die Naturwissenschaft „erkennt sich selbst als Teil des Wechselspiels zwischen Mensch und Natur"[281]. Natur ist also

---

[279] Ders., Schritte, S. 115.
[280] Ebd. Hervorhebung der Verfasser.
[281] Ebd. S. 125.

keine ‚historische Konstante', die unmittelbar erkannt werden könnte. Gegenstand der Forschung ist „die der menschlichen Fragestellung ausgesetzte Natur, und insofern begegnet der Mensch auch hier wieder sich selbst"[282], und zwar dadurch – so möchten wir ergänzen –, daß unsere Fragestellungen vorgeprägt sind durch die Sprache und ihre Terme, über die wir verfügen. Und wenn Heisenberg vom jeweiligen Verständnis der Welt spricht, klingt zumindest an, daß alternative Verständnisse der Welt in alternativen Begriffssystemen formuliert werden, daß also wissenschaftliche Entwicklung sprachlich sich in einem Wandel wissenschaftlicher Sprachen manifestiert.[283] Tatsächlich beschreibt er immer wieder die Ablösung physikalischer Weltbilder durch das Auftauchen neuer Konzepte, die auf neuartige Weise zu begrifflichen Systemen verflochten werden und uns zu einem neuen Verständnis der Welt führen.[284]

In den hier angesprochenen Passagen scheint Heisenberg ein Erkenntnismodell zu vertreten, das von einer evolutionären Naturbetrachtung und -entwicklung ausgeht; und aus diesem Modell folgt Heisenbergs kontroverse Äußerung gerade nicht.

Wir halten den Begriff der Abgeschlossenheit für unzweckmäßig. Erstens sind Wendungen wie „gilt für alle Zeiten" oder „wird sich immer als richtig erweisen" methodisch unhaltbar, da sie auf einem Induktionsschluß beruhen. Zweitens läßt sich das ‚gilt' oder das ‚richtig' in diesen Wendungen nur in einem approximativen Sinn aufrechterhalten. Wenn wir – wie im Falle der Newtonschen Mechanik – aufgrund der Relativitätstheorie wissen, daß

---

[282] Ebd. S. 122.
[283] Ebd. S. 167.
[284] Ebd. S. 14 ff.

erstere nur annähernd anwendbar ist, weil für die Theorie gewissermaßen „günstige Bedingungen" herrschen (z. B. geringe Geschwindigkeiten), unterschlagen obige Wendungen a) unser inzwischen besseres Verständnis der Natur (die Relativitätstheorie hat die von der Newtonschen Mechanik vermittelte Vorstellung von Raum und Zeit und damit die Grundlagen der Physik erheblich verändert) und b) unser Wissen um den Näherungscharakter jener Anwendungen. Selbst wenn drittens eine Theorie Geltung in diesem approximativen Sinn aufweist, erscheint es doch fragwürdig, ihr das Prädikat abgeschlossen zuzusprechen, wenn sie auch unter „günstigen Bedingungen" versagt. In der Newtonschen Mechanik gilt das etwa für die Perihelbewegung des Merkur; hier müßte die Theorie approximativ gelten, tut es aber nicht. Offenbar stößt die Theorie auf qualitativ ganz andere Grenzen, als Heisenberg für abgeschlossene Theorien vorsieht.

4.32 Kritik des modifizierten Finalisierungsmodells

4.321 Kritik des modifizierten Abgeschlossenheitsbegriffs

In ihren jüngsten Arbeiten erkennt die FT die Inadäquatheit ihrer ursprünglichen Position. Heisenbergs Abgeschlossenheitsbegriff wird als ungeeignet für das Dreiphasenmodell verworfen;[285] an seine Stelle tritt eine abgeschwächte Variante von Abgeschlossenheit, die ihrerseits als Sonderfall theoretischer Reife von Theorien ausgewiesen wird.[286] Abgeschlossenheit$_2$ – so sei im folgenden die

---

[285] Böhme u. a., Finalisierung Revisited, S. 202.
[286] Ebd. S. 218 ff.

Variante zu Heisenbergs Begriff, der entsprechend durch den Index 1 markiert wird, gekennzeichnet – und theoretische Reife werden zunächst einer kritischen Analyse unterworfen. Zweitens werden zunächst die historischen Untersuchungen der FT, die zu Abgeschlossenheit$_2$ bzw. zu theoretischer Reife führten, analysiert. Drittens werden die Konsequenzen aus den Modifikationen der Theorie für externe Steuerung herausgearbeitet.

Eine abgeschlossene Theorie wird nun durch drei Merkmale umschrieben: „Daß sie zur Erfassung eines bestimmten Phänomenbereichs über ein hinreichendes Begriffsmaterial verfügt, daß ihre Gültigkeit jedenfalls für einige Fälle erwiesen ist und daß man gute Gründe für die Erwartung ihrer Gültigkeit in dem ganzen Phänomenbereich hat."[287]

Unsere These lautet: 1) Der Begriff von Abgeschlossenheit$_2$ bleibt unklar. 2) Die Begründungsstrategie, mit der Abgeschlossenheit$_2$ eingeführt wird, ist unhaltbar. 3) Die Motive zur Einführung von Abgeschlossenheit$_2$ sind nicht überzeugend.

1) findet seine Begründung darin, daß weder die Wendung „hinreichendes Begriffsmaterial" noch das Merkmal „Gründe für die Erwartung der Gültigkeit im ganzen Phänomenbereich" hinreichend verdeutlicht werden. Bezeichnen wir mit Carnap als Ziel einer Explikation, einen in seiner Bedeutung unklaren Term durch klarere und in ihrer Bedeutung verstandene Terme zu präzisieren, dann hat die FT ihr Explikationsziel verfehlt. Abgeschlossenheit$_2$ wird durch ein nur als nebulös zu bezeichnendes Explikans umschrieben.

Zur Begründung von 1) beginnen wir mit der Analyse des Terms ‚hinreichendes Begriffsmaterial' – an anderen Stel-

---

[287] Ebd. S. 222.

len ist von „vollständigem begrifflichen Material"[288], „vollständiger Theorie" bzw. „ausreichenden Systemen"[289] die Rede. Da die FT mehrere Explikationsversuche unternimmt, kennzeichnen wir die verschiedenen Explikanda durch Indices.
Zunächst ist klar, daß für die FT eine Theorie lediglich in kognitiver Hinsicht (intern) vollständig sein kann; denn nachdem die Theorie abgeschlossen$_2$ ist, wird sie anhand externer Zwecke fortentwickelt. Wir betrachten folgende Passage, in der sich die FT mit historischen und systematischen Argumenten für die Abgeschlossenheit$_2$ einer Theorie auseinandersetzt:

> „Die systematischen Argumente für die Abgeschlossenheit einer Theorie müssen sich auf eine notwendige Beziehung zwischen Theorie und Erfahrung stützen. Sie können etwa im Rahmen einer Konstitutionstheorie entwickelt werden: Ein Erfahrungsbereich muß durch die Normen und Regeln definiert werden, unter denen er experimentell zugänglich ist. Es muß dann gezeigt werden, daß aufgrund dieser Einschränkung des Erfahrungsbereichs die dann noch möglichen Phänomene nur solche Züge tragen, zu deren Erfassung sich das begriffliche Material der vorgelegten Theorie als vollständig erweist. Oder man kann zeigen, daß die Theoriestruktur durch gewisse für den Gegenstandsbereich charakteristische, aber kontingente Züge bestimmt ist."[290]

Bevor wir den im Zitat ausgedrückten Explikationsversuch des Terms ‚Vollständigkeit' analysieren, erscheinen einige Bemerkungen zu den zitierten Sätzen erforderlich. Die im ersten Satz angesprochene „notwendige Bezie-

---

[288] Ebd. S. 221.
[289] G. Böhme, Autonomisierung und Finalisierung, in: Böhme u. a., Gesellschaftliche Orientierung, S. 99.
[290] Böhme u. a., Finalisierung Revisited, S. 221.

hung" verstehen wir im Sinne der Modallogik; sie besteht dann mit logischer Notwendigkeit. Der zweite Satz erscheint mißverständlich. Üblicherweise besteht ein Definiens selbst nicht aus Normen oder Regeln, sondern aus deskriptiven Termen. Normen und Regeln steuern – etwa als erkenntnisleitende Interessen (Habermas) – die Abgrenzung eines Gegenstandsbereiches.

Der dritte Satz ist unverständlich; er formuliert ein Beweisziel. Die Definition muß derart sein, daß Phänomene (bzw. Züge von solchen), die die Theorie nicht „erfaßt", nicht zum Gegenstandsbereich gehören. Dies Beweisziel ist unerreichbar. Durch Definitionen können wir einem Gegenstandsbereich nicht irgendwelche Züge verleihen – also auch nicht solche, zu deren Erfassung sich das begriffliche Material einer Theorie als vollständig erweist. Definitionen sind Sprachregelungen, Gegenstandsbereiche Ausschnitte der Realität. Das Beweisziel verlangt zu zeigen, daß die Definition eines Ausschnitts der Realität diesen so verändert, daß das begriffliche Material der Theorie vollständig genannt werden kann. Natürlich kann Sprache die Realität nicht verändern. Wenn ein Gegenstandsbereich durch eine wie immer geartete Definition abgegrenzt und über ihn eine Theorie zwecks Erklärung realer Phänomene eingeführt wird, dann besteht – bis auf triviale Ausnahmen – die einzige Möglichkeit zur Feststellung, ob „die Phänomene ... solche Züge tragen, zu deren Erfassung sich das begriffliche Material als vollständig erweist", darin, eben dies empirisch zu prüfen. Das unterscheidet gerade realwissenschaftliche von formalwissenschaftlicher Forschung. Gemeint ist vermutlich, daß die Klasse der Anwendungen der Theorie so zu bestimmen ist, daß sie nur erfolgreiche Anwendungen aufweist.

Der vierte Satz ist rätselhaft. Wenn das Beweisziel aus Satz drei nicht erreichbar ist, dann ist zu zeigen, daß die ‚Theorienstruktur' gewisse kontingente Züge trägt. Bezeichnen wir als Struktur „eine Menge die Elemente eines Systems miteinander verknüpfender Relationen"[291]. Kennzeichnen wir eine Theorie sprachlich als begriffliches System, dann heißt Theorienstruktur die Menge der die Begriffe der Theorie miteinander verknüpfenden Relationen. Diese Menge nun – so ist zu zeigen – soll „gewisse für den Gegenstandsbereich charakteristische, aber kontingente Züge" aufweisen. Deuten wir den Term „Theorie" mit Stegmüller,[292] so können wir ihre Struktur durch theoretische und nicht-theoretische Funktionen, durch den Strukturrahmen und den Strukturkern – um nur einige Begriffe zu nennen, die Theoriestruktur kennzeichnen – beschreiben. Betrachten wir beispielhaft die Hydrodynamik. Ihr Anwendungsbereich sind Strömungen. Charakteristische und kontingente Züge sind z. B. leichte Formänderung oder Zähigkeit der Fluide. Was die FT behauptet, ist also, daß die Theoriestruktur durch solche Züge (z. B. leichte Formänderung oder Zähigkeit des Theorienkerns) bestimmt ist, was unhaltbar erscheint. Gemeint ist vermutlich, daß die Theorie charakteristische Züge von Phänomenen ihres Anwendungsbereiches darstellen soll.

Unklar ist weiter die Beziehung von Satz vier zu seinen Vordersätzen. Die FT will im hier diskutierten Kontext systematische Argumente für die Abgeschlossenheit$_2$ von Theorien vorlegen. Bis einschließlich Satz drei obigen Zitats können wir die Argumente wie folgt zusammenfassen: Eine Theorie heißt abgeschlossen$_2$ nur dann, wenn sie vollständig ist. Vollständigkeit ist eine notwendige Bedingung, die zusammen mit den beiden anderen Bedingungen

---

[291] Stichwort „Struktur" in: Marxistisch-Leninistisches Wörterbuch der Philosophie, Reinbek 1972, Sp. 1046.
[292] W. Stegmüller, Strukturen und Theoriendynamik, S. 120ff.

für Abgeschlossenheit$_2$ eine hinreichende Bedingung darstellt. Aber diese Interpretation erscheint problematisch. Satz vier kann als substitutive Bedingung für die Vollständigkeit einer Theorie aufgefaßt werden. Dann ist die systematische Argumentation der FT zusammenzufassen: Eine Theorie heißt abgeschlossen$_2$ nur dann, wenn sie vollständig ist oder – in unserer Interpretation von Satz vier – charakteristische und kontingente Züge ihres Anwendungsbereichs darstellt. Da jedoch gemäß FT eine vollständige Theorie alle effektiv implizierten Phänomene bzw. deren Züge erfaßt, gilt das auch für die charakteristischen und kontingenten Züge ihres Gegenstandsbereiches. Die Bedingung der Vollständigkeit schließt die substitutive Bedingung ein. Führten wir nun eine Substitution durch, d. h. würden wir eine Theorie abgeschlossen$_2$ auch dann nennen, wenn sie lediglich charakteristische Züge erfaßt, so wäre das gleichbedeutend damit, daß entgegen unserer Annahme Vollständigkeit nicht notwendige Bedingung wäre. Es scheint sich nur der Ausweg anzubieten, jene Züge, zu deren Erfassung sich das begriffliche Material einer Theorie als vollständig erweist, als die für den Gegenstandsbereich zugleich charakteristischen zu bestimmen. Freilich wäre nun eine vollständige Theorie nur noch in einem fragwürdigen Sinn vollständig, und der sich mit dem „oder" ankündigende Alternativcharakter von Satz vier bleibt im dunklen. Wir verfolgen diese Ungereimtheiten nicht weiter.

Nachdem die Analyse den problematischen Charakter der Formulierungen in obigem Zitat aufgezeigt hat, wendet sie sich der Untersuchung der Vollständigkeit einer Theorie selbst zu. Dies tut sie in zweierlei Hinsicht. Einerseits kritisiert sie den Vollständigkeitsbegriff, wie er in obigem Zitat angedeutet ist. Da zum anderen die Vollständigkeit einer Theorie systematisch, d. h. nicht empirisch-historisch, erwiesen werden soll, wird obige Argumentation nach ihrem systematischen Charakter befragt.

Aus obigem Zitat extrahieren wir folgenden Vollständigkeitsbegriff:

I) Eine Theorie heißt vollständig$_I$ genau dann, wenn
  a) die Beziehung zwischen Theorie und Erfahrung mit Notwendigkeit besteht und
  b) der Erfahrungsbereich der Theorie derart durch Normen und Regeln definiert wird, daß gezeigt werden kann, daß alle Phänomene (bzw. Züge von solchen), die die Theorie nicht erfaßt, nicht zum Erfahrungs- oder Gegenstandsbereich der Theorie gehören.

I) ist in mehrfacher Hinsicht unhaltbar. Wir betrachten I a). I a) erklärt empirische Forschung für überflüssig. Besteht nämlich eine Beziehung zwischen Theorie und Erfahrung mit Notwendigkeit, so degenerieren erfahrungswissenschaftliche Aussagen zu formalwissenschaftlichen, zu logischen Wahrheiten. An dieser Stelle postuliert die FT eine „notwendige Beziehung zwischen empirischem Zugang (zu einem Gegenstandsbereich, d. Verf.) und Theorienbildung"[293]. Dort wird diese Beziehung wie folgt erläutert: Ein empirisches System S, für das eine Theorie T gelten soll, wird durch empirische Eigenschaften $e_1, ..., e_n$ definiert. Die Eigenschaften gehen als Grundannahmen in T ein und bilden die einzigen empirischen Einschränkungen von T. Andere empirische Eigenschaften, die S kennzeichnen mögen, jedoch T widersprechen, werden nicht zur Definition von S herangezogen.

---

[293] Böhme u. a., Finalisierung Revisited, S. 215, Anm. 47.

Wir erläutern das Verfahren an einem einfachen Beispiel. Sei S die Vogelart ‚Schwan'. Wir definieren S durch empirische Eigenschaften; darunter sei die Eigenschaft ‚weiß': Schwan = Df weißer Vogel (plus weitere hier nicht interessierende Eigenschaften). Die Eigenschaft ‚weiß' geht als Grundannahme in die Theorie T ein: Alle Schwäne sind weiß.
Das Verfahren lädt zu zwei Bemerkungen ein. Erstens besteht bei solchem Vorgehen in der Tat eine notwendige Beziehung zwischen Theorie und Erfahrung; denn wenn X Schwan ist, folgt aufgrund der Definition mit Notwendigkeit, daß X weiß ist; die Grundannahme von T „Alle Schwäne sind weiß" kann an der Erfahrung nicht scheitern, da Schwan per definitionem nur sein kann, was weiß ist. Schwarze ‚Schwäne' haben keine Chance, Schwan genannt zu werden, solange ‚weiß' Definitionsbestandteil von S bleibt. Empirische Forschung wird suspendiert, weil sie unser Wissen über S nicht aufhellen kann; T kann nur reproduzieren, was in die Definition von S hineingelegt wurde. Zweitens wird der Begriff der Vollständigkeit trivial. Da in T genau die Eigenschaften eingehen, die zur Definition von S verwendet wurden, ist es logisch nicht möglich, daß die Theorie empirische Eigenschaften von S nicht erfaßt, denn jede Theorie ist vollständig, solange an der Definition von S festgehalten wird. Das Festhalten aber ist ein Akt willkürlicher Dezision.
Alle diese Konsequenzen sind unhaltbar. Notwendige Beziehungen zwischen Theorie und Erfahrung oder zwischen empirischem Zugang und Theorienbildung kann es nicht geben. Damit ist I a) unhaltbar. Wir wenden uns I b) zu.
Soeben sahen wir, daß die FT den Erfahrungsbereich einer Theorie nicht – wie im obigem Zitat – durch Normen und Regeln, sondern durch empirische Eigenschaften definier-

te. Wir fassen daher die betreffende Passage in Satz drei des Zitats als lapsus linguae auf. Jene Definition ist im Rahmen einer zu entwickelnden Konstitutionstheorie zu entfalten, einer Erkenntnistheorie, deren Grundelemente Böhme an anderer Stelle vorgelegt hat.[294] Dort allerdings führt Böhme aus, daß Normen und Regeln, die unsere Auseinandersetzung mit Gegenstandsbereichen steuern, historischem Wandel unterliegen.[295] Daraus folgt nicht nur, daß es eine notwendige Beziehung zwischen Theorie und Erfahrung nicht geben kann; denn je nach Normen- und Regelsystem können wir uns auf verschiedenen Weisen mit wissenschaftlichen Gegenständen auseinandersetzen, andere Beziehungen zwischen Theorie und Erfahrung herstellen; es folgt auch, daß eine Theorie höchstens vollständig sein kann in bezug auf *ein* Normen- und Regelsystem, unvollständig in bezug auf andere. Damit wird Vollständigkeit selbst zur historischen Variablen. Dann aber könnte sich die Vollständigkeit einer Theorie nur erweisen, wenn gezeigt würde, daß das absolute, letzte oder höchste Regelsystem vorliege; man befände sich in Kantischer Gesellschaft, die Böhme zu Recht zurückweist;[296] zudem verstrickte man sich sichtbar in einen infiniten Regreß.

Oder man könnte durch dezisionären Akt ein Regelsystem herausgreifen und dogmatisch die Vollständigkeit einer Theorie behaupten. Dies scheint der von der FT beschrittene Weg zu sein. Will sie die These von der postparadigmatischen Finalisierung aufrechterhalten, muß sie die Abgeschlossenheit$_2$ einer Theorie erweisen; das erfordert den Nachweis der Vollständigkeit der Theorie. Da

---

[294] Böhme, Konstitution sowie Kants Theorie. Vgl. Kap. 2.
[295] Ders., Konstitution.
[296] Ebd. S. 318.

Vollständigkeit gemäß Böhmes Erkenntnistheorie eine historische Variable ist, kann sie nur kraft dogmatischer Entscheidung behauptet werden. Erneut wird die FT von jenem Dogmatismus eingeholt, den auszutreiben sie angetreten war. Nimmt sie andererseits Böhmes Erkenntnistheorie ernst, so muß sie jeden Vollständigkeitsbegriff und damit postparadigmatische Finalisierung zurückweisen. Das ist unser erster Einwand gegen I b).

Bisher argumentierten wir mit Böhmes Erkenntnistheorie gegen I b). Selbst wenn wir jenen Einwand negieren, erscheint I b) ausgesprochen problematisch. Neben obigen Dogmatismus tritt ein weiterer: I b) verlangt eine derartige Definition des Erfahrungsbereiches einer Theorie, daß die Theorie alle in ihm vorkommenden Phänomene (bzw. deren Züge) „erfaßt". Wie aber ist das zu erreichen? Die FT findet einen einfachen Weg: Alle Eigenschaften, die die Theorie nicht erfaßt (obwohl sie es eigentlich müßte), werden nicht zum Gegenstandsbereich der Theorie gerechnet.[297] Nicht nur erledigt solcher Dogmatismus das Problem der Vollständigkeit; er desavouiert zusätzlich Böhmes Erkenntnistheorie, da er eine Theorie vollständig auch dann zu nennen bereit ist, wenn sie offenbar bzgl. eines gegebenen Normen- und Regelsystems unvollständig ist.

Bedenklich erscheint weiter, daß die FT solchen Dogmatismus den an der Forschungsfront stehenden Wissenschaftlern unterschiebt. Nicht erfolgreiche Anwendungen werden als „Störungen" angesetzt,[298] oder die Wissenschaftler interessierten sich überhaupt nur für solche Fälle, in denen die Theorie erfolgreich ist.[299] Da solche „Wissen-

---

[297] Böhme u. a., Finalisierung Revisited, S. 215.
[298] Ebd.
[299] Ebd. S. 222.

schaftler" jede Theorie als vollständig betrachten können, ist zu fragen, wie Fortschritt möglich sein kann. Hier freilich kann die FT ihre Dienste anbieten. Theorienentwicklung wird darauf angewiesen, die in dogmatischer Verharrung befindlichen Wissenschaftler ihrer Autonomie zu berauben und durch Vorgabe externer Zwecke Wissenschaft zu neuer, finaler Erkenntnis zu treiben. Zu fragen bleibt, ob hier nicht Forschungsverhalten karikiert wird, um einem fragwürdigen Vollständigkeitsbegriff Plausibilität zu verleihen. Unten werden wir anhand der von der FT vorgelegten Fallstudien zeigen, daß die Frage zu bejahen ist.

Jener dogmatische Vollständigkeitsbegriff gerät jedoch sogleich ins Zwielicht, wenn wir die beiden ersten Bedingungen von Abgeschlossenheit$_2$ betrachten. Die zweite Bedingung verlangt von der abgeschlossenen$_2$ Theorie, „daß ihre Gültigkeit... für *einige* Fälle erwiesen ist"[300]. Daraus folgt, daß eine Theorie abgeschlossen$_2$ auch dann genannt werden kann, wenn sie in anderen Fällen nicht gilt. „Nicht gelten" heißt, auf empirische Phänomene nicht anwendbar sein, heißt, empirische Phänomene auf nicht akzeptierbare Weise darstellen oder erklären. Wir betrachten eine abgeschlossene$_2$ Theorie, die (folglich) vollständig ist, jedoch einige empirische Phänomene bzw. Züge von solchen nicht erklärt. Aufgrund ihrer Vollständigkeit „erfaßt" sie die Züge auch solcher Phänomene, die sie nicht akzeptierbar zu erklären vermag. Nun kann aber „erfassen" nur „akzeptierbar darstellen oder erklären" heißen, woraus folgt, daß die Theorie entgegen unserer Voraussetzung nicht vollständig sein kann: die beiden ersten Merkmale des Abgeschlossenheitsbegriffs sind

---

[300] Ebd. Hervorhebung der Verfasser.

kontradiktorisch. Dieses Ergebnis steht mit der intuitiven Überlegung in Einklang, daß eine Theorie nur vollständig genannt werden kann, wenn sie akzeptierbar erklärt, was sie erklären soll, wenn sie in der Klasse ihrer intendierten Anwendungen auch erfolgreich anwendbar ist. Selbst wenn wir mit der FT die Abgeschlossenheit$_2$ einer Theorie an einem Vollständigkeitsbegriff festmachen, der – unzulässigerweise – stets die intendierten mit den erfolgreichen Anwendungen identifiziert, ist es schlicht unsinnig, anschließend nur einige erfolgreiche Anwendungen zu verlangen. Da genau das die FT tut, beraubt sie sich jeder logischen Konsistenz.

Wir kommen zu dem Ergebnis, daß obigem Vollständigkeitsbegriff jegliche Konturen abhanden gekommen sind. Befragen wir abschließend die in obigem Zitat formulierten Argumente nach ihrem systematischen Charakter. Satz drei steht im Kontext einer Konstitutionstheorie, die von einem Wandel wissenschaftlicher Normen und Regeln ausgeht. Folglich kann die Vollständigkeit einer Theorie nicht systematisch, sondern höchstens relativ zu jeweils akzeptierten Normen und Regeln und damit historisch beurteilt werden. Die systematische Beurteilung einer Theorie wird unmöglich, wenn gegen Kant wissenschaftliche Erkenntnis als in Gesellschaft und Geschichte eingebettet begriffen wird.

Ist unsere Interpretation von Satz vier korrekt, kann er gleichfalls nur historische Argumente liefern. Ob eine Theorie charakteristische Züge eines Gegenstandsbereiches darstellt, hängt einerseits vom historischen Entwicklungsniveau der Theorie und von unserem Wissen andererseits ab. Eine nahezu unbegrenzte Fülle von Beispielen aus der Wissenschaftsgeschichte zeigt das.

Die FT legt systematische Argumente also überhaupt nicht vor. Das gesteckte Beweisziel, die Vollständigkeit einer Theorie durch andere als empirisch-theoretische bzw. historische Argumente nachzuweisen, erscheint unerreichbar auch dann, wenn man den nebulösen Äußerungen der FT Sinn zu leihen versucht.

4.322 Abgeschlossenheit einer Theorie: Exkurs in die Hydrodynamik

An anderer Stelle versucht Böhme[301] anhand der Hydrodynamik, die Bedeutung von ‚Vollständigkeit einer Theorie' zu explizieren. Danach sei die Hydrodynamik vollständig insofern, als sich die Strömungsphänomene durch fünf Variablen – drei Geschwindigkeits- oder Impulskomponenten, Druck, Temperatur – beschreiben ließen, für die fünf Gleichungen zur Verfügung stünden: „‚Ausreichend' ist dieses Gleichungssystem in dem Sinne, daß man so viele Gleichungen hat, wie zur Bestimmung der Variablen notwendig sind."[302]

Damit haben wir es mit folgendem Vollständigkeitsbegriff zu tun:

II) Eine Theorie heißt vollständig$_{II}$ genau dann, wenn sie sich als lösbares mathematisches Gleichungssystem darstellen läßt (wenn man dessen Variable bestimmen kann).

Unsere These lautet, daß das Kriterium zu weit und zu eng zugleich ist.

Zu weit ist es in folgender Hinsicht. Eine Theorie kann vollständig sein, wenn sie reale Phänomene überhaupt nicht beschreibt oder erklärt. In der Hydrodynamik gilt das für die Theorie idealer Flüssigkeiten. Die Variablen

---

[301] Böhme, Autonomisierung und Finalisierung, S. 99.
[302] Ebd.

ihrer Gleichungen sind, wie oben angedeutet, physikalische Größen. Die Theorie ist vollständig nach Böhmes Kriterium, denn ihr Gleichungssystem ist besonders gut (leicht) lösbar. Andererseits ist die Theorie extrem unvollständig, da ihr Anwendungsbereich nicht aus realen, sondern aus idealen Strömungen besteht; sie berücksichtigt nicht einmal die das Verhalten von Strömungen fundamental beeinflussende innere Reibung. Logisch betrachtet, ist die Klasse ihrer Anwendungen auf reale Phänomene leer; sie weist lediglich in pragmatischer Hinsicht einige brauchbare Ergebnisse auf. Das bedeutet jedoch: Bezeichnen wir jedes beliebige semantisch gedeutete, mathematisch lösbare Gleichungssystem als vollständige Theorie, wird die Klasse vollständiger Theorien beliebig groß; sie enthält ‚Theorien', die nicht einmal realwissenschaftlicher Art sein müssen.

Zugleich ist das Kriterium zu eng. Berücksichtigt nämlich die Hydrodynamik die innere Reibung, dann ist die Theorie nicht vollständig entgegen Böhmes Behauptung; denn nun sind die Gleichungen der Hydrodynamik bis heute nur für wenige Fälle lösbar. Böhme könnte allenfalls behaupten, daß nach seinem Kriterium offen ist, ob die Theorie jemals vollständig sein wird. Freilich ließe sich dann nicht behaupten, daß die Hydrodynamik abgeschlossen$_2$ ist, da Abgeschlossenheit$_2$ Vollständigkeit zur Voraussetzung hat. Dann allerdings wäre der Kern der FT erneut bedroht, da angesichts der zahlreichen technischen Verwendungen der Hydrodynamik die Redeweise von postparadigmatischen Finalisierungen sinnlos würde. Solche ‚Finalisierungen' wären nicht an die Abgeschlossenheit$_2$ der Theorie geknüpft, was den Zusammenbruch des Dreiphasenmodells zur Folge hätte.

Das scheint auch Böhme zu sehen. Obwohl eine Theorie vollständig genau dann heißt, wenn „man so viel Glei-

chungen hat, wie zur Bestimmung der Variablen notwendig sind"[303], verrät die der Aussage angefügte Fußnote: „Vollständig in dem Sinne, daß man die Existenz und Eindeutigkeit von Lösungen zeigen könnte, ist das Gleichungssystem deshalb noch nicht."[304]
Letzteres kann wohl nur heißen, daß die gleiche Anzahl von Gleichungen und Variablen für die Vollständigkeit der Theorie irrelevant ist. Böhme demontiert damit sein eigenes Kriterium. Daran ändert auch nichts, daß er überraschend das Abrücken von seinem Kriterium als Pointe seiner Auffassung darstellt:[305] Eine nach obigem Kriterium vollständige Theorie sei unvollständig für technische Anwendungen. Die Pointe ist deplaziert. Zur Debatte steht die Vollständigkeit einer Theorie in kognitiv-theoretischer Hinsicht, nicht ihre Vollständigkeit im Verwendungszusammenhang. Böhme läßt also sein Explikandum im dunkeln.
Insgesamt ist festzustellen, daß die FT keinen brauchbaren Vollständigkeitsbegriff vorlegt. Es sei allerdings nicht unerwähnt, daß sie selbst den Begriff der Vollständigkeit für problembeladen hält.[306]
Wir wenden uns der dritten Bedingung zu, die „gute Gründe für die Erwartung der Gültigkeit" der Theorie im ganzen Anwendungsbereich verlangt. Die FT argumentiert wie folgt. Gute Gründe liegen genau dann vor, wenn für eine Teilklasse von Anwendungen empirische Gesetze $G_1, \ldots G_n$ gelten und per Analogie geschlossen wird, daß die Gesetze in der ganzen Klasse von Anwendungen gelten. Ob also die Gründe eines Wissenschaftlers „gut"

---

[303] Ebd.
[304] Ebd. Anm. 32.
[305] Ebd. S. 99.
[306] Böhme u. a., Finalisierung Revisited, S. 222.

sind, hängt von der „Güte" eines (induktiven) Analogieschlusses ab. Eine haltbare induktive Logik der Analogieschlüsse liegt bis heute nicht vor. Insoweit lassen sich Analogieschlüsse nicht als Rechtfertigungsargument für Überzeugungen benutzen. Allerdings sind derartige Schlüsse von nicht zu unterschätzender Bedeutung im Entdeckungszusammenhang; sie stimulieren als heuristische Prinzipien weitere Forschung, nicht aber deren Abschluß. Damit bringt das dritte Merkmal abgeschlossener$_2$ Theorien zum Ausdruck, daß die Theorie nicht erweisbar abgeschlossen ist.

Kuhn spricht bei dem zur Diskussion stehenden Sachverhalt gleichfalls von „Überzeugungen"[307], aber diese Überzeugungen vermitteln lediglich „Verheißung von Erfolg"[308], die durch weitere Forschung realisiert werden kann. Natürlich stehen für Kuhn Überzeugung und Verheißung nicht am Ende, beim Abschluß der – internen – Theoriendynamik, sondern an deren Anfang. Natürlich verknüpft Kuhn mit dem Abschluß paradigmatischer Theoriendynamik nicht Überzeugung und Verheißung, sondern deren Bestätigung oder Enttäuschung.

Wir kommen zu dem Ergebnis, daß mit dem Term ‚abgeschlossen$_2$' nicht Vorstellungen wie Endpunkt theoretisch-kognitiver Entwicklung oder Abschluß interner Theoriendynamik verbunden werden können. Das legt auch die FT nahe, wenn sie von abgeschlossenen$_2$ „Theorien… noch revolutionäre Übergänge zu anderen Theorien bzw. Verallgemeinerungen" für möglich hält.[309] Wir werden noch zeigen, daß die FT eine Theorie abgeschlossen$_2$ auch dann nennt, wenn sie sich teilweise noch in der

---

[307] Kuhn, Struktur wissenschaftlicher Revolutionen, S. 21.
[308] Ebd. S. 45.
[309] Ebd. S. 222.

präparadigmatischen Phase befindet. Daher kommen wir zu dem Schluß: Eine Theorie heißt abgeschlossen$_2$ auch dann, wenn sie am Anfang ihrer Entwicklung steht. Da die FT zugleich und trotz des vorigen Zitats mit Abgeschlossenheit$_2$ den Abschluß interner Theoriendynamik verknüpft, folgt weiter, daß eine von Anbeginn abgeschlossene Theorie ohne interne Dynamik ist. Da jedoch von Forschung die Rede ist, die sich ausschließlich „nach internen Kriterien der Wissenschaft" ausrichtet,[310] offenbart sich eine Dialektik, die nicht zu verstehen wir gerne zuzugeben bereit sind.

Der diskutierte Abgeschlossenheitsbegriff wurde von der FT anhand historischer Studien über empirische Forschungsprozesse gewonnen. Im Zentrum steht dabei die Untersuchung der Hydrodynamik und der Gärungsforschung durch Böhme von 1978. Im folgenden wird Böhmes Untersuchung analysiert. Ziel der Analyse ist es, die Inadäquatheit des Abgeschlossenheitsbegriffs an einem Beispiel zu demonstrieren, das zeigt, daß eine abgeschlossene$_2$ Theorie in einem vernünftigen Sinn in theoretisch-kognitiver Hinsicht nicht abgeschlossen ist. Zweitens will sie auf eine eigenartige Selektivität bei Böhme hinweisen, die an theoretischen Entwicklungen der Hydrodynamik ausklammert, was sich nur schwer in die FT einfügen will. Zugleich werden alternative Erklärungen der Entwicklung der Hydrodynamik gegeben.

Die Hydrodynamik wird von Böhme[311] als seit etwa 1850 abgeschlossene Fundamentaltheorie bezeichnet: „Die Entwicklung der Strömungsforschung hätte nach internen wissenschaftlichen Kriterien, nämlich Aufsuchen der Grundgesetze, Erklärung, Konsistenz, bereits vor mehr

---

[310] Ebd. S. 228.
[311] Böhme, Autonomisierung, z. B. S. 76, 96.

als hundert Jahren ihr Ziel erreicht."[312] Anschließende Theorienfortentwicklungen werden als Finalisierungen dargestellt.

Wir beginnen mit einer knappen Darstellung der Hydrodynamik, soweit es für unsere Zwecke notwendig ist; ihre Geschichte darzulegen, ist nicht beabsichtigt. Die Hydrodynamik versteht sich noch heute als Teil der Newtonschen Mechanik. Die von Newton in der *Principia* dargelegte Mechanik läßt sich mit einem Werkzeug vergleichen, dessen Klasse von Anwendungen sich als sehr groß erweisen sollte. Newton selbst hatte nur wenige Anwendungen ausgearbeitet.[313] Aber mit diesem Werkzeug mußten die Wissenschaftler umzugehen lernen; teils mangelte es an den notwendigen Instrumenten im Prüfbereich, teils mußten mathematische Voraussetzungen zur Anwendung der Theorie erst entwickelt werden, teils mußten vereinfachende Annahmen, die Newton gemacht hatte (z. B. kein Widerstand) aufgegeben und durch „passende" ersetzt werden. Mehrere Jahrhunderte wissenschaftlicher Arbeit erforderte es, bis man das Werkzeug auf fast alle physikalischen Phänomene anwenden konnte. Eine Ausnahme bildete die Hydrodynamik. In diesem Anwendungsbereich konnte die Newtonsche Mechanik bis heute vergleichsweise geringe Erfolge verzeichnen. Ein bekannter Strömungsforscher kennzeichnet die heutige Situation der Hydrodynamik wie folgt: „Da nun bei fast allen Vorgängen in Natur und Technik Flüssigkeiten oder Gase bewegt werden, sollte man in der Strömungslehre eine abgeschlossene, mathematisierte Wissenschaft erwarten. Das trifft jedoch für wichtige Teilgebiete gar nicht zu. So hat man z. B. für eine der einfachsten Strömungen, nämlich

---

[312] Ebd. S. 96.
[313] Zu Einzelheiten vgl. Kuhn, Struktur, passim, S. 24.

die in einem langen geraden Rohr wie in der Wasserleitung, keine strenge Theorie."[314]

Newton selbst formulierte ein Gesetz, das eine lineare Beziehung zwischen Schubspannung und Deformationsgeschwindigkeit behauptet.[315] Fluide, die dem Gesetz unter gewissen Bedingungen gehorchen, nennt man Newtonsche Fluide. Die mathematische Grundlagenarbeit, die zur Anwendung der Theorie auf Strömungsphänomene notwendig war, überließ er nachfolgenden Generationen von Forschern. Unter ihnen befanden sich die berühmtesten Mathematiker Europas – darunter Bernoulli, Euler, Gauß, Green, Lagrange und Laplace. Erst diese Grundlagenarbeit schuf die Voraussetzungen für die Errichtung eines kühnen theoretischen Gebäudes mit – allerdings – im Prinzip prüfbaren Aussagen, nämlich der Theorie der idealen Flüssigkeit – bestehend aus nur wenigen Gleichungen (Kontinuitäts-, Eulersche Gleichungen). Diese Theorie ist nur im Prinzip prüfbar, da sie als Folge der Vernachlässigung der bei realen Strömungen auftretenden inneren Reibung lediglich als Vereinfachung gelten konnte, der reale Strömungsphänomene kaum ins Blickfeld gerieten. Ihre Ergebnisse stehen „in vielen Punkten in krassem Widerspruch zu der Erfahrung..."[316]. Zu „brauchbaren" Ergebnissen führte sie nur dort, wo innere Reibung vernachlässigbar ist.

Ein großer Schritt nach vorne gelingt der Hydrodynamik mit der Entwicklung der Navier-Stokesschen Gleichungen (1827 durch Navier, 1845 durch Stokes), weil diese Gleichungen die innere Reibung in Strömungen berücksichtigen. Da Böhme die Hydrodynamik mit Erreichen

---

[314] K. Wieghardt, Theoretische Strömungslehre, Stuttgart ²1974, S. 11.
[315] Ebd. S. 37.
[316] H. Schlichting, Grenzschicht-Theorie, Karlsruhe ³1958, S. 1.

dieser Phase als abgeschlossen$_2$ bezeichnet, sei unser Augenmerk auf den Zustand der Theorie und einige nachfolgende Entwicklungen gerichtet.

Die Navier-Stockesschen Gleichungen sind nichtlineare Differentialgleichungen zweiter Ordnung. Will man mit ihnen zu prüfbaren Aussagen gelangen, ist es u. a. erforderlich, die Gleichungen zu integrieren. Einer umfassenden Prüfung stellen und stellten sich jedoch mathematische Probleme entgegen. Die Integration der Differentialgleichungen ist bis heute nur für Sonderfälle gelungen. Um die Mitte des vorigen Jahrhunderts besaß man unter Einschränkungen einige erfolgreiche Anwendungen. Stokes fand 1851 für kleine Reynoldszahlen, bei denen Reibungskräfte die Trägheit deutlich übersteigen, eine Näherungslösung für die Kugelumströmung dadurch, daß er die Trägheitskräfte vernachlässigte und so die Differentialgleichungen linearisieren konnte. Empirisch jedoch ergibt seine Lösung akzeptierbare Ergebnisse nur für den Widerstand. Hingegen gelten – ungeklärterweise – in größerer Entfernung von der Kugel die Prämissen nicht mehr, auf denen Stokes Lösung basiert.[317] Weiter kannte man das Hagen-Poiseuillesche Gesetz (1839), das die Bewegung zäher Flüssigkeiten in geraden Rohren mit Kreisquerschnitt darstellt.[318] Allerdings gilt das Gesetz nur in engen Rohren. Bei weiteren Rohren, genauer: bei Überschreitung kritischer Reynoldszahlen läßt sich das Gesetz – ganz entgegen seinen intendierten Anwendungen – nicht mehr anwenden, da die laminare Flüssigkeit turbulent wird.

---

[317] Zu Einzelheiten vgl. Wieghardt, Strömungslehre, S. 157 ff., der die Stokessche Lösung als einen glücklichen Zufall bezeichnet.
[318] Zu Einzelheiten vgl. L. Prandtl, Führer durch die Strömungslehre, Braunschweig 1956, S. 95 f.

Inwiefern kann man diese klassische Hydrodynamik als abgeschlossen bezeichnen? Wenn wir zum Gegenstandsbereich der Hydrodynamik mit der FT[319] reale, strömende Medien zählen, dann verfügt die Hydrodynamik nicht über ein hinreichendes, sondern über ein äußerst lückenhaftes Begriffsmaterial zur Beschreibung oder gar Erklärung realer Strömungen. Den in solchen Fluiden vorkommenden Phänomenen, die wir mit Termen wie Wirbelbildung und -ablösung, Turbulenz, Stabilität, hydrodynamischer Widerstand, Energiedissipation – um nur einige zu nennen – umschreiben, stand die klassische Hydrodynamik hilflos gegenüber. Von empirischen Eigenschaften realer Strömungsphänomene vermittelte sie ein – pointiert formuliert – vernachlässigbares Wissen. Was man von realen Strömungen wußte, war, daß innere Reibung eine Rolle spielt; was man nicht kannte, waren die fundamentalen Konsequenzen, die sich aus dem Phänomen der Reibung für das Verhalten der Strömungen ergeben. Was nun das zweite Merkmal abgeschlossener$_2$ Theorien anlangt, haben wir schon auf den problematischen Charakter der Anwendungen der klassischen Hydrodynamik hingewiesen. Die guten Gründe dafür schließlich, daß sich die klassische Hydrodynamik auch dort bewähren würde, wo man sie noch nicht angewandt hatte, erwiesen sich als schlechte Gründe – wie noch gezeigt wird. In irgendeinem definierbaren Sinne abgeschlossen war die klassische Hydrodynamik um 1850 nicht.

Fragen wir nun nach den Finalisierungen, die „die Weiterbildung der Theorie bestimmen"[320]. Wir betrachten zunächst einige Weiterentwicklungen der Theorie idealer Strömungen. 1853 kommt Magnus im Zusammenhang

---

[319] Böhme u. a., Finalisierung Revisited, S. 208.
[320] Böhme, Autonomisierung und Finalisierung, S. 114.

mit dem Schießen aus gezogenen Läufen der Zirkulation (Überlagerung einer Parallelströmung durch eine von Rotation ausgelöste zirkulatorische Strömung) auf die Spur.[321] Diese Zirkulation wird 1879 von Lord Rayleigh für die Berechnung des Auftriebs am Kreiszylinder benutzt. Kutta (1902) und Joukowski (1905) konnten Lord Rayleighs Ansatz verallgemeinern und die Auftriebskräfte für umströmte Körper ermitteln.

Weiter legte Helmholtz 1858 und 1868 zwei bedeutende Arbeiten vor, die nicht nur für die Theorie der idealen Strömungen einen erheblichen Fortschritt bedeuteten. Aus den Eulerschen Gleichungen folgt, daß ein in einer idealen Flüssigkeit sich bewegender Körper keinen Widerstand erfährt (D'Alembertsches Paradoxon). Dieses Ergebnis steht in krassem Gegensatz zur Erfahrung. Mit Hilfe von Analogien aus der Elektrodynamik konnte Helmholtz im Rahmen seiner Untersuchung von Wirbelbewegungen zeigen, daß in unstetigen Potentialströmungen der Widerstand proportional zum Quadrat der Geschwindigkeit ist. Damit konnte er die Theorie idealer Strömungen von einem erheblichen Makel befreien. Allerdings liefert die um die Terme ‚unstetige Potentialströmung' und ‚Diskontinuitätsflächen' bereicherte Theorie keine akzeptierbaren Prognosen für den Widerstand. Lord Kelvin zeigte 1894, daß der prognostizierte Widerstand um mindestens ⅔ zu gering ausfällt und folglich Helmholtz' unstetige Potentialströmung den Widerstand nicht erklären kann. Helmholtz berücksichtigte lediglich den Aufprall der Strömung auf den Körper; diese Druckwirkung wird jedoch hinter dem Körper durch eine Saugwirkung verstärkt, die Helmholtz übersehen hatte.

---

[321] K. Schäfer, M. Päsler, Einführung in die theoretische Physik, Berlin ⁶1962, Band I, S. 844.

Prandtl – 1904 durch die Einführung seines Grenzschichtkonzepts – und v. Kármán – 1911 mit dem Konzept der Wirbelstraße – konnten verbesserte Erklärungen liefern, ohne jedoch „die theoretische Lösung des allgemeinen Widerstandsproblems" zu finden.[322] Weiter zeigten die Helmholtzschen Wirbelsätze,[323] die Lord Kelvin 1869 durch Einführung des Terms ‚Zirkulation' vereinfachen konnte, Kutta und Joukowski die Bedeutung der Zirkulation für den Auftrieb. Weiter benutzte Prandtl die Wirbelsätze bei der Erklärung der Entstehung der Zirkulation.[324]

Ein nicht minder bedeutsamer Fortschritt gelang Reynolds im Jahre 1883 mit der Entwicklung des nach ihm benannten Ähnlichkeitsgesetzes. Die Reynoldszahlen drücken das Verhältnis von Trägheits- und Zähigkeitskräften aus und erlauben eine Klassifikation der Flüssigkeit hinsichtlich ihrer mechanischen Ähnlichkeit.[325] Gleichzeitig konnte Reynolds mit seinem berühmten Fadenversuch das völlig unterschiedliche Verhalten von Flüssigkeiten sichtbar machen, das wir heute als laminar und turbulent bezeichnen.[326] Erst mit dem Reynoldsschen Gesetz bekam man ein Instrument zur begrifflichen Ordnung realer Strömungen in die Hand.

Historisch gesehen, liegt die Bedeutung des Ähnlichkeitsgesetzes in erster Linie im forschungsstrategischen Bereich. Wir betonen das, um den Gegensatz der Analyse zu

---

[322] Wieghardt, Strömungslehre, S. 172.
[323] Zu Einzelheiten vgl. A. Sommerfeld, Vorlesungen über theoretische Physik, Leipzig⁵ 1964, Band II: Mechanik der deformierbaren Medien, S. 115 ff.
[324] Zu Einzelheiten vgl. Schäfer, Päsler, Einführung, S. 968 f.
[325] Landau, Lehrbuch der theoretischen Physik, S. 69.
[326] Zu Einzelheiten vgl. Sommerfeld, Vorlesungen über theoretische Physik, S. 102 ff.; Schlichting, Grenzschichttheorie, S. 11 ff.

Böhmes Auffassung herauszustellen, die nach Erreichung einer abgeschlossenen Theorie Fortschritt nur noch als Finalisierungen zuläßt. Zunächst diskreditiert das Gesetz sogenannte „exakte Lösungen" der Navier-Stokesschen Gleichungen – etwa das erwähnte Hagen-Poiseuillesche Gesetz, das bei Überschreitung gewisser Reynoldszahlen nicht mehr anwendbar ist. Reynold zeigte jedoch durch den Hinweis auf den völlig unterschiedlichen Charakter laminarer und turbulenter Strömungen die Urssachen für die Bewährung und das Scheitern der Navier-Stokesschen Gleichungen auf. Zugleich wurde der Teil-Erfolg bis dahin bekannter Näherungslösungen der Navier-Stokesschen Gleichungen verständlich. Die näherungweise Linearisierung der Gleichungen ist zulässig, da die Reynoldszahlen bei schleichenden Strömungen im Bereich nahe Null liegen.

Damit wies Reynolds einer künftigen Hydrodynamik realer Strömungen den Weg. Erstens konnte man nach weiteren Lösungen der Navier-Stokesschen Gleichungen gezielt suchen. Das war der Weg von Prandtl, dessen Grenzschichttheorie sich als asymptotische Integrationstheorie der Navier-Stokesschen Gleichungen für sehr große Reynoldszahlen darstellt.[327] Tollmien bestätigt das heuristische Potential der Reynoldszahlen für die Grenzschichttheorie, wenn er feststellt: „Da nun sehr häufig ... die Reynoldszahl sehr groß wird, nahm Prandtl an, daß die Wirkung der Reibung auf eine dünne Schicht an der Wand, wo die Haftbedingung erfüllt sein muß, beschränkt bleibt."[328] Daß solche Schichten an Wänden haf-

---

[327] W. Tollmien, Fünfzig Jahre Grenzschichtforschung, ihre Entwicklung und Problematik, in: Fünfzig Jahre Grenzschichtforschung, hg. von H. Görtler, W. Tollmien, Braunschweig 1955, S. 4.
[328] Ebd. S. 1f.

ten, hatte schon Hagen 1839 festgestellt. Die Grenzschichtforschung nahm eine stürmische Entwicklung sowohl in theoretischer als auch in praktischer Hinsicht, die bis heute nicht abgeschlossen ist.[329]
Zweitens wurde der Umschlag laminarer in turbulente Strömungen zur Forschungsfront der Hydrodynamik. Daß diese Front entstand, ergab sich aus zwingenden innerdisziplinären Gründen – so unsere These gegen Böhme und die Finalisierungstheorie. Einerseits bedrohte die turbulente Strömung die bisherigen Erfolge der Hydrodynamik, da selbst exakte Lösungen der Navier-Stokesschen Gleichungen diskreditiert waren. Andererseits erfolgte – so wußte man empirisch – der Umschlag in turbulente Strömungen unter vergleichbaren Randbedingungen bei Reynoldszahlen bestimmter Höhe, den sogenannten kritischen Reynoldszahlen. Wovon man ausgehen mußte, war, daß die klassische Hydrodynamik bestenfalls als eine Theorie laminarer Strömungen gelten konnte – bestenfalls, weil die Theorie aus dargelegten Gründen nur unzureichend geprüft war. Wollte man Erfolg und Mißerfolg der Theorie verstehen, war ein Ansatz mit dem Erklärungsziel zu entwickeln, kritische Reynoldszahlen abzuleiten, bis zu denen eine laminare Strömung laminar bleibt. Damit könnte man den Bereich eingrenzen, innerhalb dessen die Theorie laminarer Strömungen anwendbar wäre. Diese defensive, auf Absicherung der Erfolge der klassischen Hydrodynamik ausgerichtete Strategie wurde in der Tat beschritten. Sie führte zur sogenannten Stabilitätstheorie, die in den dreißiger Jahren unseres Jahrhunderts erste Erfolge aufweisen konnte,[330] ohne allerdings

---

[329] Zu Einzelheiten vgl. Görtler, Tollmien, Fünfzig Jahre Grenzschichtforschung.
[330] Schlichting, Grenzschichttheorie, Kap. 16f.

bis heute den Umschlag laminar-turbulent umfassend zu erklären. Im Verlauf der Entfaltung dieses Forschungsteilprogramms erfuhr es eine erhebliche Ausweitung, da Stabilität und Umschlag laminarer Strömungen nicht nur in Abhängigkeit von der Reynoldszahl, sondern auch vom Druckgradienten bzw. der Form des Geschwindigkeitsprofils der Strömung, der Kompressibilität und anderer Einflußgrößen untersucht wurde.[331] Zugleich hatte diese defensive Front eine offensive Komponente insoweit, als die Stabilitätstheorie die Entstehung der Turbulenz aufklären und damit ein neues Phänomen in die Hydrodynamik integrieren sollte. Schlichting[332] zeigt zahlreiche technische Anwendungen des sich entwickelnden Programms auf.

Drittens wurde eine offensive Forschungsfront eröffnet, die die ausgebildete turbulente Strömung theoretisch erklären sollte. Das Ziel ist bis heute nicht erreicht; über erste Anfänge gelangte die Hydrodynamik nicht hinaus (am Rande vermerkt sei im Rückblick auf den ursprünglichen Abgeschlossenheitsbegriff der FT, daß ein namhafter Hydrodynamiker die Turbulenz für „so hoffnungslos kompliziert" hält, „daß ihre theoretische Berechnung aussichtslos erscheint".[333]

Zwei Strategien zur Erreichung des disziplinären Ziels wurden eingeschlagen: Die eine will auf „halbempirischem" Weg in kleinen Schritten Einzelprobleme der Turbulenz klären,[334] die andere hofft durch die Entwick-

---

[331] Dazu ebd. Kap. 17.
[332] Ebd.
[333] Ebd.
[333] Ebd. S. 428.
[334] Ebd. S. 446.

lung einer neuen Theorie auf den großen Sprung nach vorne.[335]

Beiden Ansätzen gemeinsam ist eine partielle Abkehr von der klassischen Hydrodynamik, da diese sich als Theorie der Schichtenströmung erweist. Selbst ihr Kern, die Navier-Stokesschen Gleichungen, bleibt nicht von entscheidenden Modifikationen verschont. Bei der turbulenten Strömung wird die Hauptströmung von einer unregelmäßigen Schwankungsbewegung überlagert. Das hat zur Folge, daß die turbulente Strömung nicht mehr durch Größen wie Geschwindigkeit oder Druck in einem Raum-Zeit-Punkt charakterisiert werden kann, sondern nur noch durch die Mittelwerte solcher Größen. Die so beschriebene mittlere Strömungsbewegung wird ergänzt durch eine zufällige Schwankungsbewegung, so daß die turbulente Strömung in einem Raum-Zeit-Punkt zusammengesetzt zu denken ist aus der mittleren und der Schwankungsbewegung. Der erste Unterschied zur klassischen Hydrodynamik besteht also darin, daß der deterministische Ansatz durch einen statistischen ersetzt wird.

Fügt man die modifizierten Größen – die zeitlichen Mittelwerte der Geschwindigkeitskomponenten und des Druckes sowie die korrespondierenden Ausdrücke für die Schwankungsgeschwindigkeiten und den Schwankungsdruck – in die Navier-Stokesschen Gleichungen ein, so verändern diese ihre Gestalt entscheidend. Nicht nur enthalten sie nun statistische Größen (statt der ursprünglich deterministischen). Es treten Terme hinzu, die in den ursprünglichen Gleichungen überhaupt nicht vorkommen; den in den ursprünglichen Gleichungen vorgesehe-

---

[335] Wieghardt, Strömungslehre, S. 212.

nen Reibungskräften der laminaren Strömung treten die sogenannten scheinbaren Spannungen der turbulenten Strömung zur Seite. Dabei handelt es sich nicht nur um eine „kosmetische Operation" der ursprünglichen Navier-Stokesschen Gleichungen. Die Spannungen der turbulenten Scheinreibung überwiegen in den meisten Fällen die laminaren Spannungen derart, daß man letztere vernachlässigen kann.[336] Zugleich ist der Austausch von Impuls, Wärme und Stoffeigenschaften weitaus höher als bei laminaren Strömungen.[337]

Die erste Strategie formuliert Hypothesen über den Zusammenhang zwischen turbulenten Spannungen und mittlerer Bewegung mit dem Ziel, akzeptierbare Prognosen über die mittlere Bewegung zu finden. Am bekanntesten ist hier der Prandtlsche Mischungsweg.[338] Die zweite Strategie ist anspruchsvoller. Sie zielt auf die Entwicklung einer Theorie der Turbulenz, die die Struktur der turbulenten Strömung in quantitativer und qualitatitver Hinsicht aufdecken will. Sie begreift die turbulente Strömung eines Raum-Zeit-Gebietes als ein zufälliges Vektorfeld und will die Geschwindigkeitsverteilung – bzw. Druck- oder Temperaturverteilung – mit statistischen Methoden bestimmen. Auch hier mußten die mathematischen Voraussetzungen für die Theorie erst entwickelt werden, wobei die Theorie sich als wesentlicher Motor zeigte. Kolmogorov und andere trieben die Theorie stochastischer Prozesse so weit voran, daß die sich entwickelnde stochastische Turbulenztheorie heute wichtige Einsichten in die

---

[336] Zu Einzelheiten vgl. Landau, Lehrbuch, S. 132 ff.; Schlichting, Grenzschichttheorie, S. 428 ff.
[337] Wieghardt, Strömungslehre, S. 193.
[338] Eine ausführliche Darstellung dieser Hypothesen gibt Schlichting, Grenzschichttheorie, S. 446 ff.

qualitative Struktur turbulenter Strömungen liefert.[339] Technische Anwendungen hat die Theorie nach Wieghardt[340] nur in geringem Maße gefunden.

Unsere knappe Analyse der Hydrodynamik zeigt, daß es keinen vernünftigen Grund gibt, die Hydrodynamik selbst heute als abgeschlossen$_2$ zu bezeichnen – geschweige denn um die Mitte des vorigen Jahrhunderts. Vollständig war die Theorie nicht – wie etwa die Terme ‚Turbulenz‘, Scheinreibung‘ oder ‚Kaskadenprozeß‘ – um auch einen wichtigen Term der stochastischen Hydrodynamik zu nennen – zeigen. Die guten Gründe dafür, daß sich die klassische Theorie auch dort bewähren werde, wo sie noch nicht angewandt ist, erwiesen sich als unhaltbar. Die klassische Hydrodynamik war eine – unzureichend geprüfte – Theorie laminarer Strömungen, wobei wir die Theorie der idealen Flüssigkeit hier vernachlässigen. Bei Überschreitung kritischer Reynoldszahlen erwiesen sich also die „guten Gründe" als schlechte. Konsequenz war freilich nicht die von der FT behauptete Ausklammerung der Phänomene aus dem Anwendungsbereich der Hydrodynamik, die sie nicht darzustellen vermochte, sondern Erforschung begleitet von Modifikationen der Theorie. Wie wir zeigen konnten, waren für diese Modifikationen weniger externe Zwecke maßgeblich; zumindest auch disziplinäre Gründe führten zur Erforschung der Turbulenz und in deren Verlauf zur Modifikation der Theorie. Solche Modifikationen zeigen besonders kraß die Unhaltbarkeit des Abgeschlossenheitsbegriffs der FT.

Mit der Erforschung der Turbulenz gerät die Hydrodynamik teilweise in die präparadigmatische, teilweise in die

---

[339] Eine anschauliche Darstellung der Ergebnisse gibt Landau, Lehrbuch, §§ 31–34.
[340] Wieghardt, Strömungslehre, S. 212.

paradigmatische Phase im Sinne der FT. Als präparadigmatisch sind jene halbempirischen Ansätze zu klassifzieren, die mit Hypothesen relativ geringer Reichweite Einzelprobleme der Turbulenz aufklären wollen. Hier liegt jene „Dominanz empirischer Strategien" vor, die die FT[341] als Kriterium für die präparadigmatische Phase nennt. Die Arbeiten zur stochastischen Theorie der Turbulenz hingegen fallen in die paradigmatische Phase, da hier eine grundlegende Theorie zur Erklärung der Turbulenz erarbeitet wird. Es handelt sich dabei um Grundlagenforschung „reinsten Wassers", die nach dem Dreiphasenmodell überhaupt nicht vorhanden sein dürfte, da die Hydrodynamik von der FT als abgeschlossen$_2$ dargestellt wird und sich folglich in der postparadigmatischen Phase befinden müßte.

Halten wir fest: Eine Theorie, die sich in der postparadigmatischen Phase befinden müßte, ist faktisch durch Forschungsprozesse gekennzeichnet, die zugleich der präparadigmatischen und der paradigmatischen Phase zuzuordnen sind. Das zeigt am besten die völlige Unhaltbarkeit des neuen Abgeschlossenheitsbegriffs und damit des Dreiphasenmodells der FT. Daß während dieser Forschungsprozesse – wie wir durch Literaturverweise zeigen konnten – immer wieder technische Anwendungen erarbeitet werden, zeigt deutlich, daß solche Anwendungen von dem Entwicklungsniveau einer Theorie unabhängig sind. Daß der Kern des Dreiphasenmodells gerade einen solchen Zusammenhang behauptet, rundet unsere Zurückweisung dieses Modells ab. Wenn die klassische Hydrodynamik bis um die Mitte des vorigen Jahrhunderts keine technischen Anwendungen (Finalisierungen) fand, dann ist das nicht auf fehlenden Abschluß zurückzuführen,

---

[341] Böhme u. a., Finalisierung Revisited, S. 226.

sondern darauf, daß sie erstens als Theorie idealer Flüssigkeiten Anwendungen auf reale Phänomene überhaupt nicht hatte und zweitens als Theorie laminarer Strömungen nur unter Einschränkungen auf schleichende Strömungen anwendbar war, die technisch keine Rolle spielten.

Nur rätseln können wir, warum die dargestellten Forschungsprozesse von Böhme übersehen, jedenfalls nicht diskutiert werden. Mit einer als eigenartig zu bezeichnenden Selektivität behandelt er nur solche Prozesse, die in sein finalistisches Bild passen. Vermutlich gezwungen durch die zahlreichen technischen Anwendung der Hydrodynamik, mußte zur Rettung des Dreiphasenmodells nach Zurückweisung des Heisenbergschen Abgeschlossenheitsbegriffs, der jene Anwendungen nicht als Finalisierungen darzustellen erlaubt hätte, ein neuer Abgeschlossenheitsbegriff entwickelt werden, der diese Anwendungen nun in die postparadigmatische Phase verlegte. Angesichts der von Böhme nicht diskutierten, faktischen Entwicklung der Hydrodynamik, die dem Physiker Böhme nicht unbekannt sein kann, hätte das Eingeständnis des Scheiterns auf angemessenere Weise mit wissenschaftlichen Regeln und Normen in Einklang gestanden als jene Selektivtät.

Wir wenden uns einer alternativen Erklärung des Theorienbildungsprozesses der Hydrodynamik zu. Dabei können wir eine erste Phase unterscheiden, die wir als formaltheoretische bezeichnen. In ihr wird die Newtonsche Mechanik unter weitgehender Vernachlässigung realer Phänomene für einen gedachten Anwendungsbereich ausgearbeitet – den der idealen Flüssigkeit. Pointiert formuliert ging es zunächst nicht um die Entwicklung einer empirisch prüfbaren Theorie. Vielmehr mußte angesichts der ungelösten mathematischen Probleme von vereinfachen-

den Annahmen ausgegangen werden, die es der jungen Disziplin erlaubten, eine aufwendige mathematische Apparatur entwickeln und beherrschen zu lernen und auf den gedachten physikalischen Gegenstand anzuwenden.
Die zweite Phase ist dadurch gekennzeichnet, daß sich die Hydrodynamik in zunehmendem Maße realen Strömungsphänomenen zuwendet. Empirische Phänomene werden entdeckt oder rücken als schon bekannte Anomalien in das Problembewußtsein der Hydrodynamiker. Die Folge sind erhebliche Ausweitungen und Modifikationen des empirischen und theoretischen Vokabulars der Hydrodynamik, die auch mit technische Anwendungen verbunden sind. Das Bild dieser Forschungen ist vielfältig: Halbempirische, theoretische und technische orientierte Ansätze treiben die Hydrodynamik durch erfolgreiche Problemlösungen voran – ja, es treten sogar, wie schon in der ersten Phase, mathematische Grundlagenprobleme im Kontext der Turbulenzforschung auf, deren Lösung der Theorie stochastischer Prozesse und der Turbulenzforschung zugleich zu Fortschritten verhilft.
Behauptungen wie: die Hydrodyanmik als abgeschlossene$_2$ Theorie vermittle ein „endgültiges Verständnis des Gegenstandes der Disziplin"[342] oder „wirkliche, d. h. endgültige Erkenntnis"[343], erscheinen angesichts der zahlreichen und schwerwiegenden Modifikationen der Hydrodynamik nach ihrem „Abschluß$_2$" und vor einer befriedigenden Lösung von Problemen wie Widerstand und Turbulenz geradezu grotesk. Gleiches gilt für die Behauptung, „in der postparadigmatischen Phase (gibt es, d. Verf.) keine interne Logik, die die Richtung der Weiterentwicklung bestimmt und durch die Problemstellun-

---

[342] Böhme u. a., Gesellschaftliche Orientierung, Einleitung, S. 13f.
[343] Böhme u. a., Finalisierung Revisited, S. 207.

gen der Forschung selegiert werden"[344] mit der Folge, daß nur Raum bleibe für eine eindimensionale, nämlich externen Zwecken folgende Theorienbildung. Die historische Entwicklung der Hydrodynamik läßt sich mit derartigen Behauptungen nicht in Einklang bringen. An anderer Stelle nimmt Böhme eine entscheidende Einschränkung vor:

„man wird in der Finalisierungsphase damit zu rechnen haben, daß die wissenschaftliche Front nicht mehr für sich allein definierbar ist, daß das, was eine technische Front ist und in welcher Weise sie mit der wissenschaftlichen in Wechselwirkung steht, nun Thema sein muß".[345]

Waren nach dem Dreiphasenmodell wissenschaftliche (sprich: intern determinierte) Fronten mit Erreichen der postparadigmatischen Phase mangels interner Dynamik zum Tode verurteilt, so erleben sie nun eine plötzliche und wundersame Auferstehung, interagieren gar mit technischen (sprich: extern bestimmten) Fronten. Böhme regt ein Forschungsprogamm an, das die Unhaltbarkeit des Dreiphasenmodells voraussetzt. Freilich muß nicht nur deshalb die Ernsthaftigkeit jener Einschränkung bezweifelt werden; bilden doch anderen Äußerungen Böhmens zufolge Wissenschaft und Technik in methodologischer, soziologischer[346] und theoretischer Hinsicht[347] eine Einheit, obwohl das Bestehen von Wechselwirkungen zwischen jenen Fronten zumindest eine Zweiheit voraussetzt. Die Abfolge von Widersprüchen ist beeindruckend.
Während Böhme die Hydrodynamik als abgeschlossene Theorie und ihre Fortentwicklung als Finalisierungen in-

---

[344] Böhme u. a., Gesellschaftliche Orientierung, S. 15.
[345] Böhme, Autonomisierung und Finalisierung, S. 116.
[346] Böhme u. a., Gesellschaftliche Orientierung, S. 16.
[347] Böhme u. a., Finalisierung Revisited, S. 360 f., 368.

terpretiert, zieht er als Kontrastfall die Gärungsforschung zwischen 1830 und 1900 heran. Diese dient ihm als Paradigma einer nicht abgeschlossenen Theorie, die – da sich Grundlagenproblemen widmend – in der paradigmatischen Phase sei, folglich nicht reif für Finalisierungen.[348] Daß Böhme in seine Analyse die Autonomie von Wissenschaft einbezieht,[349] sei erwähnt; wir verweisen auf unsere obige Diskussion des Problems. Uns geht es um den Nachweis, daß jener Kontrast fehlgezeichnet ist. Der Gegensatz zwischen Hydrodynamik und Gärungsforschung – so unsere These – bestand vielmehr darin, daß die Hydrodynamik über eine disziplinäre Matrix im Sinne Kuhns verfügte, während dies bei der Gärungsforschung nicht der Fall war. Daher war die Hydrodynamik durch einen breiten disziplinären Konsens gekennzeichnet, während die Gärungsforschung um einen solchen erst rang. Werfen wir zur Begründung unserer These einen kurzen Blick auf die Gärungsforschung im fraglichen Zeitraum!
Nahezu sieben Jahrzehnte währte das Ringen, entbrannte eine Kontroverse um die Festlegung des künftigen Weges der Gärungsforschung, bis Buchner umd die Jahrhundertwende die konfliktären Auffassungen vereinigen und in eine neue Disziplin, die Enzymologie, überführen konnte. Am Anfang der theoretischen Erforschung der Gärung standen drei konkurrierende Ansätze. Der erste begreift Gärung als einen physiologischen Lebensprozeß; Hefe wird als lebender Organismus aufgefaßt. Der zweite interpretiert Gärung als katalytischen Prozeß; bei Anwesenheit von Stoffen mit katalytischer Kraft, den Katalysatoren, kommt es zur Gärung, ohne daß die Katalysatoren selbst chemisch umgesetzt werden. Der dritte sieht in der

---

[348] Böhme u. a., Gesellschaftliche Orientierung, S. 19.
[349] Zum Beispiel Böhme, Autonomisierung und Finalisierung, S. 113 f.

Gärung einen Zerfalls- oder Todesprozeß; dabei zersetzen sich Fermente, wobei der Zerfall auf andere, die gärenden Stoffe, übergeht: Gärung als chemisch-mechanische Zerstörung organischer Substanz.

Da Böhme[350] eine sorgfältige Darstellung der sich von den drei Ansätzen entfaltenden Kontroverse liefert, sei auf die entsprechenden Passagen bei ihm verwiesen. Als Zusammenfassung der Kontroversen können wir uns daher mit der Feststellung begnügen, daß die konkurrierenden Ansätze sich unter heftigem Schlagaustausch fortentwickelten. Im Gegensatz zur Strömungsforschung fehlte ein Konsens über Erklärungsideale, Bewertungs- und Selektionskriterien. In der Debatte ging es gerade um die Etablierung solcher Ideale und Kriterien. Daher waren die zahlreichen vorgetragenen methodologischen, theoretischen und empirischen Argumente für keine Seite so zwingend, daß sich einer der Ansätze sofort als dominant herauskristallisieren konnte. Weil jeder Ansatz die Angemessenheit der anderen für die Erklärung der Gärung bedrohte, konnte wegen der strategischen Unsicherheitslage der Gärungsforschung die Diskussion ein Maß an Heftigkeit gewinnen, das die „Wissenschaftlichkeit" konkurrierender Auffassungen in Frage stellte und zu persönlichen Auseinandersetzungen führte, die Freundschaften in Feindschaften wandelten. Erst mit dem Übergang zur Enzymologie fand die Gärungsforschung jene Ideale und Kriterien und konnte sich der Ausarbeitung des durch Buchner etablierten Paradigmas zuwenden.

Böhmes Kontrast – postparadigmatische (Finalisierungs-) Phase im Fall der Hydrodynamik versus paradigmatische Phase im Fall der Gärungsforschung – ist fehlgezeichnet.

---

[350] Ebd.

Den Fall der Hydrodynamik kennzeichnet Kuhn[351] als normalwissenschaftliche Phase, freilich ohne diese durch Finalisierungen zu charakterisieren, ohne das Paradigma als „nicht verbesserungsfähig" anzusehen.[352] Im Gegenteil ist bei ihm die normalwissenschaftliche Phase gerade diejenige, in der das Paradigma entscheidende Verbesserungen durch erfolgreiche Rätsellösungen erfährt: „Diese drei Klassen von Problemen – Bestimmung signifikanter Fakten, gegenseitige Anpassung von Fakten und Theorie, Präzisierung der Theorie – erschöpfen ... die Literatur der normalen Wissenschaft, sowohl der empirischen wie auch der theoretischen."[353] Toulmin spricht treffend von einer Annäherung an gemeinsam akzeptierte Erklärungsideale der Disziplin,[354] die gekennzeichnet ist durch einen Prozeß begrifflicher Variation und selektiver Perpetuation[355] auf der Basis eines breiten disziplinären Konsenses. Genau das ist auch das Ergebnis unserer Analyse.
Umgekehrt beschreibt Kuhn[356] Entwicklungen wie in der Gärungsforschung nicht als paradigmatischen Prozeß, nicht als Beispiel einer unabgeschlossenen Theorie, sondern als präparadigmatische Phase wissenschaftlicher Entwicklung. Toulmin[357] spricht treffend von „diffuse disciplines", die sich in einer prädisziplinären Phase befinden. Genau das ist auch das Ergebnis unserer Analyse: Die dargestellte Phase der Gärungsforschung ist zu verstehen als Prozeß der Entstehung einer wissenschaftlichen (Teil-)Disziplin mit zugehörigem theoretischem Gebäude. Daß

---

[351] Kuhn, Struktur wissenschaftlicher Revolutionen, S. 44 ff.
[352] Böhme u. a., Gesellschaftliche Orientierung, S. 14.
[353] Kuhn, Struktur wissenschaftlicher Revolutionen, S. 57.
[354] Toulmin, Human Understanding, S. 152.
[355] Ders., Rationality and Scientific Discovery, S. 404.
[356] Kuhn, Struktur wissenschaftlicher Revolutionen, Kap. 2.
[357] Toulmin, Human Understanding, S. 378 ff.

die konkurrierenden Ansätze der Gärungsforschung gleichwohl als abgeschlossene Theorien im Sinne der FT zu klassifizieren sind, sei angemerkt. Mit Finalisierungen haben beide Beispiele von Forschungsprozessen nichts zu tun. Daß in beiden Fällen – ausdrücklich auch in der Gärungsforschung, wie Böhme selbst zeigt – technische Anwendungen auftreten, stützt unsere These, das theoretische Entwicklungsniveau und die Verwendung von Theorien seien in praktischen oder technischen Kontexten unkorreliert.

Bisher argumentierten wir, daß der Begriff der Abgeschlossenheit$_2$ unhaltbar ist. Nun wenden wir uns der transzendentalen Begründungsstrategie zu, mit der die FT Abgeschlossenheit$_2$ einführt, und behaupten das Scheitern der Strategie. Mit Popper akzeptiert die FT, „daß die Wahrheit von Theorien nicht empirisch begründet werden kann"[358]. Daraus folge jedoch nicht, daß die Wahrheit von Theorien überhaupt nicht begründet werden könne; vielmehr lasse sie sich transzendental erweisen[359] (wir merken ohne weitere Diskussion an, daß hier ein neuer Abgeschlossenheitsbegriff anklingt, der Abgeschlossenheit mit Wahrheit einer Theorie identifiziert).

Mit Kant bezeichnen wir ein Argument transzendental genau dann, wenn es Erkenntnis vor aller Erfahrung vermittelt. Die fragliche Argumentation der FT nimmt jedoch ausschließlich Bezug auf empirische Gesetze und Eigenschaften.[360] Überraschenderweise wird diese Argumentation als „quasi transzendental" bezeichnet, „weil sie sich auf die Gültigkeit bestimmter empirischer Gesetze stützt".[361] Sicherlich hat solche Argumentation nichts mit

---

[358] Böhme u. a., Finalisierung Revisited, S. 203.
[359] Ebd. S. 204.
[360] Ebd. S. 214f.

einer transzendentalen im Sinne Kants zu tun. Natürlich ist weiter jeder frei, eine empirische Argumentation „quasi transzendental" zu nennen. Natürlich ergibt sich aber auch der Schluß, daß durch eine derart quasi transzendentale Argumentation „die Wahrheit von Theorien... nicht begründet werden kann"[362]. Die FT bringt zur Begründung der Abgeschlossenheit$_2$ einer Theorie genau solche Argumente vor, denen sie zuvor konzediert hat, daß sie eben diese Begründungsleistung nicht zu vollbringen vermögen.

4.323 Kritik der Motive des modifizierten Finalisierungsmodells

Unser dritter Einwand gegen Abgeschlossenheit$_2$ war, daß die Motive zur Einführung des Abgeschlossenheitsbegriffs nicht überzeugen können. Als Motive nennt die FT,[363] daß a) Wissenschaftler immer wieder äußern, die grundlegende Forschungsarbeit sei getan, daß b) Nachfolgetheorien die Gültigkeit ihrer Vorgänger bestätigten, daß c) überholte Theorien Bedeutung „in praktischen Zusammenhängen, insbesondere als Basis zur Entwicklung von Technologien" hätten.[364] Insgesamt sei Wissenschaft durch eine „historische Stabilität von Theorien"[365] und deren „bleibende Geltung"[366] gekennzeichnet, denen Popper und insbesondere Kuhn nicht genügend Rechnung getragen hätten.

---

[361] Ebd. S. 215, Anm. 47.
[362] Ebd. S. 203.
[363] Ebd. S. 197 ff.
[364] Ebd. S. 198.
[365] Ebd. S. 207.
[366] Ebd. S. 206.

Hinsichtlich a) vertrat die FT noch 1972 die Auffassung: „Man kommt also nicht umhin, häufig die Wissenschaftsentwicklung dem Selbstverständnis der beteiligten Forscher entgegen zu interpretieren; weder sie als einzelne, noch die Wissenschaftlergemeinschaft waren der Entwicklung der Wissenschaft mächtig."[367] Radnitzky[368] dokumentiert anhand von Beispielen Fehleinschätzungen über die Abgeschlossenheit wissenschaftlicher Entwicklung durch Wissenschaftler. 1972 wurden die fehlinterpretierenden Wissenschaftler benötigt, um die These vom faktischen Darwinismus zu begründen, den es dann durch Finalisierung abzulösen galt; offenbar durch ein Wunder sind sie nun zu Interpretationsfähigkeiten gelangt, die sie erneut die FT stützen lassen. Obwohl gemäß b) Vorgängertheorien durch Nachfolger „in ihrer Gültigkeit bestätigt werden"[369], erfahren wir wenig später, daß die „überholten Theorien... streng genommen... vom Standpunkt der neuen Theorien als falsch anzusehen waren"[370]. Damit entfällt auch b).

Hinsichtlich c) ist anzumerken, daß „überholte Theorien" in der Tat in praktischen Kontexten eine Rolle spielen. Darauf wird zurückzukommen sein. c) wendet sich insbesondere gegen Kuhn, der die Stabilität von Theorien „über revolutionäre Umbrüche hinaus"[371] übersehen habe, die durch den Abgeschlossenheitsbegriff zum Ausdruck gebracht werden solle. Was wir bestreiten, ist, daß 1) jene historische Stabilität im Abgeschlossenheitsbegriff$_2$ zum

---

[367] I, S. 113f.
[368] G. Radnitzky, Dogmatik und Skepsis: Folgen der Aufgabe der Wahrheitsidee für Wissenschaft und Politik, in: Hübner u. a., Herausforderung, S. 29f.
[369] Böhme u. a., Finalisierung Revisited, S. 198.
[370] Ebd. S. 200.
[371] Ebd. S. 199.

Ausdruck kommt, daß 2) sie eher geeignet ist, Kuhns Revolutionsmodell zu modifizieren.

1) findet seine Begründung darin, daß Abgeschlossenheit$_2$ keineswegs „revolutionäre Übergänge zu anderen Theorien bzw. Verallgemeinerungen"[372] ausschließt. Ein Abgeschlossenheitsbegriff, der bleibende Geltung und Stabilität von Theorien mit revolutionären Veränderungen in sich vereint, ist nicht nur selbstwidersprüchlich, sondern auch unhaltbar, solange man den Kuhnschen Revolutionsbegriff[373] zugrunde legt. Das führt uns sogleich auf die Frage der Eignung von Abgeschlossenheit$_2$ für die Modifikation des Kuhnschen Modells. Im semantischen Kern jedes Revolutionsbegriffs, der ernstgenommen werden will, steht Ablösung dessen, was gegolten hat, und Instabilität (hier: von Theorien). Kuhn hat das mit Formulierungen wie „es ist fast, als wäre die gelehrte Gemeinschaft plötzlich auf einen anderen Planeten versetzt worden..."[374] zum Ausdruck gebracht. Vertritt man bleibende Geltung und historische Stabilität von Theorien, leugnet man den Kern des Kuhnschen Ansatzes, des Paradigmenwechsels, und müßte revolutionäre Umbrüche gerade negieren. Man geriete freilich in die Gefahr, hinter jene empiristisch-positivistische Wissenschaftsbetrachtung zurückzufallen, die wissenschaftliche Forschung durch eine Akkumulation gesicherter (endgültiger!) Erkenntnis beschrieb – eine Position, gegen die Kuhn mit überzeugendem Erfolg focht. Weil aber Abgeschlossenheit$_2$ revolutionäre Umbrüche zuläßt, müßte sie historische Stabilität und bleibende Geltung von Theorien und damit das Motiv zurückweisen, dem sie sich verdankt.

---

[372] Ebd. S. 222.
[373] Kuhn, Struktur, S. 128 ff.
[374] Ebd. S. 151.

Erneut wird hier ein Grundproblem der FT sichtbar. Sie überblickt nicht die Konsequenzen ihrer Anlehnung an das Kuhnsche Revolutionsmodell; sie will durch Modifikationen dem Modell einfügen, was nicht einfügbar ist; Abgeschlossenheit sowie bleibende Geltung und Stabilität von gar endgültige Erkenntnis vermittelnden Theorien sind Fremdkörper in jenem Modell. Darauf hat schon Andersson[375] hingewiesen.[376]

Ein zweiter Grund für die mangelnde Eignung von Abgeschlossenheit$_2$ zur Modifikation des Kuhnschen Ansatzes liegt darin, daß die FT mit Wendungen wie: Theorien hätten „Geltung über Revolutionen" hinweg, ein Phänomen beschrieben, das pragmatisch nicht ganz unbegründet ist. Daraus zieht die FT jedoch die falschen Schlüsse: Statt – so unsere These – das Kuhnsche Modell durch einen mit ihm unverträglichen Abgeschlossenheitsbegriff retten zu wollen, wäre dessen Zurückweisung oder Verwerfung eine angemessenere Schlußfolgerung gewesen. Wenn Theorien Revolutionen überleben, dann ist der revolutionäre Charakter des Paradigmenwechsels fehlkonstruiert, dann kann Kuhn wissenschaftliche Theoriendynamik nicht erklären. Wäre unsere These haltbar, dann folgte für die FT nicht nur, daß Abgeschlossenheit$_2$ nicht nur ungeeignet zur Modifikation des Kuhnschen Modells wäre, sondern auch überhaupt nicht erforderlich, weil das Modell selbst zurückzuweisen ist.

Zur Begründung unserer These betrachten wir zunächst die von der FT gegen Kuhn vorgetragenen Argumente. Sie gesteht zwar ein, daß es Beispiele dafür gebe, „daß alte Theorien durch neue vollständig abgeschafft werden und

---

[375] Andersson, Freiheit oder Finalisierung der Forschung, S. 68 ff.
[376] Vgl. dazu Böhme u. a., Finalisierung Revisited, S. 206 f., Anm. 29.

in Vergessenheit geraten..."[377]. Die Phlogistontheorie sei ein solcher Fall, den Kuhn jedoch unzulässigerweise generalisiert habe; dies sei jedoch die Ausnahme. Daher – so müssen wir schließen – ist für die FT die „Stabilität von Theorien über wissenschaftliche Revolutionen hinweg"[378] der Regelfall, der gerade durch den Begriff der abgeschlossenen$_2$ Theorie zum Ausdruck gebracht werden soll.[379] Unsere eigene Position liegt zwischen der Kuhnschen und derjenigen der FT. Insoweit die FT mit ihrem Abgeschlossenheitsbegriff$_2$ einem Massenphänomen überlebender Theorien Rechnung tragen will, erklärt sie zur Regel, was im Verlaufe wissenschaftlicher Entwicklung die Ausnahme ist. Die meisten Theorien gehen unter, werden vergessen, spielen eine Rolle nur noch in der Wissenschaftsgeschichte oder verwandten Disziplinen. Theorien „are transitory products, or cross-sections, of entire historically developing sciences"[380]. Werfen wir zur Bestätigung unserer Auffassung einen Blick auf die Wissenschaftsgeschichte.

In der Optik etwa sind die Theorien des Sehens von Pythagoras, Epikur, Platon, Aristoteles und anderen in Vergessenheit geraten, die bis zum Mittelalter die theoretische Szene beherrschen. Die Aristotelische Physik findet wie das Ptolemäische Weltbild nur noch Erwähnung in einigen Geschichtsbüchern – beide durch viele Jahrhunderte Paradigmen für die Gelehrtenwelt. In der Neuzeit entwikkelten Descartes, Boyle und Hooke Theorien des Lichts bzw. der Farbentstehung, worüber die Geschichte den

---

[377] Ebd. S. 206.
[378] Ebd. S. 204.
[379] Ebd. S. 207.
[380] Toulmin, Human Understanding, S. 146.

Mantel des Vergessens ausgebreitet hat.[381] Die Humanbiologie ist bis Harvey (1628) von Theorien des Blutkreislaufs durchsetzt, denen das gleiche Schicksal zuteil wurde.[382] Kuhn berichtet ähnliches aus der Elektrophysik.[383] Die Liste von Beispielen läßt sich nahezu beliebig verlängern. Kuhn generalisiert mit seiner These des „Massensterbens" von Theorien also nicht Einzelfälle, sondern sucht durchaus einem „Massenphänomen" gerecht zu werden. Daß unter den untergegangenen Theorien sich solche befinden, die den – freilich vagen – Abgeschlossenheitsbegriff$_2$ erfüllen, verdeutlicht nochmals, daß Abgeschlossenheit$_2$ die Aufgabe nicht erfüllen kann, die die FT ihr zuweist.

Wenn wir also mit Kuhn und gegen die FT der Auffassung sind, daß die meisten Theorien untergehen, folgt jedoch nicht, daß Kuhns Revolutionsmodell wissenschaftliche Entwicklung angemessen beschreibt. Er kann nicht erklären, warum Theorien, Hypothesen und Gesetze – im folgenden kurz Beiträge genannt – wissenschaftliche Revolutionen überdauern. Hier teilen wir die von der FT mit Wendungen wie „bleibende Geltung von Theorien" ausgedrückte Auffassung, wenn wir die Einschränkung machen, daß jene Wendung historisch zu relativieren ist und derart langlebige Beiträge historisch die Ausnahme bilden. Daß langlebige Beiträge Kuhnsche Revolutionen überstehen, sei an einigen Beispielen dokumentiert. Erwähnt seien nur das schon Aristoteles bekannte Reflexionsgesetz, das Brechungsgesetz (Snellius), zu dem schon Ptolemäus

---

[381] Zu Einzelheiten und weiteren Beispielen vgl. E. Hoppe, Geschichte der Optik, Wiesbaden 1967 (Neudruck von 1926).
[382] Vgl. N. R. Hanson, Perception and Discovery, San Francisco 1969, S. 220ff.
[383] Kuhn, Struktur, passim.

Vorarbeiten geleistet hatte, die Gaußsche Optik und natürlich die Newtonsche Mechanik, die zweifellos die Einsteinsche Revolution überlebt hat. Was Kuhn zu Recht herausarbeitet, ist die Einsicht, daß wissenschaftliche Erkenntnis ein dynamischer, in Gesellschaft und Geschichte sich vollziehender Prozeß ist, der nur interdisziplinär durch einen Wandel wissenschaftlicher Werte, Normen, Regeln, Techniken und Verfahren – begleitet von einem Wandel wissenschaftlicher Sprachen – zu erklären ist. Was er – allerdings zu verstehen angesichts eines statischen, ahistorischen, logikalistischen Neopositivismus – überzeichnet, kommt in der These zum Ausdruck, daß der Wandel revolutionär sei, daß die ihn tragenden Wissenschaftlergemeinschaften geschlossen seien, daß der Übergang zu einer neuen disziplinären Matrix einem Wechsel der Weltperspektive gleichkomme und durch intellektuelle Konversionen gekennzeichnet sei.[384] Demgegenüber betonen wir, daß wissenschaftliche Entwicklung nicht durch eine Abfolge wissenschaftlicher Revolutionen mit jeweils disjunkten und inkommensurablen disziplinären Matrizen zu erklären ist. Forschergemeinschaften und disziplinäre Matrizen sind offene Systeme.

---

[384] Zu einer Kritik an Kuhn vgl. Shapere, Meaning; sowie seine Rezension von Kuhns Buch in: Philos. Rev. 73 (1964) S. 383–394; ferner Toulmin, Does the Distinction between Normal and Revolutionary Science Hold Water? in: Criticism and the Growth of Knowledge, S. 39–47; ders., Human Understanding, S. 98 ff. Zwischenzeitlich hat Kuhn seine ursprüngliche Position in einigen Punkten geändert: vgl. Logic of Discovery or Psychology of Research, in: Criticism, S. 1–23; ders., Reflections on my Critics, S. 231–278; ders., Postskript, S. 278–319 sowie ders., Second Thoughts on Paradigms, S. 459–482. Es erscheint fraglich, ob Kuhns Position überhaupt noch revolutionär genannt werden kann, da er nun eine Revolution kennzeichnet als: „a little studied type of conceptual change which occurs frequently in science and is fundamental to its advance" (ders., Reflections, S. 249 f.).

Daher können sie miteinander interagieren. Interaktionen sind nur möglich, wenn die beteiligten Matrizen gemeinsame Elemente aufweisen. Zwischen ihnen müssen – um mit Wittgenstein[385] zu sprechen – Familienähnlichkeiten bestehen. Nicht revolutionärer Austausch, sondern evolutionärer Wandel disziplinärer Matrizen ist zentrales Merkmal wissenschaftlicher Entwicklung.

Beiträge sind wichtige Elemente disziplinärer Matrizen. Sie weisen für jene Matrizen eine Reihe von Relevanzdimensionen auf. Ihre wichtigsten charakterisieren wir als Erkenntnis-, Technologie-, Sozialisations-, Meß- und Orientierungsdimension. Die einzelnen Dimensionen werden unten erläutert. Zur Erkenntnisdimension nur eine Bemerkung: Beiträge erklären Fakten und organisieren sie, so daß wir eine Fülle von Phänomenen, die wir als Fakten sprachlich darstellen, verstehen können.

Zu einem gegebenen Zeitpunkt lassen sich für eine gegebene disziplinäre Matrix hinsichtlich einer Dimension alle Beiträge aufteilen in die Klasse der komplementären, der konkurrierenden und der irrelevanten Beiträge. Wir nennen für eine gegebene disziplinäre Matrix hinsichtlich einer Dimension einen Beitrag komplementär genau dann, wenn er in der gegebenen Forschungssituation von der Wissenschaftlergemeinschaft als stützendes Argument herangezogen werden kann. Hat sich beispielsweise die Hypothese einer Theorie bewährt, dann steht die Hypothese in komplementärer Beziehung zur Theorie hinsichtlich ihrer Erkenntnisdimension; historisch gesehen, stehen die Keplerschen Gesetze in komplementärer Beziehung zur Newtonschen Mechanik der gleichen Dimen-

---

[385] L. Wittgenstein, Philosophische Untersuchungen, Frankfurt a. M. 1971, Nr. 67, S. 48f.

sion. Entsprechend nennen wir einen Beitrag konkurrierend, wenn er in einer gegebenen Forschungssituation gegen die Position einer Forschergemeinschaft spricht. Ansonsten heißt ein Beitrag irrelevant. Die genannten Beziehungen zwischen Beiträgen sind nicht logischer Art. Dies würde sofort auf das Problem der Inkommensurabilität führen. Vielmehr handelt es sich um pragmatische Beziehungen – Stegmüllers Reduktionsbegriff bietet sich an[386] –, die historischem Wandel unterliegen. Konkurrierende Beziehungen können sich in komplementäre verwandeln. Das wird sogar der Fall sein, wenn ein fortschrittlicher Beitrag im Sinne Stegmüllers durch einen anderen verdrängt wird.
Wenn wir faktisch vor der Situation stehen, daß Beiträge einerseits von der Bildfläche verschwinden und andererseits Jahrhunderte überdauern können, dann läßt sich das nur entgegen Kuhn durch einen evolutionären Ansatz erklären, der Wandel als einen Prozeß der Erhaltung und Veränderung zugleich begreift.[387] Daher ist Kuhns Revolutionsmodell zu verwerfen.
Warum werden – von der FT als „überholt" bezeichnetete – Beiträge beibehalten? Die Antwort ist einfach: Sie werden benötigt. Die dargestellten Relevanzdimensionen von Beiträgen enthalten Nutzungspotentiale, die bei Vorliegen gewisser Bedingungen ausgeschöpft werden. Einen Fall der Potentialnutzung nennt die FT selbst: „Überholte" Beiträge werden in technischen Kontexten eingesetzt. Beiträge besitzen – so wollen wir sagen – *Technologiepotentiale*. Diese Potentiale bestehen darin, daß die Beiträge in Technologien, also spezifische Formen technischen

---

[386] Stegmüller, Theorienstrukturen und Theoriendynamik, S. 144 ff.
[387] N. Rescher, Methodological Pragmatism, Oxford 1977, S. 8 f.

Wissens, transformiert werden, die sich durch eine geeignete Kombination von Produktionsfaktoren in Techniken umsetzen lassen. „Überholte" Beiträge und damit verbundene Technologien werden insbesondere von den Technikwissenschaften gespeichert, weil für sie technische Nutzungsmöglichkeiten bestehen. „Überholte" Beiträge lassen sich in aktuellen Problemsituationen technischer Disziplinen als stützende Argumente für Technologien verwenden, die in Techniken umzusetzen sind. Hinsichtlich ihrer Technologiedimension stehen sie zur disziplinären Matrix einer Technikwissenschaft in komplementärer Beziehung; sie sind – wie wir sagen wollen – *technologierelevant*. Damit können wir sagen: „Überholte" Beiträge werden beibehalten, wenn sie technologierelevant sind. Zur Illustration betrachten wir Slevogts „Technische Optik". Sie beginnt so:

„Für die Mehrzahl der Aufgaben in der technischen Optik kann man die Wellennatur des Lichtes unbeachtet lassen. Dann ist also optische Abbildung gleich Strahlenvereinigung. Wenn man Lichtstrahlen verfolgen will, benötigt man das Brechungsgesetz (Snellius 1615)."[388]

Der Autor führt dann aus, daß weite Bereiche der technischen Optik durch die Gaußsche Optik abgedeckt werden, um auf dieser Basis optische Technologien darzustellen. In diesem Fall beruht die Technologierelevanz der genannten „überholten" Beiträge auf ökonomischen Gründen; die mit diesen Beiträgen verbundenen Technologien sind zur Realisierung zahlreicher Techniken mit gegebenen Anforderungen aufwendigeren Technologien vorzuziehen.

---

[388] H. Slevogt, Technische Optik, Berlin/New York 1974, S. 15.

Ein zweiter Grund für die Beibehaltung „überholter" Beiträge liegt darin, daß solche Beiträge für die Sozialisation nachfolgender Forschergenerationen benötigt werden. Der Sozialisationsprozeß wird von jeder Forschergeneration äußerst selektiv so organisiert, daß a) die Wahrscheinlichkeit für die Fortsetzung der eigenen, als richtig oder zweckmäßig erkannten Forschungstradition möglichst groß (Kontinuitätsprinzip der Sozialisation) und b) die Sozialisationsdauer möglichst kurz wird (Ökonomieprinzip der Sozialisation). Beide Prinzipien führen dazu, daß nur wenige Beiträge für die Sozialisation der Nachfolgegeneration geeignet sind. Natürlich werden zur Sozialisation Techniken, Verfahren, Analogien usw. eingesetzt; wir sind der Auffassung, daß das Sozialisationsziel nicht nur im Erwerb eines theoretischen Wissens der Nachfolgegeneration besteht, sondern mehr auf die Einübung eines technischen Wissens gerichtet ist, das ein Handeln in der Forschungspraxis im Sinne der Fortsetzung der Forschungstradition erlaubt. Sozialisation zielt also primär auf den Erwerb von Forschungstechnologie und deren Anwendung in Forschungspraxis; ähnlich äußert sich Rescher;[389] dieser Problembereich interessiert jedoch im gegenwärtigen Kontext nicht.

Nur sozialisationsrelevante Beiträge werden zur Sozialisation herangezogen. Wir nennen einen Beitrag sozialisationsrelevant für eine disziplinäre Matrix genau dann, wenn er sich aus der gegenwärtigen Problemsituation heraus als stützendes Argument darstellen läßt, wenn er also zur betrachteten Matrix in komplementärer Beziehung steht. Das ist besonders dann der Fall, wenn der Beitrag in der gegebenen Problemsituation sich als erfolgreiche Lösung darstellt, eine erfolgreiche Anwendung auf empiri-

---

[389] Rescher, Methodological Pragmatism, S. 70 ff.

sche Phänomene innerhalb gewisser Fehlergrenzen erlaubt oder beispielhaft erfolgreich für die Entwicklung einer Technik verwendet wurde. Entsprechend heißen für eine disziplinäre Matrix in einer gegebenen Problemsituation nicht-komplementäre Beiträge sozialisationsirrelevant.

Sozialisationsrelevant sind in erster Linie historische Beiträge. Das liegt einmal daran, daß die nachfolgende Forschergeneration an die gegenwärige Problemsituation nur herangeführt wird; andererseits werden neue Beiträge, die an aktuellen Forschungsfronten gewonnen werden, von der Disziplin zunächst einer kollektiven Bewertung unterzogen. Solange dieser Bewertungsprozeß, dem jeweils ein „current pool of conceptual innovations"[390] zur Verfügung steht, woraus es die konzeptuelle Variante zu selektieren gilt, die „best succeeded in resolving the outstanding conceptual problems"[391], andauert, sind solche Beiträge zur Sozialisation ungeeignet.[392]

Wenn also historische Beiträge sozialisationsrelevant sind, muß zwischen ihnen und der betreffenden disziplinären Matrix eine Komplementaritätsbeziehung bestehen. Unsere Definition des Terms ‚Sozialisationsrelevanz' legt ausdrücklich die Unterscheidung zwischen historischer und gegenwärtiger Problemsituation einer Disziplin nahe und gestattet Feststellungen wie: „Ein in einer historischen Problemsituation erfolgreicher Beitrag kann aus

---

[390] Toulmin, Human Understanding, S. 224.
[391] Ebd. S. 225.
[392] Zwei Bemerkungen erscheinen angebracht. Erstens impliziert die Selektion des jeweiligen Beitrags nochmals, daß die meisten Beiträge untergehen. Zweitens sei darauf hingewiesen, daß sich die Sozialisation von Natur- und Sozialwissenschaftlern unterscheidet – vgl. L. Hargens, Anomie und Dissens in wissenschaftlichen Gemeinschaften, in: Wissenschaftssoziologie, hg. von N. Stehr, R. König, Opladen 1975, S. 389f.

Sicht der gegenwärtigen Problemsituation nicht erfolgreich sein." Typische Fälle für ursprünglich erfolgreiche, aus der gegenwärtigen Problemsituation nicht erfolgreiche Beiträge sind die Phlogistontheorie und das Ptolemäische Weltbild – beides in ihren historischen Problemsituationen Theorien mit zahlreichen erfolgreichen Anwendungen. Daß aus der jeweils aktuellen Problemsituation heraus nur komplementäre historische Beiträge als Sozialisationsmaterial zur Verfügung gestellt werden, ergibt sich aus den genannten Prinzipien. Enthielte das Sozialisationsmaterial die aus der gegenwärtigen Problemsituation sich darstellenden „Irr- und Umwege" der Geschichte der Disziplin, so wäre das Ökonomieprinzip verletzt. Will die Forschergeneration die Verfolgung der als richtig erachteten Tradition sicherstellen, muß das Sozialisationsmaterial so organisiert dargeboten werden, daß es unmittelbar und als aufeinander aufbauende Abfolge von Schritten in die gegenwärtige Problemsituation hineinführt und so ein der Traditionsfortführung dienliches Problembewußtsein bei der Nachfolgegeneration schafft. Die Lehrbücher naturwissenschaftlicher Disziplinen dokumentieren das deutlich.[393] Bezeichnen wir das von einer Disziplin zur Verfügung gestellte Sozialisationsmaterial als deren Sozialisationsgeschichte, wird deutlich, daß die Sozialisationsgeschichte einer Disziplin ein höchst selektives Konzentrat ihrer Gesamtgeschichte darstellt.

Einen dritten Grund für die Beibehaltung „überholter" Beiträge nennt schon Heisenberg:[394] Solche Beiträge sind wesentlicher Bestandteil wissenschaftlicher Meßsprachen. Wissenschaftliche Apparate, Meßinstrumente usw. werden anhand derartiger Beiträge konstruiert. Nicht ein Bei-

---

[393] So auch Kuhn, Struktur, Kap. I.
[394] Heisenberg, Schritte über Grenzen, passim.

trag oder eine Klasse zusammengehöriger Beiträge – z. B. ein Theoriekern plus Kernerweiterungen im Sinne Stegmüllers[395] – ist Element der disziplinären Matrix, sondern über die Meßsprachen finden zahlreiche weitere Beiträge Eingang in diese. Freilich finden sich darunter gerade solche, deren sich die Wissenschaftlergemeinschaft nach Kuhn im Wege einer „Revolution" – begleitet von visuellen Gestaltwandlungen und Konversionen der beteiligten Wissenschaftler, die gewissermaßen auf einen anderen Planeten versetzt werden – gerade entledigt haben.[396] Tatsächlich ist es völlig unplausibel, vom Beitrag T zu Beitrag T' zu konvertieren, um anschließend T im „wissenschaftlichen Alltag" weiterzubenutzen, als wäre nichts geschehen. Genau das aber verlangt das Kuhnsche Revolutionsmodell, wenn wir an den Übergang „Newtonsche – Einsteinsche Mechanik" denken. Bis heute baut die Meßsprache der Physik weitgehend auf der Newtonschen Mechanik auf.[397]

Einen vierten Grund schließlich führt Toulmin[398] an. Gerade in Unsicherheitssituationen einer Disziplin, die

---

[395] Stegmüller, Theorienstrukturen, S. 254, 222.
[396] Kuhn freilich behauptet: „Unter der Führung eines neuen Paradigmas machen sich die Wissenschaftler neue Apparate zu eigen..." (Kuhn, Struktur, S. 151)
[397] Es kann nicht bestritten werden, daß es Fortschritte im Meßbereich einer Disziplin gibt. Das ist für einen evolutionären Ansatz sogar selbstverständlich, da Erhaltung und Variation zugleich seinen theoretischen Kern bilden, Kuhn hingegen die Erhaltung vernachlässigt. Aber nicht nur erhalten sich alte Meßsprachen; das Beispiel der Hydrodynamik zeigt, daß selbst durch Kuhnsche „Revolutionen" überrollte Beiträge überlegen und nach wie vor theoretische Forschungsfronten bilden. Während wir das als eine Perpetuation darstellen können, muß Kuhn seinen Revolutionsbegriff auf einzelne Personen oder Personengruppen relativieren – vgl. Kuhn, Reflections on my Critics, S. 252.
[398] Toulmin, Human Understanding, S. 237ff.

durch Debatten über strategische Umorientierungen, über die Adäquatheit von Bewertungskriterien für Beiträge gekennzeichnet sein kann, dienen „überholte" Beiträge als Orientierungsrahmen für den Austausch von Argumenten, wenn diese Beiträge durch vergleichbare Unsicherheitssituationen charakterisiert waren. Jede etablierte Disziplin führt ein historisch gewachsenes „Know-how" zur Bewältigung solcher Unsicherheitssituation mit sich, das dann zum Einsatz kommt, wenn der künftige Weg der Disziplin selbst zur Debatte steht.

Keiner der genannten Gründe für die Beibehaltung „überholter" Beiträge setzt irgendeinen Abgeschlossenheitsbegriff voraus; keiner verleiht irgendeinem Abgeschlossenheitsbegriff, der mit Wendungen wie „endgültige Erkenntnis" belastet ist, auch nur Plausibilität. Unsere Analyse zeigt, daß Beiträge „Vielzweckgebilde" mit zahlreichen und historisch variablen Verwendungsmöglichkeiten sind. Ob Beiträge „überholt" sind, hängt davon ab, ob ihre Potentiale genutzt werden oder nicht. Das aber wiederum ist abhängig von einer historisch variablen Relation zu einer disziplinären Matrix, die durch historischen Wandel gekennzeichnet ist. Daß Beiträge selbst über Jahrhunderte genutzt werden, bedeutet nicht, daß sie bleibende Geltung besitzen. Geltung und Nutzung sind zu unterscheiden. Selbst der Schluß von der gegenwärtigen Nutzung eines Beitrags auf seine künftige ist ungerechtfertigt und mit einer evolutionären Wissenschaftsbetrachtung unvereinbar. Wenn die FT das Phänomen der Stabilität einiger Beiträge über Kuhnsche Revolutionen hinweg zutreffend konstatiert, dann kann der erkannte Mangel des Kuhnschen Modells nur dadurch behoben werden, daß man es durch einen Ansatz ersetzt, der wissenschaftliche Entwicklung als einen dualen Prozeß selektiver Erhaltung und Veränderung begreift. Nur auf diese Weise können

wir das hohe Alter erklären, das wenige Beiträge erreichen, ohne den von Kuhn erkannten dynamischen Charakter wissenschaftlicher Entwicklung leugnen zu müssen. Allerdings erzwingt die Anerkennung jener Dynamik die Zurückweisung jedes Abgeschlossenheitsbegriffs.
Damit kommt die Analyse zu dem Ergebnis, daß a) der Abgeschlossenheitsbegriff$_2$ selbst unhaltbar ist, daß b) er mit einer quasitranszendentalen Begründungsstrategie eingeführt wird, deren Bezeichnung unbegründet ist, daß c) seine Einführung auf Motiven basiert, denen jede Plausibilität fehlt. Wir gehen zum Begriff der theoretischen Reife über.

4.324 Kritik des Begriffs ‚Theoretische Reife'

Theoretische Reife weist „den scharfen Begriff der Abgeschlossenheit einer Theorie" zurück, um unter Finalisierung „alle diejenigen Fälle subsumieren" zu können, „in denen eine Zweckorientierung der Theorienentwicklung auf der Basis eines schon erreichten Theorieniveaus vorliegt".[399] Eine reife Theorie unterscheidet sich von einer abgeschlossenen$_2$ dadurch, daß 1) „zur Erfassung eines bestimmten Phänomenbereichs" nicht „ein hinreichendes Begriffsmaterial", sondern ein vollständiges zur Verfügung stehen muß, daß 2) „ihre Gültigkeit" nicht „für einige Fälle erwiesen" sein muß, sondern nur „die Existenz einer exemplarischen Anwendung" erforderlich ist und daß 3) man nicht „gute Gründe für die Erwartung ihrer Gültigkeit in dem gesamten Phänomenbereich" benötigt, sondern nur noch „Gründe für die Überzeugung, daß die in Frage stehende Theorie in einem weiteren Be-

---

[399] Böhme u. a., Finalisierung Revisited, S. 220.

reich (der die interessanten praktischen Anwendungsfälle umfaßt) gültig ist".[400]
Hinsichtlich 1) sehen wir keine Unterschiede zwischen abgeschlossenen$_2$ und reifen Theorien; 2) faßt den Reifebegriff insoweit schwächer, als hier nicht mehr explizit die Gültigkeit der Theorie für einen einzigen Fall verlangt wird. Was „exemplarische Anwendung" heißt, macht die FT leider nicht deutlich; immerhin soll die Existenz einer solchen Anwendung der Theorie objektive Realität garantieren.[401] Anwendung wird einerseits im Sinne von Stegmüller diskutiert.[402] Aber der Stegmüllersche Begriff der Anwendung kann der FT nicht zugrunde liegen, da Stegmüller mit der ersten – zudem noch: erfolgreichen – Anwendung einer Theorie nicht deren Reife, sondern ihren geschichtlichen Ursprung kennzeichnet.[403] FT will von Theorienanwendung nur sprechen, wenn es um die Frage geht, „wie man mit einer Theorie wirklich arbeiten kann"[404]. „Wirklich arbeiten" kann man mit einer Theorie, wenn man die speziellen Phänomene versteht, „die für den Bau einer Turbine wesentlich sind", oder wenn man weiß, wie „die gezielte Konstruktion eines Kunstdüngers möglich wird", oder wenn man in der Lage ist, für Stoffwechselkrankheiten „Medikamente zu entwickeln".[405] Die finalistischen Beispiele legen es nahe, von ‚Anwen-

---

[400] Ebd. S. 222.
[401] Ebd. S. 223.
[402] Stegmüller, Theorienstrukturen, S. 211 f. Zu einer Kritik an Stegmüller vgl. K. J. Düsberg, Stegmüller über ‚wissenschaftliche Revolutionen', in: Zs. f. Allgemeine Wissenschaftstheorie 8 (1977) S. 331–341. Anwendung im Sinne Stegmüllers hat nichts mit technischer Anwendung zu tun.
[403] Stegmüller, Theorienstrukturen, S. 191.
[404] Böhme u. a., Finalisierung Revisited, S. 212.
[405] Ebd.

dung' genau dann zu sprechen, wenn eine Theorie für externe Zwecke verwendbar ist, wenn man über Technologien zur Realisierung von Techniken (Produkten, Prozessen, Verfahren) verfügt. Exemplarisch wäre danach eine Anwendung, wenn man in der Lage wäre, z. B. ein Medikament gegen eine ganz bestimmte Stoffwechselkrankheit zu entwickeln,[406] wenn man beispielhaft erstmals eine Theorie für einen externen Zweck einsetzen kann; kurz, wenn man über eine reife Theorie verfügt; denn erst dann, mit „dem Abschluß der paradigmatischen Theoriendynamik, also mit der theoretischen Reife eines

---

[406] Die FT diskutiert im Anschluß an jene Beispiele über mehrere Seiten das Problem, eine Theorie nicht auf ein System anwenden zu können, obwohl man von ihrer Gültigkeit überzeugt sei. Als Beispiel zieht sie u. a. die Hydrodynamik heran. Dieses „merkwürdig Phänomen" (ebd. S. 212) verliert freilich vieles von seiner Merkwürdigkeit, wenn gemäß unserer Analyse der Hydrodynamik davon auszugehen ist, daß die Hydrodynamik keineswegs über eine fundamentale oder abgeschlossene Theorie verfügte. Wenn man ein praktisches Problem zu lösen hat, bei dem – sagen wir – der hydrodynamische Widerstand eine entscheidende Rolle spielt, dann wären alles andere als Schwierigkeiten bei der Verwendung einer Theorie, die jenes Phänomen nicht beherrscht, zur Lösung des praktischen Problems eine Überraschung. Und selbst wenn man über eine akzeptierbare theoretische Erklärung des fraglichen Phänomens verfügte, ist das Erstaunen der FT über jenes merkwürdige Phänomen unverständlich, vertritt sie doch kurz zuvor (ebd. S. 209, Anm. 34) die Auffassung, das „Wie" der Anwendung einer Theorie sei ein relevanter Teil theoretischer Wissenschaftsentwicklung. Die FT begibt sich hier in das Lager von Gegnern wie J. Agassi, The Confusion between Science and Technology in the Standard Philosophy of Science, in: Technology and Culture 7 (1966) S. 348, anschließend H. Albert, Wertfreiheit als methodologisches Prinzip, S. 192, für die praktische Anwendung einer Theorie lediglich tautologische Transformation bedeutet und die folglich in einem Scheitern ihrer Transformationsthese ein „merkwürdiges Phänomen" erblicken müßten. Wir unterscheiden kognitive Theorien und Technologien; erstere vermitteln ein Know-why, letztere ein Know-how, das Praxisbezüge aufweist. Dabei sind wir der Auffassung, daß das Know-how nicht lediglich Ergebnis tautologischer Transformation des Know-why unter Hinzufügung einiger Desiderata ist.

Gebietes, wird die externe Orientierung der Wissenschaft auf der Ebene der Theorienentwicklung möglich"[407]. Sollte nicht „exemplarische Anwendung" theoretische Reife definieren, zumindest Indikator für eine reife Theorie sein und nicht umgekehrt? 2) setzt bereits einen Reifebegriff voraus, den es erst zu definieren gilt: das Verfahren ist zirkulär.

Betrachten wir 2) aus einer anderen Perspektive! Die FT sucht Kriterien, bei deren Vorliegen sie von einer reifen Theorie sprechen kann. Sind diese Kriterien erfüllt, könnte sie formulieren: Mit Erreichen theoretischer Reife kann Theorienentwicklung an externen Zwecken orientiert werden.[408] Nun aber kehrt die FT ihre Argumentation um. Eine Theorie heißt reif nur dann, wenn sie eine exemplarische Anwendung (sprich: externe Verwendung = Finalisierung) aufweist; von einer reifen Theorie kann gesprochen werden, sobald sie extern verwendet wird. Faktisch bedeutet das Vorgehen der FT ein Aufgeben des Dreiphasenmodells – zumal sie eingesteht, daß der Begriff der reifen Theorie nicht die Feststellung erlaube, „ob es möglich ist und Sinn hat, die fundamentalen (sprich: reifen, d. Verf.) Theorien selbst noch weiterzuentwikkeln"[409].

Da – wie bei der Diskussion von Abgeschlossenheit$_2$ gezeigt – die Vollständigkeit des Begriffsmaterials sowie die Überzeugung der Gültigkeit einer Theorie gemäß FT jederzeit behauptet werden kann, kann jeder Theorie bei Vorliegen einer exemplarischen Anwendung theoretische Reife zugesprochen werden. Theoretische Reife wird nicht mehr – wie auch das letzte Zitat zeigt – am kogniti-

---
[407] Böhme u. a., Finalisierung Revisited, S. 228.
[408] Ebd. S. 223f.
[409] Ebd.

ven Entwicklungsniveau einer Theorie festgemacht. Wenn die FT gleichwohl theoretische Reife mit dem „Abschluß der paradigmatischen Theoriendynamik"[410] identifiziert, ist entweder eine Inkonsistenz zu konstatieren – wenn die Weiterentwicklung einer Theorie offen ist, kann nicht das Ende ihrer Entwicklung behauptet werden –, oder wir müssen den Abschluß der Theoriendynamik auf den Zeitpunkt der ersten exemplarischen Anwendung verlegen. Dann fielen zwar Abschluß von Theoriendynamik und Beginn der Finalisierungsphase zusammen, jedoch müßte man zugestehen, daß solcher Abschluß den Beginn, jedenfalls nicht das Ende interner Theoriendynamik bedeuten kann. Beide Konsequenzen sind freilich unhaltbar.

Das dritte Merkmal reifer Theorien bringt gegenüber Abgeschlossenheit$_2$ deutliche Abschwächungen: statt „guter Gründe für die Erwartung" der Güligkeit der Theorie fordert die FT nur noch das Vorliegen von Gründen. Weiter erstreckt sich die Überzeugung der Gültigkeit nicht mehr auf den ganzen Phänomenbereich, sondern nur auf einen weiteren Teilbereich neben demjenigen der exemplarischen Anwendung. Dieser weitere Teilbereich muß allerdings die praktischen Anwendungsfälle umfassen. Da diese Forderung für abgeschlossene Theorien nicht erhoben wird, ergibt sich die Möglichkeit, daß eine abgeschlossene$_2$ Theorie unreif sein kann. Die Klasse abgeschlossener$_2$ Theorien wäre entgegen den Intentionen der FT nicht Teilklasse der Klasse reifer Theorien.

Betrachten wir die Hydrodynamik um 1850. Gemäß FT ist sie hier abgeschlossen$_2$. Die praktisch zweifellos interessanteste Anwendung der Hydrodynamik war der nach 1900 einsetzende Flugzeugbau. Um der Hydrodynamik

---

[410] Ebd. S. 229.

um 1850 Reife zusprechen zu können, hätte man Gründe dafür haben müssen, daß die Theorie in einem weiteren Bereich, der den Flugzeugbau umfaßt, gültig ist. Solche Gründe waren aber nicht verfügbar, weil die Hydrodynamik um 1850 den Flugzeugbau als praktische Anwendung noch nicht ins Auge gefaßt hatte. Die Hydrodynamik war unreif, weil man die praktisch interessanteste Anwendung nicht kannte und folglich auch keine Gründe für die Gültigkeit der Theorie in diesem Bereich haben konnte. Um wissenschaftlich vom Flugzeugbau reden zu können, mußte die Hydrodynamik erst Begriffe wie Auftrieb, Zirkulation oder Wirbel erarbeiten. Das technische Nutzungspotential der Theorie wurde Jahrzehnte nach ihrer Abgeschlossenheit$_2$ sichtbar: die Hydrodynamik ist gemäß FT paradoxerweise abgeschlossen$_2$ und unreif.
Insgesamt kommen wir zu dem Ergebnis, daß der Begriff der reifen Theorie nicht schwächeren Einwänden ausgesetzt ist als derjenige der Abgeschlossenheit$_2$. Damit verliert das Dreiphasenmodell wissenschaftlicher Entwicklung jegliche Konturen. Aber damit nicht genug. Selbst auf der Basis reifer Theorien kann die FT nicht alle „Finalisierungen" als Finalisierungen darstellen. Die von ihr diskutierte Agrikulturchemie hätte dem Dreiphasenmodell zufolge in der ersten Hälfte des vorigen Jahrhunderts auf einer reifen Theorie aufbauen müssen. Eine solche lag gemäß FT[411] nicht vor. Da es gleichwohl zu theoretischen Sonderentwicklungen (= Finalisierungen) kam (etwa Entwicklung von Kunstdünger), sieht sich die FT veranlaßt, von „der relativen theoretischen Reife der anorganischen Chemie... und der methodischen Reife der organischen

---

[411] W. Krohn, W. Schäfer, Ursprung und Struktur der Agrikulturchemie, in: Gesellschaftliche Orientierung, S. 37.

Chemie"[412] zu sprechen. An anderer Stelle ist gar von theoretischer Übersichtlichkeit[413] der organischen Chemie die Rede. Diese Übersichtlichkeit wird von der Radikaltheorie organischer Verbindungen – einer heute interessanterweise „vergessenen" Theorie – gestiftet, die ein systematisches und erfolgreiches „Suchen nach erwartbaren Verbindungen erlaubte"[414].

Wir wollen auf diese begrifflichen Differenzierungen nicht eingehen und uns auf den Term ‚methodische Reife' beschränken. Methodische Reife, die die Grundlage für eine Finalisierung in Gestalt der Agrikulturchemie bildet, wird gekennzeichnet durch die Verfügbarkeit quantitativer Meß- und Analyseverfahren (hier: für chemische Verbindungen). Akzeptieren wir, daß solche Reife für den Übergang zu finalisierter Wissenschaft ausreicht, wird das Dreiphasenmodell endgültig überflüssig: nicht mehr vom Entwicklungsniveau kognitiver Theorien, sondern von einem apparativen, experimentellen Wissensniveau hängen nach Auffassung der Finalisten Finalisierungen ab. Interne Theoriendynamik muß nicht nur nicht mehr zum Abschluß gekommen sein, sie braucht nicht einmal begonnen zu haben, um in die finalistische Phase der Entwicklung von Spezialtheorien anhand externer Zwecke einzutreten. Soll umgekehrt das Dreiphasenmodell gelten, hätte es die Sonderentwicklung der Agrikulturchemie nicht geben dürfen. Die anorganische Chemie hatte nicht mehr als erste erfolgreiche Gehversuche hinter sich (Dalton, Gay-Lussac, Lavoisier) und gerade die Phlogistontheorie verworfen; die organische Chemie lag noch weit hinter der anorganischen zurück. Von einer reifen oder abgeschlos-

---

[412] Ebd. S. 27.
[413] Ebd. S. 36.
[414] Ebd.

senen$_2$ Theorie kann in der damaligen Chemie keine Rede sein. Interessant wäre die Frage, ob die Radikaltheorie den Begriff der Reife oder der Abgeschlossenheit$_2$ erfüllt. Immerhin hatte sie erfolgreich Anwendungen im Sinne Stegmüllers; mit genügendem Dogmatismus hätte man ihr begriffliches Material sicherlich als vollständig bezeichnen können, und die Überzeugung für ihre Gültigkeit war bis ca. 1840 gegeben. Alle diese Konsequenzen und damit das Dreiphasenmodell selbst sind unhaltbar.

4.33 Weitere Rückzugsgefechte

Faktisch – so unsere These – hat sich die FT weitgehend von ursprünglichen Positionen zurückgezogen. War ursprünglich – zumindest der Intention nach – die paradigmatische Phase abgeschlossen für externe und die postparadigmatische abgeschlossen für interne Zwecke, so erzwingt nun der verwässerte Begriff der Reife die Preisgabe selbst dieser Intention: die paradigmatische und die postparadigmatische Phase lassen sich kaum noch unterscheiden. Diese Preisgabe läuft für die FT jedoch nicht „schmerzfrei" ab; ihre Rückzugsgefechte werden mit Inkonsistenzen bezahlt. Wir dokumentieren das im Folgenden.

„Die Theoriendynamik der paradigmatischen Phase läßt eine Orientierung an externen Zwecken nicht zu. Sie folgt einem internen Forschungsprogramm, das auf die Ausarbeitung und Bestätigung der grundlegenden erklärenden Theorien gerichtet ist."[415] Gleichwohl „ist ein Bezug auf externe Probleme nur durch Transferforschung möglich. Transferforschung ist... (weitgehend, d. Verf.) angewandte Forschung oder... technische Entwicklung... Theoriebildung und Theorieanwendung

---
[415] Böhme u. a., Finalisierung Revisited, S. 228.

sind in der paradigmatischen Phase zwei gleichzeitige, aber getrennte Entwicklungslinien." Transferforschung paßt die in der Grundlagenforschung „für einfache Modellsysteme formulierten Ergebnisse... den komplexeren Verhältnissen der externen Problemfelder an".[416]

Der erste Teil des Zitats schließt aus, was der zweite behauptet. Fazit: Die paradigmatische Phase ist gekennzeichnet durch Fortbildung der Fundamentaltheorie anhand interner Zwecke (Erklärung empirischer Phänomene) und durch Theorienanwendung anhand externer Zwecke. Interne und externe Zwecke sind in der paradigmatischen Phase miteinander verträglich. Das hauptsächliche Unterscheidungsmerkmal der beiden Forschungsphasen wird aufgegeben.[417] Weiter reicht eine Anpassung der Fundamentaltheorie an externe Problemfelder nicht aus, um von Finalisierung sprechen zu können. Solche Theorienfortbildung ist keine Finalisierung.

In der postparadigmatischen Phase vereinigen sich Theorienbildung und -anwendung zu einer Entwicklungslinie.[418] Eine interne Logik, „die die Richtung der Weiterentwicklung bestimmt"[419], gibt es nicht mehr. „Externe Zwecke... definieren Forschungsprobleme und erfordern begriffliche Erweiterungen, für die es keine wissenschaftsinterne Notwendigkeit gibt."[420]

---

[416] Ebd. S. 229.
[417] Vgl. II, S. 138. Anmerken nur wollen wir, daß die Behauptung, theoretische Reife sei eine „notwendige Bedingung" (Finalisierung Revisited, S. 218) für eine externe Orientierung von Wissenschaft, unhaltbar ist. Daß externe Theorienanwendung vor Erreichen des Reifestadiums durch Transferforschung stattfindet, zeigt gerade, daß Reife keine notwendige Bedingung ist.
[418] Ebd. S. 229.
[419] Böhme u. a., Gesellschaftliche Orientierung, S. 15.
[420] Böhme u. a., Finalisierung Revisited, S. 232.

Diese Charakterisierung postparadigmatischer Wissenschaft bereitet jedoch einer Abgrenzung beider Forschungsphasen Schwierigkeiten. Theorienfortbildung und externe Orientierung finden sich in beiden Phasen; weiter muß Theorienfortbildung in der postparadigmatischen Phase gleichfalls als Anpassung der Fundamentaltheorie an externe Problemfelder beschrieben werden. Die von der FT unbeantwortete Frage ist, wann eine Anpassung an externe Problemfelder postparadigmatische Theorienfortbildung (Finalisierung) ist und wann paradigmatische angewandte Forschung; diese Frage bedarf um so dringender einer Beantwortung, als auch eine paradigmatische Anpassung an externe Problemfelder mit begrifflichen Erweiterungen verbunden sein kann. Bleibt also als Differenz nur festzuhalten, daß paradigmatische Theorienfortbildung hin zu reifen Theorien durch interne Regulative, d. h. Erklärung, geschieht, die anschließend ihre Bedeutung verlieren. Aber auch diese Abgrenzung ist problematisch.

Wenn Theorien reif sind, „wird ihre Dynamik durch die Anwendung der paradigmatischen Theorie *zur Erklärung* der komplexen Systeme, die unter sie subsumierbar sind, bestimmt werden. Die Anwendung der theoretischen Grundsätze ist... Entwicklung spezieller Theorien, also Fortsetzung der Grundlagenforschung... Gleichwohl läßt sich diese Forschung... nach externen Zwecken planen und orientieren."[421]

Postparadigmatische Theorienfortbildung wird wie paradigmatische durch interne Erklärungsziele bestimmt. Ja, die postparadigmatische Phase weist für den Prozeß der

---

[421] Böhme u. a., Gesellschaftliche Orientierung, S. 15, unsere Hervorhebung.

Theorienfortbildung „Merkmale einer Paradigmatisierung auf – und zwar unabhängig davon, ob die Anwendung unter externen Zwecksetzungen steht"[422]. Nach diesem Zugeständnis einer Entfinalisierung finalisierter Wissenschaft dürfte auch obige Abgrenzung hinfällig werden, die begriffliche Erweiterungen im Zuge finalistischer Theorienfortbildung auf wissenschaftsexterne Notwendigkeiten zurückführen wollte. Diese Erweiterungen der Fundamentaltheorie in der postparadigmatischen Phase dürften sich gerade durch die internen Erklärungszwecke begründen lassen.

Was also bleibt zur Abgrenzung der beiden Phasen? Von finalistischer Theorienfortbildung – die nicht angewandte Forschung sein darf –, ist zu sprechen, wenn sie durch externe Zwecke initiiert wurde. Selbst hier jedoch ist eine Einschränkung zu machen. Fällt die extern initiierte Theorienfortbildung in den Bereich der intendierten Anwendung der Theorie, so läßt sich von einer Finalisierung nicht sprechen, wenn die Anwendung, im Sinne Stegmüllers, von den Wissenschaftlern noch nicht ausgearbeitet wurde. Die Theorienfortbildung hätte auch ohne die externe Initiative stattgefunden und wäre dann in die paradigmatische Phase gefallen. Sprächen wir umgekehrt in solchen Fällen von Finalisierungen, dann wäre die Klassifikation einer Theorienfortbildung als Finalisierung davon abhängig, in welcher Weise die Wissenschaftler den Forschungsprozeß organisieren, in welcher Reihenfolge sie sich den einzelnen Anwendungsbereichen zuwenden. Aussagen wie: es gibt „in der postparadigmatischen Entwicklung eines Fachgebietes keine interne Logik, die die Richtung der Weiterentwicklung bestimmt und durch die

---

[422] Böhme u. a., Finalisierung Revisited, S. 233 f.

Problemstellungen der Forschung selegiert werden"[423], wären schlicht unhaltbar. Der externe Zweck muß also zusätzliche Forschung initiieren, die über die Theoriendynamik, welche die Klasse der intendierten Anwendungen erschließt, hinausgeht, ohne lediglich paradigmatische Anpassung an externe Problemfelder, also angewandte Forschung, zu sein.

Bestehen bleibt jedoch der Einwand, daß postparadigmatische Forschung bis auf jenen besonderen externen Forschungsanstoß alle Züge paradigmatischer Dynamik trägt. Da weiter in der ursprünglichen Fassung der FT solche Fälle, in denen externe Zwecke lediglich eine Anstoßfunktion haben, als Grenzfälle behandelt wurden (z. B. Weltraumforschung), die nicht eindeutig der paradigmatischen oder der postparadigmatischen Phase zuzuordnen waren,[424] wird auch diese Unterscheidung fragwürdig. Da weiter – wie auch das vorletzte Zitat andeutet – in der postparadigmatischen Phase „auch ohne Rekurs auf externe Ziele eine wachsende Zahl von theoretisch bearbeitbaren Problemen definiert werden"[425] kann, die im Wege der Theorienfortbildung abgearbeitet werden können, sind in der Finalisierungsphase Forschungsprozesse denkbar, die nicht einmal das Merkmal eines externen Forschungsanstoßes tragen müssen, also rein paradigmatische Forschungsprozesse sind. In der ursprünglichen Fassung der FT wurden solche Prozesse konsequenterweise der paradigmatischen Phase zugeordnet. Finden sich aber in der postparadigmatischen Phase neben finalistischen Forschungsprozessen auch paradigmatische, läßt sich die These der FT von der Vereinigung von Theorienbildung

---

[423] Böhme u. a., Gesellschaftliche Orientierung, S. 15.
[424] II, S. 139.
[425] Böhme u. a., Gesellschaftliche Orientierung, S. 15f.

und -anwendung zu einer Entwicklungslinie nicht mehr aufrechterhalten.

Eine weitere Einschränkung gegenüber der ursprünglichen Fassung der FT ergibt sich in folgender Hinsicht. Ursprünglich stand im Zentrum der FT die These, daß externe Zwecke zum Entwicklungsleitfaden von Theorien würden. Damit war die Vorstellung verknüpft, daß gesellschaftliche Gruppen als Nachfrager gegenüber den Wissenschaften aufträten und Wissenschaft die gewünschten Produkte per Theorienfortbildung fertigte und an die Nachfrager ablieferte. Kurz, die FT stellte sich mit dem Dreiphasenmodell als ein Nachfragemodell dar, in dem die wissenschaftlichen Produzenten mangels eigener Produktideen, also mangels interner Dynamik in der postparadigmatischen Phase, nur noch externe Nachfrage befriedigen könnten (in der Ökonomie spricht man von Auftragsfertigung). Dieses Nachfragemodell mit Auftragsfertigung erfährt nun eine gewichtige Veränderung.

Die wissenschaftlichen Produzenten treten selbst als Anbieter von Produkten auf, die sie in Eigeninitiative zur Befriedigung externer Nachfrage entwickeln: „Sobald die Wissenschaftler den Wissenschaftsbedarf innerhalb der Sphäre der Produktivkräfte wahrnehmen, beginnen sie selbst, technisch verwertbare Technologien zu entwerfen."[426] Das Nachfragemodell mit Auftragsfertigung wird um ein Angebotsmodell erweitert: die autonome Dynamik der Wissenschaft führe auf neuartige Technologien,[427] die in der „Eigendynamik der wissenschaftlichen Entwicklung"[428] enthalten seien. Wissenschaftliche Angebote

---

[426] Ebd. S. 359; ähnlich auch Böhme u. a., Finalisierung Revisited, S. 244.
[427] Ebd. S. 359.
[428] Ebd. S. 353.

technischer Produkte, z. B. optische Geräte, habe neuzeitliche Wissenschaft schon immer gemacht, aber erst mit der industriellen Revolution seien die Produkte auf externen Bedarf getroffen.[429] Erst seit Mitte des vorigen Jahrhunderts werde externe Nachfrage gegenüber wissenschaftlichen Produkten wirksam und trete neben das Angebot wissenschaftlicher Produkte,[430] wobei heute im Gegensatz zu früher „die wechselseitigen Angebote und Nachfragen zwischen Wissenschaften und Techniken systematisiert"[431] seien.

Ein derart kombiniertes Angebots-Nachfrage-Modell dürfte bisherige Finalisierungsgegner kaum noch zu Widerspruch veranlassen. Daß externe Nachfrage an die Wissenschaft herantritt, dürfte jeder Finalisierungsgegner akzeptieren. Die Programme von Wissenschafts- und Forschungspolitik sind bekannt.[432] Daß externe Zwecke die Definition von Forschungsproblemen beeinflussen,[433] ist die Auffassung eines gewiß finalisierungsunverdächtigen kritischen Rationalismus, der solchen externen Zwecken unter der Überschrift „Wertbasis von Wissenschaft" die nämliche Funktion einer Problemauswahl und -definition zuweist.[434]

Was die Kritik am Dreiphasenmodell auf den Plan gerufen hat, ist der durch das Modell behauptete Autonomieverlust von Wissenschaft und der Begriff der Abgeschlossenheit. Die totale Abhängigkeit der Wissenschaft von exter-

---

[429] Ebd. S. 361.
[430] Ebd. S. 367.
[431] Ebd. S. 350.
[432] R. Hujer, Forschungspolitik und gesellschaftliche Planung, Opladen 1974; Wissenschaftsrat, Empfehlungen zur Organisation, Planung und Förderung der Forschung, Bonn 1975.
[433] Böhme u. a., Finalisierung Revisited, S. 232.
[434] Albert, Wertfreiheit als methodisches Prinzip, S. 189.

ner Nachfrage ist mit dem kombinierten Angebots-Nachfrage-Modell nicht mehr vereinbar. Wenn Wissenschaft als Produzent und Anbieter wissenschaftlicher Produkte für externe Bedarfe auftritt, dann ist dies das Gegenteil einer Auftragsfertigung, die allein einen vollständigen Autonomieverlust begründen könnte. Forschungsplanung verbleibt insoweit bei der Wissenschaft selbst, ist insoweit dezentralisiert.[435] Daß Wissenschaft mangels interner Dynamik ausschließlich auf externe Nachfrage angewiesen sei, wird von der FT – zumindest in einigen Passagen, wie wir zeigen konnten –, nicht mehr behauptet. Faktisch hat sich die FT ohnehin alle Voraussetzungen entzogen, die sie zu der These vom Autonomieverlust geführt hatten, denn die Begriffe von Abgeschlossenheit oder Reife lassen sich nicht mehr mit einem Abschluß interner Theoriendynamik korrelieren. Weiter versieht die FT Wissenschaft mit Eigenschaften, die nur eine autonome Wissenschaft erfüllen kann, nämlich Zweckkritik und -reflexion. Und schließlich rückt sie – wenn auch unter hinhaltendem Widerstand – von ihrer These des Autonomieverlusts ab. Zunächst verwendet sie einen ganzen Abschnitt darauf, den Autonomieverlust von Wissenschaft als Folge des Erreichens reifer Theorien zu begründen.[436] Anschließend

---

[435] Daß externe Nachfrage selbst in Form politisch geplanter Forschungsprogramme die Autonomie von Wissenschaft beseitigen könne, steht in klarem Gegensatz zu der Auffassung eines der geistigen Mentoren der FT, J. Habermas (Technik und Wissenschaft als Ideologie, S. 48ff., 120ff.). Gerade unter den Bedingungen einer wachsenden externen Nachfrage nach Wissenschaft fordert Habermas deren Autonomie, die für ihn einerseits eine forschungsimmanente Bedingung wissenschaftlichen Fortschritts darstellt, andererseits nur durch einen Prozeß der Selbstreflexion von Wissenschaft gewahrt werden kann, vgl. Habermas, Theorie und Praxis, S. 382f.
[436] Böhme u. a., Finalisierung Revisited, S. 240–245.

werden Wissenschaftlergemeinschaften dadurch beschrieben, daß sie „nicht mehr um disziplinäre Forschungsprogramme, sondern um Problemzusammenhänge zentriert sind"[437]. Dann jedoch, nachdem solchen Problemgemeinschaften eine „kritische Evaluierung verschiedener Orientierungsziele"[438] zugestanden wird, kommt die Wende. Solche Problemgemeinschaften seien nicht „auf spezielle politische oder industrielle Projekte fixiert, sondern (thematisieren, d. Verf.) in *relativer Unabhängigkeit* die Implikationen eines vorgegebenen Problems"[439].
Damit jedoch nicht genug. Sollte das Dreiphasenmodell ursprünglich dazu dienen, „daß eine von wissenschaftlichen Interessen und sozialen Bedürfnissen gleichermaßen getragene Forschungsplanung möglich ist"[440], die mit externen sozialen Zwecken zugleich „deren spezifischen sozialen Umkreis in die wissenschaftliche Arbeit integriert"[441], wobei die dadurch bestehende Beziehung zwischen Wissenschaft und Gesellschaft voraussetze,

„daß in der Gesellschaft selbst jene Prozesse der Konsensbildung durch unbeschränkte Kommunikation stattfinden, deren Mög-

---

[437] Ebd. S. 245. Daß diese Kennzeichnung gerade untauglich ist, finalisierte von nicht finalisierter Wissenschaft zu unterscheiden, sei nebenbei angemerkt. Naturwissenschaftliche Disziplinen sind gerade durch einen Bestand gemeinsam geteilter Probleme zu charakterisieren, wenn sie über eine disziplinäre Matrix verfügen; vgl. Toulmin, Human Understanding, S. 148 ff.; gerade für Lakatos, der den Begriff des Forschungsprogramms vorschlug, bilden positive und negative Heuristik Problemzusammenhänge, die sich durch progressive Problemverschiebungen wandeln. Freilich begründen für ihn die durch die Methodologie von Forschungsprogrammen entstehenden Problemzusammenhänge gerade die Autonomie von Wissenschaft, s. Falsification, S. 137.
[438] Böhme u. a., Finalisierung Revisited, S. 247.
[439] Ebd. S. 248, unsere Hervorhebung.
[440] II, S. 133.
[441] Ebd. S. 136.

lichkeit innerhalb des Wissenschaftssystems eine Bedingung sine qua non der Existenz von Wissenschaft waren"[442],

hören wir nun anderes.
Nicht etwa korrigiert sich die FT dahingehend, daß das Habermassche Konsensusmodell mit dem Kuhnschen Revolutionsmodell, woran sie sich ansonsten anzulehnen sucht, unverträglich ist, so daß mindestens eines der Modelle der Konsistenz wegen preiszugeben wäre. Das Kuhnsche Modell behauptet ja das Funktionieren von Kommunikation nur für die paradigmatische Phase einer disziplinären Matrix; Revolutionen erzeugen zwar nicht Kommunikationslosigkeit, aber doch das Aufeinanderprallen von Kommunikationsgemeinschaften mit verschiedenen Kommunikationsregeln; Kommunikationsstörungen, nicht unbeschränkte Kommunikation ereignen sich; die Mittel „argumentativer Rede"[443] sind außer Kraft, Geltungsansprüche nicht einlösbar – ganz zu schweigen vom Vorliegen einer idealen Sprechsituation.
Die FT korrigiert sich auch nicht etwa dahingehend, daß die mit der Entwicklung finalistischer Spezialtheorien in der postparadigmatischen Phase behauptete Zuordnungsmöglichkeit sozialer Zwecke zu spezifischen Interessenkonstellationen gesellschaftlicher Gruppen[444] auf einer Fehlinterpretation Marcuses basiert. Denn während die FT in vermeintlicher Anlehnung an Marcuse die „Zweckneutralität der Theorie", die Unmöglichkeit, eine Theorie einer „sozialen Fraktion" und einem „politischen Interesse"[445] zuzuordnen, auf Fundamentaltheorien beschränkt

---
[442] Ebd. Anm. 15.
[443] J. Habermas, Zur Rekonstruktion des Historischen Materialismus, Frankfurt a. M. 1976, S. 339.
[444] II, S. 136.
[445] Ebd.

und für Spezialtheorien einschließlich der mit ihnen verbundenen Technologien den Verlust jener Neutralität behauptet, ist für Marcuse die Zweckneutralität von Theorie und Technologie ein generelles Phänomen, das nicht an das Entwicklungsniveau von Theorie geknüpft ist. Marcuse spricht nämlich von der Indifferenz der Maschinerie des technologischen Universums gegenüber politischen Zwecken und führt als Beispiele ein Zyklotron, das sich für eine Kriegs- wie für eine Friedenspartei gleichermaßen eignen könne, sowie die elektronische Rechenmaschine an, die einem kapitalistischen wie einem sozialistischen Regime gleichermaßen dienen könne.[446] Faktisch unterstellt die FT mit ihrer These der Möglichkeit einer Zuordnung von Spezialtheorien und zugehörigen Technologien zu sozialen Interessen eine gleichgeschaltete, durch einheitliche Interessenlagen gekennzeichnete Gesellschaft, der Wissenschaft durch Internalisierung sozialer Zwecke und Entwicklung zweckgemäßer Spezialtheorien zuarbeitet.

Die FT korrigiert sich auch nicht etwa dahingehend, daß Zweckkritik und -reflexion einer Wissenschaft nicht ansteht, wenn jene Zwecke auf einem gesamtgesellschaftlichen Konsens beruhen. Kritik und Reflexion könnten nur in den Prozeß der gesamtgesellschaftlichen Konsensusbildung selbst eingebracht werden; nachträgliche Kritik und Reflexion könnten sich nur dadurch legitimieren, daß – entgegen der Voraussetzung der FT – der Konsens sich nicht durch unbeschränkte Kommunikation bildete. Wurde aber voraussetzungsgemäß der Konsens über soziale Zwecke bei unbeschränkter Kommunikation gefunden, dann ist er gemäß Habermas' Konsensmodell ver-

---

[446] H. Marcuse, Der eindimensionale Mensch, Neuwied 1967, S. 168f.

nünftig und daher weder kritik- noch reflexionsbedürftig. Da nun faktisch unbeschränkte Kommunikation niemals verwirklicht ist, sie aber im Dreiphasenmodell neben theoretischem Abschluß oder theoretischer Reife als Bedingung für den Übergang zu finalisierter Wissenschaft enthalten ist, wird diese von vornherein in Utopia angesiedelt;[447] die bisherige Kritik in der Literatur hat diesen Punkt nicht hinreichend herausgearbeitet.

Nicht die damit angesprochenen Korrekturen zur Beseitigung von Inkonsistenzen nimmt die FT vor. Nun weist sie die Möglichkeit einer Integration sozialer Zwecke mit zugehörigen sozialen Umkreisen in wissenschaftliche Arbeit überhaupt zurück und erklärt damit für unerreichbar, was zur Bildung der Theorie Anlaß war. In einer jüngsten Veröffentlichung stellt sie eine „mangelhafte Integration von Wissenschaft und Gesellschaft"[448] fest, die zu einer „Inadäquanz wissenschaftlicher Beiträge gegenüber den gesellschaftlichen Problemen" führe. Die FT konstatiert „ein widersprüchliches Nebeneinander von Integration und Desintegration der Wissenschaft in die gesellschaftliche Wirklichkeit"[449]. Integriert sei Wissenschaft insofern, als sie gesellschaftliches Leben in Politik, Produktion, Erziehung und Gesundheitswesen verwissenschaftliche, als sie „Theorien als Orientierungsrahmen für gesellschaftliches Handeln"[450] bereitstelle (Finalisierung); desintegriert jedoch sei sie insofern, als sie sich der Lebens-

---

[447] Böhme hat sich denn auch inzwischen von der Habermasschen Konsensustheorie distanziert, vgl. Die Ausdifferenzierung wissenschaftlicher Diskurse, in: Wissenschaftssoziologie, S. 252, Anm. 11.
[448] Böhme, M. v. Engelhardt, Zur Kritik des Lebensweltbegriffs in: dies. (Hg.), Entfremdete Wissenschaft, Frankfurt a. M. 1979, S. 7.
[449] Ebd.
[450] Ebd. S. 8.

welt[451] der durch Wissenschaft jeweils Betroffenen nicht öffne, als sie zwar „einen tiefgreifenden Einfluß auf die private und gesellschaftliche Existenz der Menschen"[452] nehme, dies aber an den Lebensinteressen der Menschen vorbei tue.

Der Lebensweltbegriff wird nun „kritischer Gegenbegriff gegenüber der Wissenschaft"[453]; lebensweltliche und wisenschaftliche Erfahrung seien derart verschieden organisiert, wissenschaftliches und Alltags-Wissen stünden sich derart unvermittelt gegenüber, daß sich die Erfahrungen und Probleme der von Wissenschaft jeweils Betroffenen nicht einmal „in die Sprache der Wissenschaft übertragen"[454] ließen. Wissenschaftliches und das „an die täglichen Erfahrungen und Handlungen des Menschen"[455] angebundene Wissen blicken sich entfremdet ins Antlitz, eine „von wissenschaftlichen Interessen und sozialen Bedürfnissen gleichermaßen getragene Forschungsplanung"[456], deren Möglichkeit die FT erweisen wollte, wird nun zur Unmöglichkeit erklärt. Wenn auch finalistische, d. h. anhand externer Zwecke entwickelte Theorien als Orientierungsrahmen für gesellschaftliches Handeln in gesellschaftlichen Bereichen fungieren können, geraten sie doch und zwangsläufig in Konfrontation zu den Erfahrungen, den Erkenntnissen und dem Wissen, „mit denen der Mensch in seiner unmittelbaren Existenz lebt und

---

[451] Zum Lebensweltbegriff vgl. Böhme, Die Verwissenschaftlichung der Erfahrung. Wissenschaftsdidaktische Konsequenzen, in: Entfremdete Wissenschaft, S. 114–136.
[452] Böhme, Engelhardt, Zur Kritik, S. 7.
[453] Ebd. S. 19.
[454] Ebd. S. 7.
[455] Ebd. S. 11.
[456] II, S. 133.

arbeitet"[457]. Eine derart finalisierte Wissenschaft plane an den wahren Bedürfnissen des Menschen vorbei, thematisiere nicht einmal dessen Lebenswelt, die die „objektive Bedingung und subjektive Erfahrung der natürlichen und sozialen Wirklichkeit des Menschen miteinander"[458] verbinde. Finalisierte Wissenschaft ist sprachlos gegenüber den wahren Problemen der Lebenswelt, dringt gleichwohl in lebensweltliche Erfahrung ein, verändert diese durch Technik und führt so zur „beständigen Entmündigung"[459] des Menschen.

In der Tat: Der Elan der frühen Jahre ist für die FT dahin. Ihre strategischen Ziele hat sie – nun auf den Pfaden der Ethnomethodologie wandelnd – nicht nur als unerreichbar, sondern zum Sündenfall ihrer ersten Aufbrüche erklärt: Finalisierung am Ende. Was bleibt nach dieser überraschenden Kehrtwende von der FT an ernst zu nehmender Substanz übrig? Aus wissenschaftstheoretischer Sicht meinen wir: zwei Punkte, die jedoch nicht unabhängig von einander sind.

4.4 Die Identitätsthese Wissenschaft – Technologie

Die Rede ist von den Thesen, daß a) Finalisierung im Gegensatz zu angewandter Forschung Theorienfortbildung sei und b) mit der Finalisierung von Theorienentwicklung Wissenschaft und Technik in methodologischer, soziologischer und theoretischer Hinsicht eine Einheit

---

[457] Böhme, v. Engelhardt, Zur Kritik, S. 11.
[458] Ebd. S. 12.
[459] Böhme, Verwissenschaftlichung der Erfahrung, S. 134.

geworden seien:⁴⁶⁰ Finalisierung als Verwissenschaftlichung von Technologie.⁴⁶¹
Die Einheit in theoretischer Hinsicht ergibt sich für die FT als Konsequenz der These, daß Theorienfortbildung in der postparadigmatischen Phase nur anhand externer, hier: technischer Zwecke, möglich sei. Die Finalisierung kennzeichnende „Struktur aber ist die Ausdifferenzierung der Wissenschaft in spezielle Techniktheorien oder... die Verfolgung technischer Zwecke durch Theoriebildung"⁴⁶². Die Einheit von Wissenschaft und Technik in methodologischer Hinsicht sei dadurch begründet, daß Technikentwicklung sich methodisch von Theorienentwicklung nicht unterscheide; die Verwendung experimenteller Verfahren, Anwendung quantitativer Analysen und weiterer Instrumente⁴⁶³ führe zur Identität von Wissenschaft und Technik. Die Einheit in soziologischer Hinsicht wird nicht besonders begründet. Wenn jedoch – so ließe sich zugunsten der FT argumentieren – Wissenschaftsentwicklung nur noch als Technikentwicklung möglich ist, dann wird auch Technikentwicklung institutionell – mangels interner Forschungsprobleme – von Disziplinen betrieben, die bisher, in der paradigmatischen Phase, sich der Grundlagenforschung verschrieben hatten.

---

⁴⁶⁰ Böhme u. a., Gesellschaftliche Orientierung, Einleitung, S. 16; Böhme u. a., Die Verwissenschaftlichung von Technologie, in: Gesellschaftliche Orientierung, S. 360f.
⁴⁶¹ Schäfer definiert – Normative Finalisierung. Eine Perspektive, in: Gesellschaftliche Orientierung, S. 403, Anm. 52 – Finalisierung als Verwissenschaftlichung von Technologie. Freilich gerät der FT der ursprüngliche Paradigmenwechsel von Wissenschaft, der durch das Finalisierungskonzept sichtbar gemacht werden sollte, außer Reichweite – wie Schäfer, ebd. S. 405, selbst erkennt.
⁴⁶² Böhme u. a., Verwissenschaftlichung, S. 367f.
⁴⁶³ Ebd. S. 361.

Unsere These lautet, daß die behauptete Einheit von Wissenschaft und Technik unhaltbar ist. Angemerkt nur sei: die Ausrichtung von Finalisierung auf die Entwicklung von Techniktheorien bedeutet eine erhebliche Einschränkung der ursprünglichen finalistischen Persepktive, die in einer zunehmenden Koinzidenz von theoretischen Zwecken und sozialen Normen gesehen wurde.

Bevor wir unsere These begründen, sei folgendes angemerkt: Forscher wie Bernal, Habermas und Marcuse verbindet – bei allen Unterschieden in Details – die Auffassung, daß das Erkenntnisinteresse neuzeitlicher Wissenschaft ein technisches sei. Technische, insbesondere ökonomische Erfordernisse treiben dieser Denktradition zufolge wissenschaftlichen Fortschritt voran. Dem steht besonders der kritische Rationalismus gegenüber, der technologischen Fortschritt nur als tautologische Resultante wissenschaftlichen Fortschritts, als angewandte Forschung, denken kann. Beide Ansätze weist die FT zurück und stellt die Frage nach dem Verhältnis von Wissenschaft und Technik neu.

Gegen Habermas wendet sie ein, daß – historisch gesehen – technisches und wissenschaftliches Erkenntnisinteresse getrennten und wohlunterscheidbaren Entwicklungen folgten, die erst mit der Erreichung reifer Theorien sich vereinten. Gegen kritischen Rationalismus macht sie geltend, daß angewandte Forschung vielfach Theorienfortbildung sei. In der Tat entwickelten sich Wissenschaft und Technik in Europa getrennt. Zudem zeigt die Geschichte, daß in verschiedenen Kulturen und Epochen das Verhältnis von Technik und Wissenschaft durchaus unterschiedlich war. In China stand einer hochentwickelten Technik auf der Seite der Wissenschaft nichts Vergleichbares gegenüber, im antiken Griechenland war es umgekehrt.[464]
Büchel sieht daher im Dreiphasenmodell den Versuch,

„die Habermassche Auffassung durch Einfügung einer theoriebezogenen mittleren Phase so weit zurückzunehmen, daß sie von... historischen Einwänden nicht mehr getroffen wird"[465]. Aber die These der Einheit von Wissenschaft und Technik oder Technologie – die FT differenziert hier nicht deutlich – geht über Habermas hinaus, der zwischen Wissenschaft und Technik zu unterscheiden weiß. Zur Diskussion dieser These legen wir folgende Terminologie zugrunde.

Unter einer *Technik* verstehen wir eine Kombination von Produktionsmitteln. Hier handelt es sich also um spezifische Produktionsverfahren, die der Herstellung von Produkten (Gütern, Dienstleistungen) dienen. Davon zu unterscheiden sind *Technologien*. Sie vermitteln Wissen über Techniken. Solches Wissen besteht im einfachsten Fall aus einer Klasse von Regeln, die die Technik gemäß ihren Verwendungszwecken einzusetzen erlaubt, wobei die Regeln aus der Erfahrung, aus einfachen Versuchen, aber auch aus komplexen Hypothesensystemen abgeleitet sein können. Von diesen Technologien unterscheiden wir *normative Theorien*, die man als Teilklasse der Technologien auffassen kann (Bunge unterscheidet substantive und operative Theorien). Beispiele sind Entscheidungs- oder Spieltheorie, die Entscheidungsregeln bei vorgegebenen Zielen und Entscheidungsfeldern vermitteln, die erlauben, optimale Entscheidungen zu treffen. Das gesamte Operations Research gehört in diesen Bereich. Hier geht es nicht mehr nur um die Frage, wie ein Produkt nach

---

[464] Vgl. J. Needham, Science and Civilisation in China, Cambridge 1965; R. S. Brumbaugh, Ancient Gadgets and Machines, New York 1966.
[465] W. Büchel, Finalisierung der Wissenschaft und Lyssenkoismus, in: Zs. f. Allgemeine Wissenschaftstheorie 10 (1979) S. 357.

gegebenen quantitativen und qualitativen Anforderungen mit gegebenen oder – falls auch darüber zu optimieren ist – auszuwählenden Techniken zu produzieren ist, sondern wie das Produkt möglichst kostengünstig, umweltfreundlich etc. – allgemein: optimal bezüglich vorgegebener Ziele – erstellt werden kann. Unsere ökonomische Redeweise darf nicht darüber hinwegtäuschen, daß solche Ansätze für beliebige Bereiche entwicklungs- und anwendungsfähig sind und schon weite Anwendung finden. Praktisch haben wir die Situation, daß sich bei Produktionsprozessen Technologien überlagern und simultan angewandt werden. Schließlich unterscheiden wir *Querschnittstheorien,* die in verschiedensten Kontexten und Disziplinen einsetzbar sind. Gemeint sind insbesondere die System-, die Informationstheorie, die Theorie stochastischer Prozesse, die Kybernetik – um nur einige zu nennen.

Im Anschluß an diese Redeweise wollen wir Theorien bzw. Technologien *Beiträge* nennen. Die Aufgabe aller Wissenschaften liegt in der Produktion von Beiträgen. Für den hier relevanten Kontext unterscheiden wir kognitive und technische Wissenschaften. Sie sind in Disziplinen organisiert und institutionalisiert.

Der finalistischen These der Einheit von Wissenschaft und Technologie setzen wir die These entgegen, daß kognitive und technische Disziplinen wohlunterscheidbar sind. Diese Position zwingt uns nicht, zu leugnen, daß es zahlreiche Parallelen zwischen beiden Bereichen gibt.[466]

Kognitive und technische Disziplinen sind durch spezifische disziplinäre Matrizen gekennzeichnet. Sie enthalten jeweils von den Wissenschaftlern gemeinsam geteilte For-

---

[466] Vgl. dazu den Sammelband von F. Rapp (Hg.), Contributions to a Philosophy of Technology. Studies in the Structure and Thinking in the Technological Sciences, Dordrecht 1974.

schungsziele, Produktionsverfahren zur Erzeugung disziplinären Wissens, Bewertungs- und Selektionskriterien für disziplinäre Innovationen. In beiden Bereichen vollzieht sich historischer Wandel als evolutionärer Prozeß in Gesellschaft und Geschichte. Jede Generation von Wissenschaftlern sucht ihre disziplinäre Matrix der Nachfolgegeneration durch Sozialisation zur Fortsetzung der eigenen Forschungstradition zu vermitteln; und die Nachfolgegeneration demonstriert ihre Fähigkeit dazu „durch Erwerb des entsprechenden Forschungs-‚Know-how'".
Beide Bereiche sind jeweils gekennzeichnet durch eine Lücke zwischen disziplinären Zielen und dem jeweiligen wissenschaftlichen Leistungsniveau, das durch diejenigen Beiträge und Verfahren repräsentiert wird, die in der Geschichte der Disziplin selektiert und perpetuiert wurden. Diese Lücke ergibt ein Potential ungelöster Probleme; sie zu verringern, gelten die Anstrengungen der Wissenschaftler beider Bereiche. Dazu entwickeln sie zahlreiche Varianten, die einem kollektiven Bewertungsprozeß unterliegen und von denen einige den Konkurrenzkampf um die in der jeweiligen historischen Konstellation beste Problemlösung überleben und so in das Reservoir anerkannter Leistungen der Disziplin übernommen werden. In beiden Bereichen dokumentiert sich Fortschritt durch einen dualen Prozeß selektiver Perpetuation und Variation.
Kognitive wie technische Wissenschaften zeigen denselben Prozeß disziplinärer Differenzierung, die beide Bereiche in zahlreiche Disziplinen und Subdisziplinen mit eigenen Forschungszielen und Grundannahmen („hard cores" im Sinne von Lakatos) aufgliedert.
Das alles kann jedoch nicht die These der Einheit von Wissenschaft und Technologie rechtfertigen.
Erstens unterscheiden sich die Ziele kognitiver und tech-

nischer Disziplinen, denn kognitive sind primär auf die Produktion von Theorien, technische Disziplinen auf die Produktion von Technologien gerichtet. Theorien liefern Erklärungen, sind Know-why-Systeme. Technologien liefern Handlungsanweisungen, Rezepte, sind Know-how-Systeme. Das schließt weder aus, daß beide Bereiche Forschungs-Know-how-Systeme entwickeln, die sogar in der Technik eingesetzt oder in Techniken transformiert werden können; noch, daß beide Bereiche Know-why-Systeme hervorbringen. So gibt es zahlreiche Beispiele, daß kognitive Disziplinen (Meß-)Apparaturen mit zugehörigem Know-how entwickeln, womit neuartige Phänomene meßbar und Theorienbildungen stimuliert werden. Umgekehrt gibt es zahlreiche Beispiele, daß technische Disziplinen Know-why-Systeme entwickeln. Beide Fälle lassen sich jedoch als Prouktionsumwege erklären, um dem eigenen disziplinären Ziel näherzukommen.

Zweitens erwerben Nachfolgegenerationen von Wissenschaftlern in kognitiven wie technischen Disziplinen ein Forschungs-Know-how zur Fortsetzung der Forschungstradition, aber in kognitiven Disziplinen ist dieses Know-how auf die Entwicklung von Know-why gerichtet, während es in technischen Disziplinen auf die Enwicklung von Know-how zielt.

Drittens unterscheiden sich kognitive und technische Disziplinen in folgender Hinsicht. Beide entwickeln Varianten, die um die Aufnahme in das Reservoir akzeptierter Leistungen der Disziplin konkurrieren. Das setzt einen Bewertungs- und Selektionsprozeß voraus. Während er in einer kognitiven Disziplin primär nach internen Maßstäben und durch die Wissenschaftlergemeinschaft getragen wird, ist der Bewertungs- und Selektionsprozeß in technischen Disziplinen bedeutend komplexer. Technologien unterliegen nicht nur einer Bewertung durch die Technologen (z. B. größtmögliche Genauigkeit, Sicherheit, minimaler Widerstandsbeiwert etc.). Technologien und mit ihnen verknüpfte Techniken treffen stets auf Märkte, auf Arbeitgeber- und Gewerkschaftsinteressen, auf volkswirtschaftliche und Umweltschutzinteressen – um nur einige zu nennen. Und die aus diesen unterschiedlichen Interessen abgeleiteten Bewertungsmaßstäbe sind charakteristischerweise konfliktär. Die Folge ist, daß eine durchaus nicht technikblinde oder -gläubige Öffentlichkeit zumal bedeutsame Technologien und damit verbundene Techniken kontrovers bewertet. Man denke an die Einführung des Lichtsatzes in der Druckindustrie, an die Kernenergie, an Mikroprozessoren, an die neuen Medien, an die Entwicklung der „Concorde" usw.

Viertens unterscheiden sich kognitive und technische Disziplinen in institutioneller Hinsicht. Neben spezifischen Problembereichen, verschiedenen Bewertungs- und Selektionskriterien sind auch Wissenschaftlergemeinschaften unterscheidbar, die verschiedenen Forschungsorganisationen angehören. Technologen befinden sich eher an Technischen Hochschulen und in Forschungsinstituten der Wirtschaft, kogitive Wissenschaftler eher an Universitäten.[467] Die jeweiligen Gemeinschaften sind charakteristischerweise jedoch nicht disjunkt, sondern überlappen einander: stets gibt es Wissenschaftler, die zumindest zeitweilig mehreren Gemeinschaften angehören. Sie sind von größter Bedeutung für den Transfer kognitiver Beiträge in technische und technischer Beiträge in kognitive Disziplinen. Solche interdisziplinären Diffusionen erklären die Anwendung ursprünglich technischer Beiträge wie der

---

[467] Vgl. die Arbeit von H. J. Mulkay, Social Studies of Science: The Disciplinary Perspectives, in: Science, Technology and Society, S. 93–148.

Informationstheorie auf biologische oder neurophysiologische Phänomene. Die finalistische Theorie einer Einheit von Technik und Wissenschaft nach Erreichen reifer Theorien steht derartigen Diffusionsprozessen freilich hilflos gegenüber. Kognitive Theorienfortbildung auf der Basis technischer Beiträge entzieht der Einheitsthese gerade die Voraussetzung, die die Entwicklung von Technologien auf der Basis reifer Theorien postuliert, während hier umgekehrt technische Beiträge paradigmatische Theorienfortbildung stimulieren.

Während hier der von der FT und in anderer Form vom kritischen Rationalismus behauptete „Einbahnstraßenverkehr wissenschaftlicher Entwicklung" von kognitiven hin zu technischen Beiträgen gerade in der „verkehrten" Richtung abläuft, finden sich andererseits zahllose Beispiele für Problemlösungen, die technischen wie kognitiven Fortschritt simultan vorantrieben.

Erwähnt seien hier nur Carnots Arbeiten zur Dampfmaschine, die neben Technik und Technologie auch die Thermodynamik beflügelten. Robert Kochs Arbeiten ließen nicht nur die Medizin Technologien entwickeln, die die Menschheit von jahrhundertealten Geißen befreiten, sondern begründeten zugleich die Bakteriologie. Kekulés Benzolformel gab nicht nur der organischen Chemie Auftrieb, sondern zugleich auch der chemischen Industrie. Prandtls Grenzschichtkonzept stimulierte Technologien des Flugzeugbaus und die Hydrodynamik. In der Schwerionenforschung nutzen kognitive und technische Disziplinen gemeinsam Schwerionenbeschleuniger, um jeweilige disziplinäre Probleme zu lösen.[468]

---

[468] Vgl. K. Prüß, Die Schwerionenforschung – ein Beispiel für multidisziplinäre Nutzung von Großgeräten, in: Geplante Forschung. Vergleichende Studien über den Einfluß politischer Programme auf die Wissen-

Fassen wir zusammen. Technische und kognitive Wissenschaften sind wohlunterscheidbar. Daß ab einem gewissen – technischen oder kognitiven – Wissensniveau dann Theorie Technologie determiniert oder umgeehrt, oder daß beide Bereiche miteinander verschmelzen, findet durch aktuelle oder historische Forschungsprozesse keine Stützung. Beide Bereiche entwickelten sich historisch unabhängig voneinander. Kognitive wie technische Wissenschaften nahmen in verschiedenen Epochen und Ländern völlig unterschiedliche Entwicklungen – an die beiden Extreme antikes Griechenland und China sei erinnert. Wo sie – wie im Europa der Neuzeit – Entfaltung fanden, taten sie es evolutionär im Wege der Selektion und Variation. Kognitive wie technische Disziplinen konnten sich in einem günstigen sozial-ökonomischen Klima die finanziellen Mittel und die Organisationen (mit Karriere- und Reputationsmustern) schaffen, die auf disziplinärer Ebene Professionalisierung und Verfolgung einzelfachlicher Ziele im großen Stil ermöglichten. Kognitive wie technische Disziplinen bestellten ihre Felder und machten neue urbar.

In zunehmenden Maße – das ist das Neue – nehmen die sich ursprünglich getrennt entwickelnden Bereiche einander zur Kenntnis. Aus den Erfolgen der anderen lernen sie, daß sie voneinander lernen können. Technische Disziplinen lernen, die Technologiepotentiale kognitiver Beiträge, kognitive Disziplinen lernen, die Theoriefortbildungspotentiale technischer Beiträge für ihre disziplinären Ziele zu nutzen. Eine zunehmende Interaktion setzt ein, die sich darin äußert, daß

---

schaftsentwicklung, hg. von W. van den Daele, W. Krohn, P. Weingart, Frankfurt a. M. 1979, S. 328–357.

1) technische Disziplinen kognitive Beiträge nachfragen,
2) kognitive Disziplinen technische Beiträge nachfragen,
3) technische und kognitive Disziplinen wissenschaftliche Ressourcen, z. B. Großgeräte, gemeinsam für ihre jeweiligen Forschungsziele nutzen.

Zunehmende Interaktion als Identität oder Einheit zu interpretieren, ist schlicht ein Irrtum.

4.5 Postskript: Nochmals Autonomie und Steuerung der Wissenschaft

In ihrem jüngsten Beitrag[469] greift die FT das Thema der Steuerung von Wissenschaft erneut auf. Dabei wird als Steuerung bezeichnet „die durch politische Programme bewirkte Änderung oder Konstruktion von disziplinären, also in Forschungsprogrammen organisierten Forschungsfeldern"[470]. Die Studie, die unsere obige Kritik weitgehend berücksichtigt, kommt zu dem Ergebnis, „daß zwischen Politik und Wissenschaft ein Verbundsystem besteht, in dem es außerordentlich schwierig ist, Anpassungsleistungen von Steuerungsimpulsen zu trennen"[471]. Faktisch bedeutet dies, daß externe, also politische Steuerung empirisch kaum feststellbar ist. Die FT begründet diesen entscheidenden Rückzug, wohl unter dem Einfluß Weingarts, wie folgt:

Erstens: „Entgegen einer weitverbreiteten Ansicht sowohl der Wissenschaftssoziologie wie der Wissenschaftstheorie lassen

---

[469] W. van den Daele u. a., Die politische Steuerung der wissenschaftlichen Entwicklung, in: Geplante Forschung, S. 11–63.
[470] Ebd. S. 35.
[471] Ebd. S. 17.

sich für technologische Fächer und die Medizin häufig ebensogut wie für die Fächer der klassischen ‚reinen' Naturwissenschaft theorien- und zeitübergreifende internalistische Forschungsprogramme feststellen."[472]

Wir bemerken hier nur, daß dies nicht die Ansicht der ursprünglichen FT war, denn ihre entscheidende These war, daß die internalistischen Forschungsprogramme theorien- und zeitgebunden seien – nämlich gebunden an das Erreichen einer abgeschlossenen bzw. reifen Theorie, und daß finalisierter, nämlich technisch orientierter Wissenschaft interne Programme fehlten, weshalb sie extern steuerbar wurde. Dieser Gegensatz zwischen paradigmatischer und postparadigmatischer Forschung, der das Herzstück des Dreiphasenmodells war, wird nun aufgegeben:

„Entgegen unserer Vermutung ist die Existenz disziplinärer Orientierungen unter den Wissenschaftlern nicht ein bloßes Relikt akademischer (sprich: interner, d. Verf.) Traditionen."[473]

Konsequent werden die drei Phasen des Modells nicht mehr als faktisch bestehend behauptet, sondern nur noch für analytische Zwecke unterschieden.[474]
Als weitere Schwierigkeit, politische Steuerung von Wissenschaft zu identifizieren, führt die FT an:

llen Phasen der Transformation sozialer Probleme in wissenschaftspolitische Programme spielt das Input der Wissenschaft eine direkte initiierende oder limitierende Rolle. Schon die Wahrnehmung von sozialen Problemen beruht häufig auf Wis-

---

[472] Ebd. S. 14.
[473] Ebd. S. 59.
[474] Vgl. ebd. S. 42.

senschaft. Die Übersetzung der Probleme in technische Ziele, ... die Formulierung geeigneter wissenschaftspolitischer Programme sind Aufgaben, die häufig nur mit wissenschaftlichen Kenntnissen bewältigt werden können und für deren Lösung die Verwaltung daher auf die Kompetenzen in der institutionalisierten Wissenschaft angewiesen ist... Der Vorsprung der institutionalisierten Wissenschaft bei der Früherkennung von Problemen, ihre Initiativfunktion hinsichtlich technischer Handlungsmöglichkeiten und ihr Monopol in der Definition dessen, was wissenschaftlich realisierbar ist, sind inzwischen Bestandteile der modernen gesellschaftlichen Differenzierung."[475]

Wenn diese Passage Schlüsse zuläßt, dann zunächst den, daß forschungspolitische Programme nicht als externe Steuerung anzusehen sind; denn eine Minimalforderung, die solche Steuerung erfüllen müßte, besteht darin, daß die steuernde Instanz zumindest die Steuerungsziele vorgeben muß. Hat jedoch die gesteuerte Instanz faktisch ein Monopol für die Zielvorgaben, so ist Selbststeuerung oder Regelung ein adäquaterer Begriff. Daran ändert auch die Tatsache nichts, daß politische Instanzen die von Wissenschaftlern formulierten Programme verkünden. Unser zweiter Schluß lautet, daß der finalistische Steuerungsbegriff inadäquat ist, weil er die bloße Verkündung eines Programms zur Steuerung deklariert.
Selbst wenn wir jedoch den finalistischen Steuerungsbegriff akzeptieren, bleibt zumindest fraglich, ob die Verkündung forschungspolitischer Programme durch politische Instanzen jenen Steuerungsbegriff erfüllt:

„Wenn wir die Resultate unserer Untersuchung verallgemeinern, dann werden häufiger die Formen der Problembearbeitung durch die Disziplinen bestimmt, in die die Probleme inkorpo-

---

[475] Ebd. S. 31 f.

riert werden, als umgekehrt die Disziplinen durch die externe Problemstellung modifiziert."[476]

Da die FT unter einer Probleminkorporation offenbar keine Disziplinmodifikation versteht und eine solche Inkorporation sicherlich keine Konstruktion von disziplinären Forschungsfeldern bedeutet, fällt durch politische Programme initiierte Forschung „häufiger" nicht einmal unter den schwachen finalistischen Steuerungsbegriff. Allerdings erfahren wir unter Hinweis auf die Informatik, daß eine Disziplin sich verändere, wenn „die Problemstellung gut definiert und über die Zeit konstant" sei.[477] Seit der zweiten Hälfte der sechziger Jahre gab es bis 1976 drei Datenverarbeitungsprogramme der Bundesregierung.
Wir kommen zu dem Ergebnis, daß die FT den Nachweis gesteuerter Wissenschaft durch wissenschaftspolitische Programme schuldig geblieben ist. Was sie an Fakten vorweisen kann, ist die Einrichtung von Lehrstühlen und Forschungsinstituten, die zwecks Implementierung der Programme erfolgte. Wir halten hierfür den Begriff selektiver Förderung für angemessener. Freilich ist dies kein neuartiges Phänomen.
Nach den aufgezeigten Rückzugsgefechten der FT überrascht es nicht, daß die Autonomie von Wissenschaft nicht mehr diskutiert, ihr Autonomieverlust nicht mehr behauptet wird.

---

[476] Ebd. S. 55.
[477] Ebd.

5. Zusammenfassung

Die Kritik der erst in jüngster Zeit von G. Böhme veröffentlichten erkenntnistheoretischen Fundierung der FT ergibt, daß die dazu vorgeschlagene Konstitutionstheorie Kants transzendentaltheoretischer Intention folgt, diese jedoch weder zeitgenössisch einlösen noch auch nur thematisch das leisten kann, was dieser selbst bereits geleistet hat. Böhme entwirft einen „neoklassischen", subjektiven, externalistischen, wahrheitsabsolutistisch intendierten Ansatz, der – dem ‚transzendentalen Lingualismus' verpflichtet – weder empirischen Forschungsergebnissen noch Einsichten der analytischen Philosophie der letzten Jahrzehnte gerecht wird. Die früher geäußerte Vermutung einer eher naiv realistischen Basis der FT trifft allerdings für andere Aussagen des Starnberger Teams teilweise zu.

Unsere Analyse zeigt, daß die Fundierung der FT weder aktuellen Kriterien analytischer Wissenschaftstheorie gerecht wird noch sich mit der zeitgenössischen Wissenschaftsphilosophie des institutionalisierten Marxismus auseinandersetzt, der heute nach der analytischen Wissenschaftstheorie die zweitbedeutsame Position einnimmt.

Die FT behauptet als Entwicklungsgesetzmäßigkeit künftig abgeschlossener Theorien, externe Zwecke würden deren weitere Entwicklung steuern. Eindeutige Kriterien zur Abgrenzung externer von internen Zwecken legt die Theorie nicht vor; außerdem verwendet sie ‚extern' in mehreren, divergenten Bedeutungen, wodurch ihre Aussagen mehrdeutig und widersprüchlich werden.

Mit ‚Finalisierung' werden Formen externer Wissenschaftssteuerung verbunden, die von finalisierter Wissenschaft unterschiedliche, miteinander inkompatible Bilder entwerfen. Dadurch wird insbesondere der behauptete Autonomieverlust finalisierter Wissenschaft unhaltbar.

‚Finalisierung der Wissenschaft' will einen irrationalen wissenschaftshistorischen Darwinismus ablösen, der sich Kuhn verdanke, und durch rationale, zugleich externe Wissenschaftssteuerung ersetzen. Wir haben gezeigt, daß die FT Kuhn fehlinterpretiert hat und sie somit auf einem Mißverständnis beruht. Weiterhin wurden Fehlinterpretationen der Auffassungen von Popper, Lakatos, Holzkamp und Marcuse nachgewiesen.

Finalisierte Wissenschaft wird als Alternative zu Kuhns angeblichem Darwinismus behauptet, die in einer „Theorie wissenschaftlicher Alternativen" vorbereitet werde. Deren Kernthese ist die Aussage, der Wissenschaft ständen immer wieder Entwicklungsalternativen offen. In diesem Falle muß es auch Alternativen zu finalisierter Wissenschaft geben, die jedoch nicht vorgelegt werden. Von dieser Auseinandersetzung: Finalisierungstheorie – Teiltheorie abgesehen, wurde gezeigt, daß die „Alternativentheorie" unbegründet ist, da sie kontrafaktisch und gegen die Wissenschaftsgeschichte argumentiert.

Kern der FT ist ein Dreiphasenmodell wissenschaftlicher Entwicklung: Grundlagenwissenschaft vollendet sich durch Produktion ‚abgeschlossener' oder ‚reifer' Theorien (paradigmatische Phase). Da danach keine wissenschaftsinterne Eigendynamik mehr existiert, muß sich postparadigmatische (= finalisierte) Wissenschaft externen Problemen öffnen (Anwendung). Unsere Analyse zeigte:

1) Heisenbergs Begriff ‚abgeschlossene Theorie' wird von der FT fehlinterpretiert.
2) Wissenschaftsanwendung läßt sich nicht in ein Dreiphasenmodell einfügen; folglich kann dieses die beabsichtigte Klassifikation von Forschungsprozessen nicht leisten.
3) Selbst wenn man den so gedeuteten Abgeschlossenheitsbegriff akzeptiert, ist er für externe Wissenschaftssteuerung unbrauchbar. Es werden nämlich keine Kriterien angegeben, die von vornherein zu beurteilen erlauben, wann der zu steuernde Gegenstand steuerbar ist. Abgeschlossenheit kann somit nur durch einen dezisionären Willkürakt behauptet werden. Grundlagenforschung kann durch externe „Steuerer" mit Hinweis auf „Abgeschlossenheit" abgebrochen, Anwendung von Wissenschaft unter Hinweis auf ihre Unabgeschlossenheit verhindert werden. Wissenschaft liefert sich Steuerungsinstanzen aus, die kritische Dimension geht ihr verloren.
4) Jeder Abgeschlossenheitsbegriff ist mit einer von der FT in Grundzügen vorgelegten Konstitutionstheorie von Wissenschaft unvereinbar.

In jüngeren Veröffentlichungen entwickelt die FT einen Begriff theoretischer Reife, der den Abschluß interner Theoriendynamik in Richtung des Beginns von Theorienentstehung aus der Einsicht verschiebt, daß zahlreiche Finalisierungen im ursprünglichen Dreiphasenmodell vor Erreichen des theoretischen Abschlusses stattfinden. Dieser neue Begriff theoretischer Reife erweist sich als so verschwommen, daß der Abschluß interner Theoriendynamik für jedes theoretische Entwicklungsstadium behauptet werden kann. Wie das exkursmäßig untersuchte wissenschaftshistorische Beispiel der Hydrodynamik zeigt, kann einer Theorie Reife zugestanden werden, wenn sie offensichtlich keineswegs abgeschlossen ist, ja sich faktisch am Anfang ihrer Entwicklung befindet. Außer der Verwischung des Dreiphasenmodells gesteht die FT nun auch externe Anwendungen (Finalisierungen) selbst für die paradigmatische Phase zu, die der Intention nach Finalisierungen verschlossen sein sollte. Selbst bei Vorliegen einer reifen Theorie soll es zu theoretischen Sonderentwicklungen (auch Finalisierungen) angesichts der ‚methodischen Reife' einer Disziplin kommen, was die Nichtkorrelierbarkeit von Finalisierungen und Dreiphasenmodell impliziert. Damit ist der Versuch, Finalisierungen an das Entwicklungsniveau von Wissenschaft anzubinden, gescheitert.

Da weiterhin mit Erreichen der postparadigmatischen Phase ein Autonomieverlust von Wissenschaft behauptet, nun aber der Wissenschaft zusätzlich die Aufgabe einer Kritik externer Zwecke zugestanden wird, ergibt sich daraus eine weitere, nicht schlüssige Folgerung: Solche Kritik kann nur autonome, nicht externen „Steuerern" unterworfene Wissenschaft üben.

Normative Finalisierung will den kognitiven Rahmen neuzeitlicher Wissenschaft dadurch sprengen, daß sie den allgemeinen Gültigkeitsanspruch wissenschaftlicher Gesetze einschränkt und durch denjenigen eines rational erzeugten, gesellschaftlichen Konsensus ersetzt: „Soziale Naturwissenschaft", die Erkenntnisse und vernünftige Interessen verknüpft, sei zu entwickeln. Da die bürgerlich-kapitalistische Gesellschaft eine ökologische Natur- und sozialistische Gesellschaftsintegration verhindere, sei sie zu beseitigen. Diese politische Entscheidung soll aufgrund des Habermasschen Konsensusmodells verwirklicht werden, mittels dessen jener rationale Gesellschaftskonsens herbeizuführen sei.

Es wurde aufgewiesen: a) Habermas' Bedingungen idealer Sprechsituationen sind nie verwirklicht, so daß normative Finalisierung sich als unrealisierbare Utopie erweist; b) die Realisierung jener Bedingungen erscheint keineswegs als wünschenswert.

In jüngsten Veröffentlichungen werden strategische Ziele der Finalisierungsthese aufgrund mangelnder Integration (Entfremdung) von Wissenschaft und Lebenswelt (oder mangelnde Integration von Wissenschaft und Gesellschaft) zurückgenommen. Von dem früheren Starnberger Forscherteam werden nur noch zwei Thesen aufrechterhalten: a) Finalisierung ist im Gegensatz zu angewandter Forschung Theorienfortbildung; b) mit Finalisierung von Theorieentwicklung sind Wissenschaft und Technik methodisch, soziologisch und theoretisch eine Einheit geworden. Beide Thesen wurden als unhaltbar erwiesen.

Trotz totaler Zurückweisung der FT ist ihre heuristische Fruchtbarkeit unbestritten. Obgleich gescheitert, thematisiert sie die bisher stark vernachlässigte Interaktion von Technik und Wissenschaft und gibt neue Impulse für deren Erforschung durch Wissenschafts- und Techniksoziologie und deskriptive Wissenschaftstheorie. Einen besonderen Ansporn liefert sie schließlich gleichermaßen für theoretische wie praktische wissenschaftspolitische Überlegungen und Entscheidungen.

Bibliographie

P. Achinstein, S. F. Barker (ed.), The Legacy of Logical Positivism for the Philosophy of Science, Baltimore 1969.

Th. W. Adorno u. a., Der Positivismusstreit in der deutschen Soziologie, Neuwied 1969.

J. Agassi, The Confusion between Science and Technology in the Standard Philosophy of Science, in: Technology and Culture 7 (1966) S. 348–366.

H. Albert, Wertfreiheit als methodisches Prinzip, in: Topitsch, Logik, ⁷1971, S. 181–210.

H. Albert, K. Stapf (Hg.), Theorie und Erfahrung, Stuttgart 1979.

G. Allen, Genetics, Eugenetics and Society: Internalists and Externalists in Contemporary History of Science, in: Social Studies of Science 6 (1976) S. 105–122.

G. Andersson, Freiheit oder Finalisierung oder Forschung? in: Hübner u. a., Herausforderung, 1976, S. 66–76.

–, Zu einer Apologie der Finalisierungstheorie, in: Conceptus 13 (1979) S. 90–92.

B. Barnes, Knowledge and Social Interests, London 1977.

G. Basalla (ed.), The Rise of Modern Science: Internal or External Factors, Lexington 1968.

A. Beckermann, Die realistischen Voraussetzungen der Konsenstheorie von J. Habermas, in: Zs. f. Allgemeine Wissenschaftstheorie 3 (1972) S. 62–80.

J. D. Bernal, Wissenschaft, Reinbek 1970.

R. J. Bernstein, Die Restrukturierung der Gesellschaftstheorie, Frankfurt a. M. 1979.

D. Bloor, Knowlegde and Social Imagery, London 1976.

G. Böhme, W. van den Daele, W. Krohn, Alternativen in der Wissenschaft, in: Zs. f. Soziologie 1 (1972) S. 302–316.

–, –, –, Die Finalisierung der Wissenschaft, in: Zs. f. Soziologie 2 (1973) S. 128–144.

G. Böhme, Die soziale Bedeutung kognitiver Strukturen, in: Soziale Welt 25 (1974) S. 188–208.

–, Die Bedeutung praktischer Argumente für die Entwicklung der Wissenschaft, in: Philosophia Naturalis 15 (1974) S. 133–151.

–, Die Bedeutung von Experimenten für die Wissenschaft, in: Zs. f. Soziologie 3 (1974) S. 5–17.

–, Die Ausdifferenzierung wissenschaftlicher Diskurse, in: Stehr, König, Wissenschaftssoziologie, 1975, S. 231–253.

G. Böhme, W. van den Daele, W. Krohn, Gesellschaftliche Konstitution und gesellschaftliche Steuerung von Wissenschaft, in: Leviathan 4 (1975) S. 274–289.

G. Böhme, Quantifizierung – Metrisierung, in: Zs. f. Allgemeine Wissenschaftstheorie 7 (1976) S. 209–222.

G. Böhme, W. van den Daele, W. Krohn, Experimentelle Philosophie, Frankfurt a. M. 1977.

G. Böhme, W. van den Daele, Erfahrung als Programm. Über Strukturen vorparadigmatischer Wissenschaft, in: Böhme u. a., Philosophie, 1977, S. 183–236.

G. Böhme, Die Konstitution des wissenschaftlichen Gegenstandes, in: Logik, Ethik, Theorie der Geisteswissenschaften, hg. von G. Patzig u. a., Hamburg 1977, S. 318–323.

–, Alternativen in der Wissenschaft – Alternativen zur Wissenschaft, in: Hubig, Rahden, Konsequenzen, 1978, S. 40–57.

–, Wissenschaftssprachen und die Verwissenschaftlichung der Erfahrung, in: Zimmermann, Sprache, 1978, S. 89–109.

G. Böhme, W. van den Daele, R. Hohlfeld, W. Krohn, W. Schäfer, T. Spengler, Die gesellschaftliche Orientierung des wissenschaftlichen Fortschritts, Frankfurt a. M. 1978.

G. Böhme, Autonomisierung und Finalisierung, in: Böhme u. a., Orientierung, 1978, S. 69–130.

G. Böhme, W. van den Daele, R. Hohlfeld, Finalisierung Revisited, in: Böhme u. a., Orientierung, 1978, S. 159–250.

G. Böhme, V. Engelhardt (Hg.), Entfremdete Wissenschaft, Frankfurt a. M. 1979.

–, –, Einleitung. Zur Kritik des Lebensweltbegriffs, in: Böhme, Engelhardt, Wissenschaft, 1979, S. 7–25.

G. Böhme, Die Verwissenschaftlichung der Erfahrung. Wissenschaftsdidaktische Konsequenzen, in: Böhme, Engelhardt, Wissenschaft, 1979, S. 114–136.

–, Quantifizierung als Kategorie der Gegenstandskonstitution, in: Kant-Studien 70 (1979) S. 1–16.

–, Wie kann es abgeschlossene Theorien geben? in: Zs. f. Allgemeine Wissenschaftstheorie 10 (1979) S. 343–351.

–, Kants Theorie der Gegenstandskonstitution, in: Kant-Studien 73 (1982) S. 130–156.

R. S. Brumbaugh, Ancient Gadgets and Machines, New York 1966.

R. Bubner, Handlung, Sprache und Vernunft, Frankfurt a. M. 1976.

R. C. Buck, R. S. Cohen (ed.), Boston Studies in the Philosophy of Science, Dordrecht 1971.

W. Büchel, Finalisierung der Wissenschaft und Lyssenkoismus, in: Zs. f. Allgemeine Wissenschaftstheorie 10 (1979) S. 152–157.

M. Bunge, Scientific Research, New York 1967.

R. G. Colodny (ed.), Mind and Cosmos, Pittsburgh 1966.

P. Diesing, Patterns of Discovery in the Social Sciences, Chicago/New York 1971.

N. Dietrich, Der duale Sprachansatz. Anwendungsbezogene Darstellung, Kritik und Weiterentwicklung eines wissenschaftstheoretischen Ansatzes anhand ausgewählter absatzwirtschaftlicher Aussagensysteme, Diss. Saarbrücken 1976.

–, Kritischer Rationalismus. Irrwege zur Begründung einer Methodologie der Betriebswirtschaftslehre, Saarbrücken 1977.

D. Dohnke, Rezension G. Eberlein: Der Erfahrungsbegriff der heutigen empirischen Sozialforschung, in: Dt. Zs. f. Philosophie 13 (1965) S. 1535ff.

K. J. Duisberg, Stegmüller über ‚wissenschaftliche Revolutionen‘, in: Zs. f. Allgemeine Wissenschaftstheorie 8 (1977) S. 331–341.

G. Eberlein, Der Erfahrungsbegriff der heutigen empirischen Sozialforschung, Berlin 1963, ²1964.

–, Theoretische Soziologie heute. Von allgemeinen Sozialtheorien zum soziologischen Kontextualmodell, Stuttgart 1971.

–, Dialektische Wissenschaftstheorie aus analytischer Sicht, in: Wissenschaftstheorie und Betriebswirtschaftslehre, hg. von G. Dlugos u. a., Düsseldorf 1972, S. 99–118.

–, Zum epitheoretischen Programm der Sozialwissenschaften, in: H. Albert u. a. (Hg.), Forschungslogik der Sozialwissenschaften, Düsseldorf 1974, S. 111–130.

–, Wissenschaftstheorie oder Wissenschaftsforschung? in: Soziale Welt 27 (1976) S. 488–503.

J. Elkana (ed.), The Interaction between Science and Philosophy, Atlantic Highelands 1974.

J. Erpenbeck, U. Roseberg, Theorienentwicklung und Entwicklungstheorie, in: Dt. Zs. f. Philosophie 25 (1977) S. 133–149.

P. Feyerabend, Against Method, London 1975.

R. Fisch, Psychology of Science, in: Spiegel-Rösing, de Solla Price, Science, 1977, S. 277–318.

D. Frey (Hg.), Kognitive Theorien in der Sozialpsychologie, Bern 1978.

H. Goering (Hg.), Sammelband zur statistischen Theorie der Turbulenz, (Ost-)Berlin 1958.

A. Görres, Psychoanalyse und Verhaltenstherapie, in: C. H. Bachmann (Hg.), Psychoanalyse und Verhaltenstherapie, Frankfurt a. M. 1972, S. 71–86.

H. Görtler, W. Tollmien (Hg.), 50 Jahre Grenzschichtforschung, Braunschweig 1955.

G. Günther, Beiträge zur Grundlegung einer operationsfähigen Dialektik, Bd. 1, Hamburg 1976.

J. Habermas, N. Luhmann, Theorie der Gesellschaft oder Sozialtechnologie, Frankfurt a. M. 1971.

J. Habermas, Theorie der Gesellschaft oder Sozialtechnologie? Eine Auseinandersetzung mit Niklas Luhmann, in: Habermas, Luhmann, Theorie, 1971, S. 142–290.

–, Vorbereitende Bemerkungen zu einer Theorie der kommunikativen Kompetenz, in: Habermas, Luhmann, Theorie 1971, S. 101–141.

–, Zur Logik des theoretischen und praktischen Diskurses, in: M. Riedel (Hg.), Rehabilitierung der praktischen Philosophie, Rezeption, Argumentation, Diskussion, Freiburg i. Br. 1974, S. 381–402.

–, Wahrheitstheorien, in: Wirklichkeit und Reflexion. Festschrift für F. W. Schulz, Pfullingen 1974, S. 211–265.

–, Zur Rekonstruktion des Historischen Materialismus, Frankfurt a. M. 1976.

–, Erkenntnis und Interesse, Frankfurt a. M. ^{4}1977.

–, Technik und Wissenschaft als Ideologie, Frankfurt a. M. 1978.

–, Theorie und Praxis. Sozialphilosophische Studien, Frankfurt a. M. 1978.

W. O. Hagstrom, The Scientific Community, New York 1965.
E. Hahn, Historischer Materialismus und marxistische Soziologie, (Ost-)Berlin 1968.
A. R. Hall, Merton Revisited, in: History of Science 2 (1963) S. 1–16.
N. R. Hanson, Perception and Discovery, San Francisco 1969.
L. L. Hargens, Anomie und Dissens in wissenschaftlichen Gemeinschaften, in: Stehr, König, Wissenschaftssoziologie, 1975, S. 375–390.
W. Heisenberg, Der Begriff ‚Abgeschlossene Theorie' in der modernen Naturwissenschaft, in: Dialectica 2 (1948) S. 332–336.
–, Schritte über Grenzen, München 1971.
Th. Herrmann, Die Psychologie und ihre Forschungsprogramme, Göttingen 1976.
–, Zur Tauglichkeit psychologischer Theorien, in: Albert, Stapf, Theorie, 1979, S. 195–217.
L. Hieber, Zum Konzept ‚Finalisierung der Wissenschaft', in: Leviathan 4 (1975) S. 449–472.
K. Holzkamp, Kritische Psychologie, Frankfurt a. M. 1972.
E. Hoppe, Geschichte der Optik, Wiesbaden 1967 (Neudruck von 1926).
C. Hubig, W. v. Rahden (Hg.), Konsequenzen kritischer Wissenschaftstheorie, Berlin-New York 1978.
K. Hübner, N. Lobkowicz, H. Lübbe, G. Radnitzky (Hg.), Die politische Herausforderung der Wissenschaft, Hamburg 1976.
K. Hübner, Die Finalisierung der Wissenschaft als allgemeine Parole und was sich dahinter verbirgt, in: Hübner u. a., Herausforderung, 1976, S. 89–96.
R. Hujer, Forschungspolitik und gesellschaftliche Planung, Opladen 1974.
P. Johnson-Laird u. a. (ed.), Thinking, Readings in Cognitive Science, London 1977.
I. Kant, Werke in 6 Bänden, hg. von W. Weischedel, Darmstadt 1960–1964.
A. Kaplan, The Conduct of Inquiry: Methodology for Behavioral Science, San Francisco 1964.
M. D. King, Vernunft, Tradition und die Fortschrittlichkeit der Wissenschaft, in: Weingart, Wissenschaftssoziologie II, 1974, S. 39–75.

G. Klaus, M. Buhr (Hg.), Marxistisch-leninistisches Wörterbuch der Philosophie, Reinbek 1972.

J. Klüver, W. Müller, Wissenschaftstheorie und Wissenschaftsgeschichte. Die Entdeckung der Benzolformel, in: Zs. f. Allgemeine Wissenschaftstheorie 3 (1972) S. 243–266.

P. Koller, Ein Gespenst von Freiheit, in: Conceptus 13 (1979) S. 79–88.

–, Antwort auf eine Erwiderung von Andersson und Radnitzky, in: Conceptus 13 (1979) S. 97–100.

G. Kröber, P. V. Tavanec (Hg.), Studien zur Logik der wissenschaftlichen Erkenntnis, (Ost-)Berlin 1967; engl. Dordrecht 1970.

W. Krohn, Die ‚Neue Wissenschaft' der Renaissance, in: G. Böhme u. a., Philosophie, 1977, S. 13–128.

W. Krohn, W. Schäfer, Ursprung und Struktur der Agrikulturchemie, in: Böhme u. a., Orientierung, 1978, S. 23–68.

T. S. Kuhn, Logic of Discovery or Psychology of Research, in: Lakatos, Musgrave, Criticism, 1970, S. 1–23.

–, Reflections on my Critics, in: Lakatos, Musgrave, Criticism, 1970, S. 231–278.

–, Postskript 1969 zur Analyse der Struktur wissenschaftlicher Revolutionen, in: Weingart, Wissenschaftssoziologie I, 1972, S. 287–319.

–, Die Struktur wissenschaftlicher Revolutionen, Frankfurt a. M. 1973.

–, Second Thoughts on Paradigms, in: Suppe, Structure, 1974, S. 459–482 (500–517).

–, Die Entstehung des Neuen, Frankfurt a. M. 1977.

I. Lakatos, A. Musgrave (ed.), Criticism and the Growth of Knowledge, Cambridge 1970.

I. Lakatos, Falsification and the Methodology of Scientific Research Programmes, in: Lakatos, Musgrave, Criticism, 1970, S. 91–195.

–, History of Science and its Rational Reconstructions, in: Buck, Cohen, Boston Studies, 1971, S. 91–136.

L. D. Landau, Lehrbuch der theoretischen Physik, Bd. VI: Hydrodynamik, Berlin 1966.

E. T. Layton, Technology as Knowledge, in: Technology and Culture 15 (1974) S. 31–41.

W. Leinfellner, Wissenschaftstheorie und Begründung der Wissenschaften, in: H. Albert u. a. (Hg.), Forschungslogik der Sozialwissenschaften, Düsseldorf 1974, S. 11–35.

St. Lem, Summa technologiae, Frankfurt a. M. 1976.

G. Lemaine u. a., Perspectives in the Study of Scientific Disciplines, The Hague 1976.

H. Lenk, Pragmatische Philosophie, Hamburg 1975.

J. L. Lumby, Stochastic Tools in Turbulence, New York, London 1970.

R. MacLeod, Changing Perspectives in the Social History of Science, in: Spiegel-Rösing, de Solla Price, Science, 1977, S. 149–195.

D. Mans, Intersubjektivitätstheorien der Wahrheit. Eine Studie zur Definition des Prädikates ‚wahre philosophische Aussage‘, Diss. Frankfurt a. M. 1974.

H. Marcuse, Der eindimensionale Mensch, Neuwied 1967.

R. Mattessich, Informations- und Erkenntnisökonomik: Treffpunkt von Philosophie und Wirtschaftswissenschaft, in: Zs. f. Betriebswirtschaftliche Forschung 26 (1974) S. 777–784.

–, Instrumental Reasoning and Systems Methodology, Dordrecht 1978.

G. H. Merrill, The Model-Theoretic Argument Against Realism, in: Philosophy of Science 47 (1980) S. 69–81.

R. K. Merton, Science, Technology and Society, New York 1970.

–, Wissenschaft und demokratische Sozialstruktur, in: Weingart, Wissenschaftssoziologie I, 1972, S. 45–59.

–, The Sociology of Science, Chicago 1973.

H. Meyer, Die ‚empirische‘ Sozialforschung und die Soziologie, in: Dt. Zs. f. Philosophie 14 (1966) S. 835–855.

J. Möller, Wahrheit als Problem. Traditionen – Theorien – Aporien, München 1971.

M. J. Mulkay, Conceptual Displacement and Migration in Science: A Prefatory Paper, in: Science Studies 4 (1974) S. 204–234.

–, Methodology in the Sociology of Science: Some Reflections on the Study of Radio Astronomy, in: Social Science Information 13 (1974) S. 107–119.

–, Norms and Ideology in Science, in: Social Science Information 15 (1976) S. 637–656.

–, Social Studies of Science: The Disciplinary Perspectives, in: Spiegel-Rösing, de Solla Price, Science, 1977, S. 93–148.

J. Needham, Science and Civilisation in China, Cambridge 1965.
O. Neurath, Wissenschaftliche Weltauffassung, Sozialismus und logischer Empirismus, hg. von R. Hegselmann, Frankfurt a. M. 1979.
H. Nowotny, M. Schmutzer, Gesellschaftliches Lernen, Wissenserzeugung und die Dynamik von Kommunikationsstrukturen, Frankfurt a. M., New York 1974.
K. R. Popper, Objective Knowlegde: An Evolutionary Approach, Oxford 1972.
–, Epistemology Without a Knowing Subject, in: Popper, Knowledge, 1972, S. 106–152.
–, On the Theory of the Objective Mind, in: Popper, Knowledge, 1972, S. 153–190.
–, Autobiography of Karl Popper, in: Schilpp, Philosophy, 1974, S. 3–181.
–, Replies to my Critics, in: Schilpp, Philosophy, 1974, S. 961–1197.
–, Logik der Forschung, Tübingen ⁶1976.
L. Prandtl, Führer durch die Strömungslehre, Braunschweig 1956.
K. Prüß, Die Schwerionenforschung. Ein Beispiel für multidisziplinäre Nutzung von Großgeräten, in: van den Daele, Krohn, Weingart, Forschung, 1979, S. 328–357.
L. B. Puntel, Wahrheitstheorien in der neueren Philosophie, Darmstadt 1978.
G. Radnitzky, Dogmatik und Skepsis: Folgen der Aufgabe der Wahrheitsidee für Wissenschaft und Politik, in: Hübner u. a., Herausforderung, 1976, S. 24–51.
–, Gibt es ‚Irrlehren, die die Freiheit der Wissenschaft bedrohen'? in: Conceptus 13 (1979) S. 93–96.
A. Rapoport, Philosophie heute und morgen, Darmstadt o. J. (1970).
F. Rapp, Contribution to a Philosophy of Technology: Studies in the Structure and Thinking in the Technological Sciences, Dordrecht 1974.
M. Reiner, Rheologie in elementarer Darstellung, München 1968.
N. Rescher, Methodological Pragmatism, Oxford 1977.
K. Sayre (ed.), The Modelling of Mind: Computers and Intelligence, Notre Dame 1963.
–, Cybernetics and the Philosophy of Mind, London 1976.

K. Schäfer, M. Päsler, Einführung in die theoretische Physik, Bd. I, Berlin ⁶1962.

W. Schäfer, Normative Finalisierung. Eine Perspektive, in: Böhme u. a., Orientierung, 1978, S. 377–415.

K. F. Schaffner, R. S. Cohen (ed.), Boston Studies in the Philosophy of Science, Vol. XX, Dordrecht 1974.

G. Schanz, Funktionalisierung der Wissenschaft? Marginalien zum Systemdenken in der Betriebswirtschaftslehre, in: Zs. f. betriebswirtschaftliche Forschung 26 (1974) S. 544–560.

P. A. Schilpp (Hg.), The Philosophy of Karl Popper, La Salle 1974.

H. Schlichting, Grenzschicht-Theorie, Karlsruhe ³1958.

D. Shapere, Rezension T. S. Kuhn: The structure of Scientific Revolutions, in: Philos. Review 73 (1964) S. 383–394.

–, Meaning and Scientific Change, in: Colodny, Mind, 1966, S. 41–85.

–, Notes Toward a Post-Positivistic Interpretation of Science, in: Achinstein, Barker, Legacy, 1969, S. 115–160.

G. Sjoberg, R. Nett, A Methodology for Social Research, New York 1968.

H. Slevogt, Technische Optik, Berlin, New York 1974.

J. F. Sneed, Quantities as Theoretical with Respect to Qualities, in: Epistemologia 2 (1979) S. 215–250.

A. Sommerfeld, Vorlesungen über theoretische Physik, Bd. II: Mechanik der deformierbaren Medien, Leipzig 1964.

J. Speck u. a. (Hg.), Handbuch wissenschaftstheoretischer Begriffe, Göttingen 1980.

I. Spiegel-Rösing, D. de Solla Price (ed.), Science, Technology and Society. A Cross-Disciplinary Perspective, London – Beverly Hills 1977.

H. Stachowiak, Allgemeine Modelltheorie, Wien 1973.

W. Stegmüller, Theorienstrukturen und Theoriendynamik, 2. Halbband von: Theorie und Erfahrung, Probleme und Resultate der Wissenschaftstheorie und analytischen Philosophie, Bd. II, Berlin – Heidelberg – New York 1973.

–, Gedanken über eine mögliche rationale Rekonstruktion von Kants Metaphysik der Erfahrung, in: ders., Aufsätze zu Kant und Wittgenstein, Darmstadt 1974, S. 1–61.

–, Hauptströmungen der Gegenwartsphilosophie, Bd. II, Stuttgart ⁶1979.

–, The Structuralist View of Theories, Heidelberg – New York 1979.
N. Stehr, R. König (Hg.), Wissenschaftssoziologie, Opladen 1975.
F. Suppe (ed.), The Structure of Scientific Theories, Urbana 1974.
M. Tietzel, Finalisierungsdebatte – viel Lärm um nichts, in: Zs. f. Allgemeine Wissenschaftstheorie 9 (1978) S. 348–360.
W. Tollmie, 50 Jahre Grenzschichtforschung, ihre Entwicklung und Problematik, in: Görtler, Tollmien, Grenzschichtforschung, 1955, S. 1–12.
E. Topitsch (Hg.), Logik der Sozialwissenschaften, Köln – Berlin ⁷1971.
S. Toulmin, Does the Distinction between Normal and Revolutionary Science Hold Water? in: Lakatos, Musgrave, Criticism, 1970, S. 39–47.
–, Human Understanding, Oxford 1972.
–, Rationality and Scientific Discovery, in: Schaffner, Cohen, Boston Studies, 1974, S. 387–406.
W. van Daele, Autonomie contra Planung: Scheingefecht um die Grundlagenforschung, in: Wirtschaft und Wissenschaft 23 (1975) S. 29–32.
W. van den Daele, W. Krohn, Theorie und Strategie – zur Steuerbarkeit wissenschaftlicher Entwicklung, in: Weingart, Wissenschaftsforschung, 1975, S. 213–254.
W. van den Daele, Die soziale Konstruktion der Wissenschaft – Institutionalisierung und Definition der positiven Wissenschaft in der zweiten Hälfte des 17. Jahrhunderts, in: Böhme u. a., Orientierung, 1977, S. 129–182.
W. van den Daele, P. Weingart, The Political Direction of Scientific Development in: P. Weingart u. a. (ed.), The Social Production of Scientific Knowledge, Dordrecht 1977, S. 219–242.
W. van den Daele, W. Krohn, P. Weingart (Hg.), Geplante Forschung. Vergleichende Studien über den Einfluß politischer Programme auf die Wissenschaftsentwicklung, Frankfurt a. M. 1979.
–, –, –, Die politische Steuerung der wissenschaftlichen Entwicklung, in: van den Daele, Krohn, Weingart, Forschung, 1979, S. 11–63.

N. Wade, Ein Kampf um Hirne und Hormone, in: Die Zeit, Nr. 26 (23. Juni 1978) S. 29–31.

J. W. N. Watkins, Against ‚Normal Science', in: Lakatos, Musgrave, Criticism, 1970, S. 25–37.

P. Weingart (Hg.), Wissenschaftssoziologie I, Frankfurt a. M. 1972.

–, Wissenschaftssoziologie II. Determinanten wissenschaftlicher Entwicklung, Frankfurt a. M. 1974.

–, Wissenschaftlicher Wandel als Institutionalisierungsstrategie, in: Weingart, Wissenschaftssoziologie II, 1974, S. 11–35.

– (Hg.), Wissenschaftsforschung, Frankfurt a. M. 1975.

–, Das Verhältnis von Wissenschaft und Technik im Wandel ihrer Institutionen, in: Stehr, König, Wissenschaftssoziologie, 1975, S. 393–418.

–, Wissenschaftsproduktion und soziale Struktur, Frankfurt a. M. 1976.

K. Wieghardt, Theoretische Strömungslehre, Stuttgart ²1974.

Wissenschaftsrat, Empfehlungen zur Organisation, Planung und Förderung der Forschung, Bonn 1975.

L. Wittgenstein, Philosophische Untersuchungen, Frankfurt a. M. 1971.

J. Zimmermann (Hg.), Sprache und Welterfahrung, München 1978.

„Alber-Broschur
Rechts- und Sozialwissenschaft"

Ottmar Ballweg und Thomas-Michael Seibert (Hg.): Rhetorische Rechtstheorie

Hans Braun: Leistung und Leistungsprinzip in der Industriegesellschaft. Soziale Normen im Wandel

Burkhard Brocke: Technologische Prognosen. Elemente einer Methodologie der angewandten Sozialwissenschaften

Winfried Brugger: Menschenrechtsethos und Verantwortungspolitik. Max Webers Beitrag zur Analyse und Begründung der Menschenrechte

Günter Dux: Strukturwandel der Legitimation

Gerald Eberlein und Norbert Dietrich: Die Finalisierung der Wissenschaften. Analyse und Kritik einer forschungspolitischen Theorie

Wilfried Fiedler: Das Kontinuitätsproblem im Völkerrecht. Zum funktionalen Zusammenhang zwischen Völkerrecht, Staatsrecht und Politik

Wilfried Fiedler: Sozialer Wandel, Verfassungswandel, Rechtsprechung

Peter Häberle: Erziehungsziele und Orientierungswerte im Verfassungsstaat

Fritjof Haft: Juristische Rhetorik

Fritjof Haft: Der Schulddialog. Prolegomena zu einer pragmatischen Schuldlehre im Strafrecht

Klaus Hartmann (Hg.): Die Demokratie im Spektrum der Wissenschaften

Peter Graf Kielmansegg/Ulrich Matz (Hg.): Die Rechtfertigung politischer Herrschaft. Doktrinen und Verfahren in Ost und West

Hartmut Kliemt: Zustimmungstheorien der Staatsrechtfertigung

Hermann Lübbe: Säkularisierung. Geschichte eines ideenpolitischen Begriffs

Gertrude Lübbe-Wolff: Rechtsfolgen und Realfolgen. Welche Rolle können Folgenerwägungen in der juristischen Regel- und Begriffsbildung spielen?

Ulrich Matz: Politik und Gewalt. Zur Theorie des demokratischen Verfassungsstaates und der Revolution

Ahlrich Meyer: Frühsozialismus. Theorien der sozialen Bewegung 1789–1848

Frieder Naschold: Politische Wissenschaft. Entstehung, Begründung und gesellschaftliche Einwirkung

Tilo Schabert: Gewalt und Humanität. Über philosophische und politische Manifestationen von Modernität

Hans Achim Schubert: Nachbarschaft, Entfremdung und Protest. Welche Chancen haben Gemeinschaftsinitiativen in modernen Gesellschaften?

Eberhard Schütt-Wetschky: Grundtypen parlamentarischer Demokratie. Klassisch-altliberaler Typ und Gruppentyp. Unter besonderer Berücksichtigung der Kritik am „Fraktionszwang"

Friedrich H. Tenbruck: Zur Kritik der planenden Vernunft

Paul-L. Weinacht, Udo Kempf, Hans-G. Merz (Hg.): Einführung in die Politische Wissenschaft. Beispiele, Gegenstandsbereiche, Definitionen

Verlag Karl Alber, Freiburg/München